2ᵐᵉ prix de thème latin
à M. Duz année 1839

VOYAGE

EN ITALIE.

Reserve.
8906

Isola — bella

VOYAGE
DE DEUX ARTISTES
EN ITALIE,

Orné de gravures ;

PAR

M. H. DE SPINOLA,

AUTEUR DU VOYAGE EN SUISSE.

———✶———

A LIMOGES,
CHEZ BARBOU, IMPRIMEUR-LIBRAIRE.

1838.

VOYAGE EN ITALIE.

CHAPITRE PREMIER.

PASSAGE DU SIMPLON. — LES ILES BORROMÉES. — ARONA. — SESTO-CALENDE. — ARRIVÉE A MILAN.

Annibal et Charlemagne, comme Bonaparte, ont franchi les Alpes et à peu près conquis l'Italie ; mais derrière eux, effaçant les vestiges de leur passage, les défilés des montagnes se sont refermés, les pics du mont Genèvre et du petit Saint-Bernard se sont recouverts de neige, et les générations qui ont succédé à celles de leurs enfants, ne trouvant aucune trace de la route qu'ils avaient suivie, que dans la tradition des localités, et dans la mémoire des populations, se sont prises à douter de ces miracles, et ont presque nié les dieux qui les avaient opérés. Bonaparte n'a pas voulu qu'il en fût ainsi pour lui, et afin que sa religion guerrière n'eût point à souffrir des ravages de l'oubli et de l'atteinte du doute, il a lié l'Italie à la France comme une esclave à sa maîtresse ; il a étendu une chaîne à travers les montagnes, il a mis le premier anneau aux mains de Genève, sa nouvelle fille, et le dernier au pied de Milan, cette vieille conquête de la France : ce souvenir de notre descente en Italie, cette chaîne dorée par le commerce, cette voie tracée par le passage de nos armées et battue par la sandale d'un géant, c'est la route du Simplon.

Cette route, rivale de celle de Tiberius Nero, de Julius César et de Domitianus, à laquelle chaque jour trois mille ouvriers ont travaillé pendant trois ans, qui grimpe aux flancs des montagnes, franchit les précipices et creuse les rochers, commence à Glys, laisse Brigg à gauche, et s'élève par une pente visible à l'œil, mais presque insensible à la marche, jusqu'au col du Simplon, c'est-à-dire pendant six lieues : aucune description ne peut donner une idée du spectacle qu'on y rencontre à chaque pas, des oppositions et des harmonies que forment entre elles les vallées de Ganther et de la Saltine, et la chute des cascades se refléchissant aux miroirs des glaciers : à mesure qu'on monte, la végétation et la vie disparaissent. Ces sommités n'avaient point été faites pour le commun des hommes et des animaux : là le génie seul pouvait atteindre, là l'aigle seul pouvait vivre : aussi le village du Simplon, cette conquête artificielle de la vallée sur les montagnes, s'étend-il misérablement, comme un serpent engourdi, sur un plateau nu et sauvage : aucun arbre ne l'abrite, aucune fleur ne le décore, aucun troupeau ne l'anime ; il faut tout tirer des bas lieux, et l'on ne voit l'existence renaître, la nature revivre qu'en descendant ses deux versans : quant à son sommet, c'est le domaine des glaces et des neiges, c'est le plaisir de l'hiver, c'est le royaume de la mort.

Presque en quittant le village du Simplon on commence à descendre, et par un effet d'optique naturel, cette descente paraît plus rapide que la montée ; d'ailleurs elle est beaucoup plus tourmentée par les accidens de montagne : tantôt elle pivote sur des angles aigüs; tantôt elle se roule par mille ondulations autour de la montagne aussi loin que l'œil peut atteindre, et semble le serpent fabuleux qui encercle la terre. D'abord on rencontre la galerie d'Algaby, la plus longue et la plus belle, qui traverse deux cent quinze pieds de granit, pour s'ouvrir sur la vallée de Gondo, chef-d'œuvre divin de décoration terrible, qu'aucune plume ne peut décrire, qu'aucun récit ne peut rendre : c'est un corridor de l'enfer, étroit et gigantesque ; à mille pieds au dessous de la route, le torrent ; à deux mille pieds au dessus de la tête, le ciel ; sa distance est si grande du chemin à la Doveria, qu'à peine l'entend-on mugir, quoiqu'on la voie furieusement écumer sur les rochers qui forment le fond de la vallée : tout-à-coup un pont léger, d'une architecture aérienne, se présente jeté d'une montagne à une autre comme un arc-en-ciel de pierre ; il conduit au bout de quelques pas à la galerie de Gondo, longue de sept cents pas, éclairée par deux ouvertures. En face de l'une d'elles on lit ces mots écrits par une main habituée à graver des dates sur le granit :

ÆRE ITALICO

MDCCCV.

Et l'homme qui les avait écrits croyait, comme Jésus-Christ et Mahomet, que non pas de sa naissance, non pas de sa fuite, mais de sa victoire daterait pour l'Italie une ère nouvelle.

Bientôt la vallée s'élargit, l'air se réchauffe, la poitrine respire, quelques traces de végétation reparaissent, des échappées à travers les sinuosités de la montagne permettent à l'œil de se reposer sur un plus doux horizon. Un village apparaît avec un doux nom ; c'est Isella, la sentinelle avancée et presque perdue de la molle Italie. Aussi derrière elle la vallée se referme; les rochers nus et gigantesques se rapprochent ; l'imprudente fille de la Lombardie a été prise au sortir d'un défilé qu'elle ne peut plus repasser : sur la route par laquelle elle est venue, une galerie s'est formée, c'est l'avant dernière ; elle repose sur un pilier de granit colossal, dont la masse noire se détache, à sa sommité, sur l'azur du ciel ; à son milieu, sur le tapis vert de la colline ; à sa base, sur la mousse blanche des cascades. Celle-là, on se hâte de la traverser, et soit illusion, soit véritable changement atmosphérique, à sa sortie, les tièdes bouffées du vent d'Italie viennent au devant de vous : à droite et à gauche les montagnes s'écartent, des plateaux se forment, et sur ces plateaux, comme des cygnes qui se réchauffent au soleil, on commence à apercevoir des groupes de maisons blanches, aux toits plats ; c'est l'Italie, la vieille reine, la coquette éternelle, l'Armide séculaire, qui envoie au devant de vous ses paysannes et ses fleurs. Encore une rivière à franchir, encore une galerie à traverser, et vous voilà à Crevola, suspendu entre le ciel et la terre, sur un pont magique ; sous vos pieds vous avez la ville et son clocher ; devant vous le Piémont. Puis au loin, là-bas derrière l'horizon, Florence, Rome, Naples, Venise, ces villes merveilleuses dont les poëtes vous ont raconté tant de féeries, et dont aucun rempart ne vous sépare plus. Aussi la route, comme lassée de ses longs détours, heureuse de retrouver la plaine, s'élance-t-elle d'un seul jet de deux lieues jusqu'à Domo d'Ossola.

Il est impossible de rêver pour péristyle à l'Italie une route plus charmante que celle que nous parcourions ; pendant deux lieues de plaines, qui paraissent plus fraîches et plus gracieuses encore après cette terrible vallée de Gondo, l'on arrive à Villa ; car déjà tous les noms des cités finissent par une douce voyelle. Puis les maisons blanches succèdent aux chalets gris ; les toits font place aux terrasses, la vigne grimpe aux arbres de la route, enjambe le chemin et se balance en berceau. Au lieu des paysannes goîtreuses du Valais, on rencontre à chaque pas de belles vendangeuses au tein pâle, aux yeux veloutés, au parler rapide et doux ; le ciel est pur, l'air est tiède, et l'on reconnaît, comme le dit Pétrarque, la terre aimée de Dieu : la terre sainte, la terre heureuse, que les invasions barbares, que les discordes civiles, que les colères des volcans, n'ont pu dépouiller des dons qu'elle avait reçus du ciel.

La nuit était si belle, si étoilée, qu'il serait difficile de voir un plus ravissant spectacle que celui que nous aperçûmes de la fenêtre de notre auberge de Baveno.

La lune s'élevait derrière Lugano, au milieu d'une atmosphère calme et limpide : elle montait à l'horizon comme un globe d'argent, et, à mesure qu'elle montait, elle éclairait le paysage de sa pâle lumière : dans le lointain, elle se jouait confusément au milieu d'objets inconnus et sans forme, auxquels on ne pouvait donner un nom, ne sachant si c'étaient des nuages, des montagnes, des villages, ou des vapeurs. Les montagnes qui bordent le lac s'étendaient entre elles et nous, ainsi qu'un paravent gigantesque dont les sommets éteincelaient comme s'ils étaient couronnés de neiges, et dont les flancs et la base, couverts d'ombres, descendant jusqu'au lac, brunissant les flots dans lesquels ils se refléchissaient : quant au reste de l'immense nappe limpide et unie, c'était un miroir de vif argent, au milieu duquel s'élevait, comme trois points sombres, les trois îles Borromées, qui se découpant à la fois sur le ciel et dans l'eau, semblaient des nuages noirs, cloués sur un fond d'azur étoilé d'or.

Au dessous de notre fenêtre se prolongeait jusqu'à la route une terrasse couverte de fleurs · Bion.* s'était occupé à classer ses dessins ; je descendis seul sur la terrasse afin de jouir plus complètement de ce spectacle, et je me trouvai dans une forêt de roses, de grenades et d'orangers ; je cassai machinalement quelques branches fleuries, en me laissant inonder de ce sentiment mélancolique qu'éprouve toute organisation impressionnable au milieu d'une belle nuit calme, silencieuse et dont aucun bruit humain ne vient troubler la religieuse et solennelle sérénité : au milieu de cette quiétude de la nature, il semble que le temps, endormi comme les hommes, cesse de marcher, que la vie s'arrête et se repose, que les heures de la nuit sommeillent, les ailes repliées ; qu'elles ne se réveilleront qu'au jour, et qu'alors seulement le monde continuera de vieillir.

Je restai une heure à peu près tout entier à ce spectacle, portant alternativement mes yeux de la terre au ciel, et sentant monter du lac une fraîcheur nocturne délicieuse. Du fond d'un massif d'arbre dont les pieds trempaient dans l'eau et dont les cimes peu élevées mais épaisses se détachaient sur un fond argenté, un oiseau chantait par intervalles comme le

---

(*) Voyez notre Voyage en Suisse.

Rossignol de Juliette : puis tout-à-coup l'éclat perlé de sa voix s'arrêtait à la fin d'une roulade ; et comme son chant était le seul qui veillât, aussitôt qu'il cessait de chanter, tout redevenait silencieux de son silence ; dix minutes après, il reprenait son hymne, sans aucun motif de le reprendre, comme il l'avait interrompu sans aucune raison de l'interrompre : c'était quelque chose de frais, de nocturne et de mystérieux, parfaitement en harmonie avec l'heure et le paysage : c'était une mélodie qui devait être écoutée comme je l'écoutais, au clair de la lune, au pied des montagnes, au bord d'un lac.

Le lendemain, en me réveillant, je vis à la clarté du soleil le paysage que j'avais entrevue la veille à la lumière de la lune ; tous les détails perdus dans les masses d'ombres m'apparaissaient distinctement au jour : l'île supérieure avec son village de pêcheurs et de bateliers, l'île Mère avec sa villa toute de verdure, l'île Belle avec son entassement de piliers superposés les uns aux autres, enfin le bord opposé du lac où viennent finir les montagnes des Alpes et où commencent les plaines de la Lombardie.

Il y a cent-cinquante ans, ces îles n'étaient que des roches nues, lorsqu'il vint dans l'esprit au comte Vitaliano Borromée, d'y transporter de la terre et de maintenir cette terre comme dans une caisse, par des murailles et des pilotis ; cette opération terminée, le noble prince sema sur ce sol factice de l'or, comme le laboureur sème du grain, et il y poussa des arbres, des villages, des palais. C'est un magnifique caprice de millionnaire qui a voulu son monde créé par lui.

Après que nous eûmes déjeunés, un batelier vint nous proposer de nous faire faire le voyage du lac.

Nous acceptâmes son offre avec empressement, et lui ordonnâmes de nous conduire d'abord à l'île des Pêcheurs.

C'est une charmante plaisanterie qui ressemble en petit à un village, et qui a des maisons, des rues, une église, un prêtre et des enfans de chœur. Les filets qui forment la seule richesse de ses deux cents habitans, sont étendus devant toutes les portes.

Nous la visitâmes dans tous ses détails, puis nous fîmes voile vers l'île Mère.

De loin, c'est une masse de verdure au milieu d'une large tasse d'eau : elle est toute plantée de pins, de cyprès, de platanes ; ses espaliers sont couverts de cédrats, d'oranges et de grenades : les allées sont peuplées de faisans, de perdrix et de pintades : abritée de tous côtés contre le froid, s'ouvrant comme une fleur à tous les rayons du soleil, elle reste toujours verte, même lorsque les montagnes qui l'environnent blanchissent sous les neiges de l'hiver.

Le gardien du château nous coupa une charge de cédrats, de grenades, d'oranges et nous les offrit avec la plus bienveillante courtoisie.

A mesure que nous avancions vers l'île Belle, (Isola Bella) nous voyions sortir de l'eau ses dix terrasses superposées les unes sur les autres : c'est, sinon la plus belle des îles de ce petit Archipel, du moins la plus curieuse : tout y est taillé, marbre et bronze, dans le goût de Louis XIV : une forêt toute entière d'arbres magnifiques, une forêt de peupliers et de pins, ces géans aux doux murmures, qui parlent, au moindre vent, une langue poétique, qui comprennent sans doute l'air et les flots, puisqu'ils leur répondent dans le même idiome, s'élève sur des arcs de pierre qui baignent leurs pieds dans le lac, car l'île toute entière est enfermée dans un immense cercle de granit, comme un oranger dans sa caisse.

Nous y abordâmes, et nous mîmes le pied au milieu d'un parterre de fleurs étrangères et précieuses, qui toutes sont venues établir des colonies de graines et de boutures sous cette heureuse exposition ; chaque terrasse est une plate-bande embaumée d'un parfum différent, au milieu duquel domine toujours celui de l'oranger, et peuplée de dieux et de déesses : la dernière est surmontée d'un Pégase et d'un Apollon.

Des terrasses nous descendîmes au château : c'est une véritable villa royale, pleine de fraîcheur de verdure et d'eau : il y a des galeries de tableaux très-remarquables : trois chambres, dans lesquelles un des princes Borromée a donné l'hospitalité au chevalier Tempesta, condamné à mort pour avoir fait assassiner sa première femme, afin d'épouser celle qu'il aimait, ont été peintes par lui. Ces tableaux sont au nombre de soixante-quinze ; et ils représentent la plupart des paysages et des scènes pastorales : on dirait que le peintre cherchait à se distraire de son crime par la vue du calme et de l'innocence des champs. On voit aussi, placé vis-à-vis l'un de l'autre, les portraits de Tempesta et de sa seconde femme : à l'expression cruelle de la beauté de celle-ci, on sent qu'elle a du être sa complice. Malgré le mérite des tableaux, on éprouve dans ce musée d'un seul homme, une sorte d'effroi, lorsqu'on songe qu'il est l'ouvrage du crime et des passions.

Enfin on trouve un palais souterrain, tout en coquillages comme la grotte d'un fleuve, et plein de naïades aux urnes renversées, d'où coule abondamment une eau fraîche et pure.

Cet étage donne sur la forêt; car le jardin est une véritable forêt pleine d'ombre, et à travers laquelle des échappées de vue sont ménagées sur les points les plus pittoresques du lac; un des arbres qui composent ce bois est historique : c'est un magnifique laurier, gros comme le corps et haut de soixante pieds : trois jours avant la bataille de Marengo, un homme dînait sous son feuillage; dans l'intervalle du premier service au second, cet homme au cœur impatient prit son couteau, et sur l'arbre contre lequel il était appuyé écrivit le mot *Victoire :* c'était alors la divise de cet homme, qui ne s'appelait encore que Bonaparte, et qui pour son malheur plus tard s'est appelé Napoléon.

Il ne reste plus trace de ce mot prophétique : tout voyageur qui passe enlève une parcelle de l'écorse sur laquelle il était écrit, et fait chaque jour au laurier une blessure plus profonde, dont il finira par mourir peut-être.

De retour à Baveno nous dînâmes, et moyennant la somme de dix francs donnée à nos bateliers, et un bon vent que Dieu nous envoya gratis, en quatre heures nous fûmes à Arona.

Cette ville est une des plus charmantes parmi celles qui dominent le lac Majeur, et on s'y arrêterait rien que pour la vue qu'on découvre des fenêtres de l'hôtel, si on n'y était plus impérieusement appelé encore par la curiosité qu'inspire le Colosse de saint Charles.

Car c'est à Arona que naquit, en 1538, le fameux archevêque de Milan, le cardinal Borromée, qui, par l'emploi qu'il fit de ses richesses, dont il fonda des établissemens de charité, et par le dévouement avec lequel il exposa ses jours dans la peste de 1576, mérita de son vivant le titre de saint qui fut ratifié après sa mort.

L'Archevêque de Milan est un des derniers saints canonisés par la cour de Rome : ce fut en 1610, vingt-six ans seulement après sa mort, que Paul V, ratifiant le culte général qui était rendu à son tombeau, le convertit en autel : aussi, autour de cette existence presque contemporaine, ne retrouve-t-on aucune des vieilles légendes du martyrologe; ce fut la propre vie de saint Charles, qui fut un long miracle : né au milieu des désordres civils et religieux, vivant au milieu de la corruption des temps, il fut le restaurateur obstiné de la discipline ecclésiastique, dont lui-même il donna l'exemple par son austérité. Durant ses études à Milan et à Pavie, il ne connut, comme autrefois saint Basile et saint Grégoire-de-Naziance à Athènes, que les deux rues qui conduisaient l'une à l'église, l'autre aux écoles publiques; à douze ans il fut pourvu d'une des plus riches abbayes de l'Italie : c'était un fief de sa famille : à quatorze, d'un prieuré que lui résigna le Cardinal de Médicis, son oncle, en montant sur le saint-siége, sous le nom de Pie IV. Enfin, à vingt-trois ans, il était Cardinal.

Ce fut alors que, pourvu des plus riches bénéfices de la Lombardie, revêtu d'un des premiers rangs dans la hiérarchie ecclésiastique, entouré de ces séductions mondaines, auxquelles cédaient à cette époque jusqu'aux souverains pontifes eux-mêmes, il fit trois parts de son bien, l'une pour les pauvres, la seconde pour l'église, et la troisième pour sa maison. Un si grand abandon, une vie si chrétienne, lui avaient acquis l'amour de tous, lorsqu'un événement ajouta à ce sentiment celui du respect : un jour que le saint Prélat faisait sa prière dans la chapelle archiépiscopale, un assassin entra dans l'église ; il s'approcha de l'officiant, et au moment où l'on chantait cette antienne :

Non turbetur cor vestrum neque formidet :

Il lui tira à bout portant un coup d'arquebuse. Saint Charles jeté sur ses mains par la commotion, se releva, et quoique se croyant blessé à mort, il ordonna de continuer l'office divin, s'offrant pour cette fois en sacrifice aux fidèles à la place du fils de Dieu.

La prière finie, saint Charles se releva, et la balle, arrêtée dans ses ornemens épiscopaux, tomba à ses pieds : cet événement fut considéré comme un miracle.

Quelque temps après, la peste éclata à Milan; saint Charles aussitôt, et malgré les représentations de son conseil, s'y transporta avec toute sa maison : pendant six mois, il resta au centre de la contagion, portant au chevet de tous les mourans abandonnés par l'art, le secours de la parole : c'est alors qu'il vendit cette troisième part de biens qu'il s'était réservé pour lui-même, vaisselle d'or et d'argent, vêtemens et meubles, statues et tableaux : puis, lorsqu'il n'eut plus rien à donner aux pauvres et aux mourans, il pensa à s'offrir lui-même à Dieu comme une victime expiatoire : partout où le fléau était le plus cruel et le plus acharné, il alla pieds nus, la corde au cou, la bouche collée aux pieds d'un crucifix, priant le Seigneur avec des larmes de prendre sa vie en échange de celle de ce peuple qu'il frappait ainsi.

Enfin, soit que le terme du fléau fut arrivé, soit

que les prières du Saint fussent entendues, la colère de Dieu remonta au ciel.

A peine sorti de cette longue épreuve, saint Charles reprit le cours de sa vie pastorale ; mais Dieu avait accepté le sacrifice offert : ses forces étaient épuisées, une phthisie pulmonaire se déclara, et dans la nuit du 3 au 4 novembre 1584, le Saint envoyé termina sa laborieuse carrière.

Cent ans après, les habitans des rives du lac, réunis à la famille de saint Charles, lui votèrent une statue colossale, dont l'exécution fut confiée aux soins de Cérani : on tailla une esplanade dans le coteau voisin de la ville, on éleva un piedestal de trente-quatre pieds sur cette esplanade, et sur ce piedestal on dressa la statue du Saint : cette statue est haute de quatre-vingt-seize pieds. Le saint Évêque porte un livre sous le bras et donne de l'autre main la bénédiction épiscopale à la ville où il était né.

Les proportions de cette statue sont si bien en harmonie avec les montagnes gigantesques sur lesquelles elle se détache, qu'elle semble, au premier aspect et à une certaine distance, être de taille naturelle : ce n'est qu'en approchant qu'elle grandit démesurément, et que toutes ses parties prennent des proportions réelles et arrêtées.

Notre guide nous offrit de nous introduire dans l'intérieur de la statue, mais nous avions fait trop d'ascensions aériennes en Suisse pour nous décider à celle-là ; nous préférâmes partir directement pour Sesto-Calende, première bourgade de la riche Lombardie.

CHAPITRE II.

MILAN. — MONZA. — PAVIE.

En nous rendant à Sesto-Calende sur le bateau à vapeur le *Verbano*, nous eûmes le temps de comtempler le double aspect majestueux qu'offre le lac : du côté de la Lombardie il est environné de plaines fertiles, de colines peu élevées et ornées de maisons nouvelles; l'autre côté, sauvage et dominé par les Alpes, hérissé de rochers sur lesquels s'élèvent des couvents, des chalets et de vieilles fortifications. Dans cette dernière partie, dont les îles Borromées, situées au milieu du lac, sont comme la limite, est un roc surmonté d'un fort en ruine; il servit au XV° siècle de repaire à cinq frères Mazzarda, espèces de pirates qui s'y défendirent pendant dix ans. La princesse de Galles, séduite par l'aspect romantique de ce rocher, avait voulu s'y établir afin d'y créer une autre Isola-Bella; mais la famille Borromée, qui en avait été jadis chassé les Mazzarda et leur bande, ne voulut point y recevoir la cour de la Princesse.

Un jeune artiste du Tessin, qui se rendait à Milan, nous raconta, avec beaucoup d'esprit, qu'une fête avait été donnée, en 1828, au roi de Sardaigne lorsqu'il visita les îles Borromées.

Des arcs de triomphe peints et le latin d'usage, avaient été dressés sur le passage de sa majesté. L'apparition de l'Isola-Bella illuminée offrait le soir un merveilleux coup d'œil. Les transparens et les décorations de théâtre allaient fort bien à cette île symétrique, tourmentée, et les roses de San-Quirico (*) y semblaient plus naturelles que les roses du printemps.

Cette scène de nuit était infiniment supérieure à la pompe des harangues et des réceptions du matin. Une multitude de barques illuminées, ayant la forme de dragons ou de temples avec des colonnes corinthiennes ornées de feuillage, se pressaient autour de l'île en feu, et l'enthousiasme des Milanais pour ce genre de plaisir était à son comble.

Malheureusement le mauvais temps vint déranger cette fête, et la nuit s'acheva au milieu d'un orage perpétuel; on eut dit que les vastes éclairs, que les vieux tonnerres des Alpes, s'indignaient contre les feux de joie et contre les nouvelles clartés qui troublaient leur solitude et semblaient parodier leur majesté : les éclairs répondaient aux fusées, les tonnerres aux pétards, et ce contraste, qui dut contrarier les personnes en toilette, ajoutait encore à l'effet curieux du spectacle.

A peine fûmes-nous descendus à Sesto-Calende, que l'on nous conduisit à la Douane : les Douaniers visitèrent toutes les malles, les portes-manteaux, les nécessaires, les livres, avec une désespérante minutie : mais ce ne fut encore rien en comparaison de la lenteur que l'on mit à mettre le visa de nos passeports.

Comme j'en témoignais assez énergiquement mon impatience à mes compagnons de voyage, un gen-

---

(*) Peintre célèbre des décorations de la Scala.

darme s'approcha de nous et me dit en très-bon français :

Ne vous impatientez point, messieurs ; puisque vous ne faites que d'entrer en Italie, vous n'êtes pas à la fin de vos peines avec la police, et surtout gardez-vous, autant que possible, de manifester votre mécontentement, ce ne serait pas le moyen de faire expédier plutôt vos affaires.

— Vous avez été en France ? lui dis-je avec intérêt.
— J'ai fait toutes les campagnes de l'Empire.
— Et vous n'êtes que simple gendarme ?
— J'étais maréchal-des-logis-chef lorsque je rentrai ; mais..... Il y avait une inflexion si pénible, si douloureuse dans la prononciation de ce dernier mot que je n'osai pas le prier de continuer, je lui serrai la main, et il s'éloigna de nous presque la larme à l'œil.

Enfin, grâces aux retards apportés par la police et la Douane, il nous fallut remettre notre départ au lendemain et nous résigner à passer la nuit dans une auberge de Sesto-Calende.

Les Anglais, à force de vacarme, de scènes et de train, ont beaucoup contribué à l'amélioration des auberges en Italie : ils peuvent prétendre à la gloire de les avoir réformées, elles n'exciteraient plus les lamentations de Montaigne, de Montesquieu, de Dupaty ; aujourd'hui elles sont en général fort tolérables, et je crois meilleures qu'en France.

Le registre que la sévérité des diverses polices y fait tenir exactement, est une lecture qui offre souvent un bien vif intérêt. Les noms de tous ces voyageurs qui passent montrent l'agitation souvent bien vaine des gens du monde ; ils rappellent quelquefois les caprices de la fortune, et révèlent l'existence oubliée d'aventureux personnages autrefois célèbres, autrefois puissans, et dont les anciens palais n'ont été eux-mêmes que des hôtelleries. La colonne *Condizioni* (professions) de l'inévitable registre est pour beaucoup de gens difficile à remplir; ils ne savent pas précisément ce qu'ils sont, tant il y a de nos jours de destinées incertaines; tant l'ordre social, malgré ses lumières, est en quelques points incomplet et illusoire. *L'età* (l'âge) est une autre question positive, qui pour les femmes, est embarassante à une certaine époque; on ne s'imagine guère la quantité prodigieuse de dames de trente-huit ans qui voyagent : on dirait que c'est pour cela le bel âge. Le registre des auberges d'Italie est presque un manuscrit anglais, tant les noms, l'écriture et même le caractère dédaigneux ou engoué de la nation y dominent. Sur quelques-uns de ces registres on trouve des hymnes ou des anathèmes contre la *Locanda*; d'autres anglais, avec une prétention tout aristocratique, détaillent complaisamment leurs titres, qui, par paranthèse, occupent un assez long espace.

Mais une chose détestable que l'on est sûr de rencontrer en été partout en Italie, ce sont les moustiques. Il n'est point que vous n'ayez entendu parler de ce petit animal, qui affectionne particulièrement le bord de la mer, des lacs et des étangs, et il est à nos cousins du nord ce que la vipère est à la couleuvre. Malheureusement, au lieu de fuir l'homme et de se cacher dans les endroits déserts comme celle-ci, il a le goût de la civilisation, la société le réjouit, la lumière l'attire : vous avez beau tout fermer, il entre par les trous, par les fentes, par les crevasses : le plus sûr est de passer la soirée dans une autre chambre que celle où l'on doit passer la nuit : puis à l'instant même où l'on compte se coucher, de souffler sa bougie et de s'élancer vivement dans l'autre pièce. Malheureusement le moustique a les yeux du hibou et le nez de la hyène; il vous voit dans la nuit, il vous sent à la piste, si toutefois, pour être plus sur encore de son affaire, il ne se pose pas sur vos cheveux; alors vous croyez l'avoir mis en défaut, vous vous avancez en tâtonnant vers votre couchette, vous renversez un guéridon chargé de tasses de porcelaine, vous faites un détour pour ne pas vous couper les pieds sur les tessons, vous atteignez votre lit, vous soulevez avec précaution la moustiquaire qui l'enveloppe, vous vous glissez sous votre couverture comme un serpent, et vous vous félicitez de ce que, grâce à ce faisceau de précautions, vous avez acheté une nuit tranquille; l'erreur est douce, mais courte ; au bout de cinq minutes vous entendez un petit bourdonnement autour de votre figure : autant vaudrait entendre le rauquement du tigre ou le rugissement du lion, vous avez enfermé votre ennemi avec vous; apprêtez-vous à un duel acharné : cette trompette qu'il sonne est celle du combat à outrance. Bientôt le bruit cesse : c'est le moment terrible : votre ennemi est posé, où? vous n'en savez rien ; à la botte qu'il va vous porter il n'y a pas de parade : tout-à-coup vous sentez la blessure, vous y portez vivement la main, votre adversaire a été plus rapide encore que vous, et cette fois vous l'entendez qui sonne la victoire : le bourdonnement infernal enveloppe votre tête de cercles fantastiques et irréguliers, dans lesquels vous essayez vainement de le saisir : puis une seconde fois le bruit cesse. Alors votre angoisse recommence, vous portez les mains partout où il n'est pas, jusqu'à ce qu'une nouvelle douleur vous indique où il était, car au moment où vous croyez l'avoir écrasé comme un scorpion sur la plaie, l'attroce bourdonnement recommence, cette fois il vous semble un ricanement diabolique et moqueur : vous y répondez par un rugissement concentré, vous vous apprêtez à le surprendre partout où il va se poser ; vous étendez les deux mains, vous leur donnez tout le développement dont elles sont susceptibles, vous tendez vous-même la joue à votre adversaire, vous voulez l'attirer sur cette surface charnue, que la paume de votre main emboîterait si exactement. Le bourdonnement cesse, vous retenez votre haleine, vous suspendez les battemens de votre cœur, vous croyez sentir, en mille endroits différens, s'enfoncer la trompe acérée : tout-à-coup la douleur se fixe à la paupière, vous ne calculez rien, vous ne pensez qu'à la vengeance, vous vous appliquez sur l'œil un coup de poing à assommer un bœuf ; vous voyez trente-six étincelles ; mais ce n'est rien que tout cela, si votre vampire est mort : un instant vous avez l'espoir, et vous remerciez Dieu qui vous a accordé la victoire. Une minute après le bourdonnement satanique recommence. Oh ! alors vous rompez toute mesure; votre imagination se monte, votre tête s'exaspère, vous sortez de votre couverture, vous ne prenez plus aucune précaution contre l'attaque, vous vous levez tout entier dans l'espoir que votre antagoniste commettra quelque imprudence, vous vous battez le corps des deux mains, comme un laboureur bat la gerbe avec un fleau; puis enfin, après trois heures de lutte, sentant que votre tête se perd, que votre esprit s'égare, sur le point de devenir fou, vous retombez, anéanti, épuisé de fatigue, écrasé de sommeil, vous vous assoupissez enfin. Votre ennemi vous accorde une trêve, il est rassasié : le moucheron fait grâce au lion : le lion peut dormir.

Le lendemain vous vous réveillez, il fait grand jour : la première chose que vous apercevez, c'est votre infâme moustique, cramponné à votre rideau et le corps rouge et gonflé du plus pur de votre sang; vous éprouvez un moment d'une effroyable joie, vous approchez la main avec précaution, et vous l'écrasez le long du mur comme Hamlet Polonius ; car il est tellement ivre, qu'il ne cherche pas même à fuir.

En ce moment votre domestique entre, vous regarde avec stupéfaction, et vous demande ce que vous avez sur l'œil; vous vous faites apporter un miroir, vous y jetez les yeux, vous ne vous reconnaissez pas vous-même : ce n'est plus vous, c'est quelque chose de monstrueux, quelque chose comme Vulcain, comme Caliban, comme Quasimodo.

Mais enfin, quelque grave que soit l'inconvénient que nous venons de décrire, il est grandement compensé par les mille plaisirs que l'on trouve sur cette terre de prédilection

Je ne sais pourquoi presque tous les voyageurs ont la manie de visiter l'Italie en hiver. Cette saison ne va point à cette belle contrée, son aspect alors n'est guère différent de celui des provinces françaises : c'est à quelque modification près, la même humidité et le même froid ; les fleuves sont débordés, des pluies immenses et continues abscurcissent le ciel et inondent les champs ; les arbres peu élevés paraissent encore plus chétifs dépouillés de verdure, et la vigne, qui s'y entrelaçait avec grâce, n'est plus qu'une espèce de gros reptile qui les serre, tortueux et noir. Les orangers seuls semblent chargés de faire les honneurs du pays, et de rappeler quelques-uns de ses charmes. Les monuments même de l'art ne sont guère plus reconnaissables : ils sont faits pour le soleil et la lumière de l'été et non pour les brouillards de l'hiver.

Combien de tableaux, de bas-reliefs, chefs-d'œuvre des plus grands maîtres, disparaissent alors dans l'obscurité de cette saison et le jour un peu sombre des églises d'Italie!

La multitude d'étrangers qui accourent l'hiver en Italie contribue encore à lui ôter une partie de sa physionomie; les naturels du pays, les hommes distingués, semblent comme disparaître, perdus au milieu de cette société transplantée et bruyante; on ne fait que les apercevoir, et il est moins facile de se lier avec eux, de profiter de leurs lumières, entraînés qu'ils sont par le tourbillon.

L'Italie, cette source inépuisable d'enchantemens ou de méditations pour l'esprit et la pensée, n'est, pour tout ce monde, qu'un spectacle des yeux, qu'une espèce de course, qu'une sorte de représentation théâtrale où l'on se rend en poste, dont le but est de se montrer, et de savoir et de dire ceux qu'il y avait et qu'on y a vu. A l'époque choisie par tous ses visiteurs, les belles solitudes de Vallombreuse, du mont Cassin, des Camaldules, sont à peu près inaccessibles; et c'est apporter de l'Italie une idée bien imparfaite que de n'avoir pu les contempler.

Il me semble d'ailleurs que les divers pays doivent être vus avec les climats qui leur sont propres : il faut à la Russie l'hiver et les frimats, et le soleil à l'Italie. L'été n'y est point aussi accablant qu'on se l'imagine : il y a de l'air, et l'on s'y entend bien mieux qu'en France à s'y défendre du chaud.

2

Cette réputation de chaleurs intolérables a sans doute été faite à l'Italie par les Anglais et les voyageurs du nord ; mais l'incommodité passagère qu'elles peuvent causer pendant quelques heures au milieu du jour, est bien compensée par l'éclat et la pureté de la lumière du ciel, la magnificence du matin et du soir, et même le charme des nuits.

La route qui nous conduisait à Milan était magnifique. Nulle part peut-être qu'en Lombardie, l'administration des ponts et chaussées n'est plus occupée et n'a rendu plus de services. On passe aujourd'hui commodément les nombreuses rivières et les canaux de cette route. Toute cette partie de l'Italie annonce une prospérité solide, agricole, matérielle ; la domination autrichienne est là sous son beau côté. Les routes sont de véritables allées de jardin très-soignées : on y arrache même l'herbe qui commence à croître : ce gouvernement si économe, si mesquin, est en cela grand et magnifique.

Déjà de son temps Montaigne trouvait que « Milan » ressemblait assez à Paris, et avait beaucoup de rap- » port avec les villes de France. » La même ressemblance avait frappé le Tasse lorsqu'il vint à Paris deux années à la suite du cardinal d'Este, et qu'il écrivit son étrange Parallèle de l'Italie et de la France. En effet la rue du Cours aujourd'hui a toute la magnificence moderne de la rue du Mont-Blanc; et sans le lourd hulan qui escorte le soir les brillantes calèches du Cours, on pourrait se croire aux boulevards.

La multitude des guérites placées à tous les coins de rues, et le soldat automate que l'on y pose tous les soirs, ont quelque chose de triste et de menaçant.

Les divers palais de Milan sont plutôt de vastes et opulentes demeures que des monuments : les cours environnées de portiques, ont toutefois une sorte de grandeur. Malgré l'usage fréquent en Italie de donner le nom de *Palazzo,* ces palais ne portent point une désignation aussi superbe, et, à moins qu'ils ne soient consacrés à quelque service public, ils s'appellent, en général, plus modestement maisons(*cas*). (*)

Le Dôme, avec ses cent aiguilles et les trois mille statues qui le décorent est un des plus beaux monuments de l'architecture gothique. Dans cette masse colossale, dans ses plus minutieux détails, tout est disposé et distribué avec harmonie; tout est exécuté avec un étonnant ensemble de perfection. Sous ces innombrables arcades, sous ces voutes immenses entourées de ces murs diaphanes, véritables mosaïques transparentes, et non moins significatives par leurs peintures qu'admirables par leur effet mystérieux; à l'aspect de ces poligones, de ces tours et de ces myriades de clochers à jour; au milieu de ces contre-forts hardis et de ces milliers de frontons pyramidaux, de clochetons, de tourelles, de statues, de sculptures d'ornement, les sens et l'esprit sont frappés à la fois par l'idée de l'unité dans l'infini. Tout paraît être le résultat d'une création unique, spontanée : tout dispose l'âme à la contemplation, et exalte les sentimens religieux.

Il est difficile de ne pas être ému en voyant dans la chapelle souterraine le corps de saint Charles, qui est comme le héros de cette contrée : génie vaste, ardent, inflexible, espèce de Saint administrateur, dont le souvenir, ainsi que celui de sa famille, domine là tous ceux des rois et des empereurs. Le saint Archevêque est revêtu de ses habits pontificaux enrichis de diamans ; sa tête mitrée repose sur un

(*) Dialecte milanais.

coussin d'or ; le sarcophage est de cristal de roche. Ainsi le cadavre est sous verre, et l'on peut aisément contempler jusqu'aux traits de ce grand homme. La devise *humilitas* écrite sur le tombeau, et qui est celle de la famille Borromée, contraste, il est vrai, un peu avec l'exibition de tant de richesses.

Une foule de riches et somptueux monuments renfermant les restes de Pontifes et de Princes décorent presque toutes les chapelles ; et ce qui les rend encore plus remarquables, c'est qu'ils ont été exécutés par les plus célèbres artistes de l'Italie.

La vue, du haut de ce dôme, énorme pyramide, espèce de montagne de marbre, est vraiment admirable : les plaines de la Lombardie paraissent, sous l'azur des cieux, un océan de verdure ; l'œil découvre à la fois les Alpes et les Apennins, et cet immense horizon est comme une apparition nouvelle et superbe de l'Italie.

Milan renferme une foule d'églises qui toutes renferment quelque chef-d'œuvre de peinture et de sculpture, à part leur mérite architectorial plus ou moins digne d'étude et d'admiration.

Le luxe des églises italiennes, avant que l'on y soit fait, paraît vraiment merveilleux; l'autel, la chaire même, sont quelquefois garnis d'agates et d'autres pierres précieuses. Il doit être embarrassant de parler au milieu de toutes ces richesses, et il faut de bien magnifiques paroles pour toucher un auditoire aussi ébloui. Cependant, malgré les préventions de quelques économistes contre ce luxe des autels, il est loin de corrompre et de dissiper comme le luxe du monde, et de plus il a l'avantage d'être conservateur et utile. Il est aussi des ornemens qui ne peuvent changer de nature, tels que certaines pierreries ;

objets d'orgueil national, il serait difficile de les rendre à la circulation : et alors ne vaut-il pas mieux les placer sur un autel, où ils ajoutent à la majesté de la religion, et n'excitent ni haine ni envie, que d'en charger le front d'une femme coquette ou le sabre du despote?

Il est dans les églises d'Italie un inconvénient pour le touriste, c'est qu'elles sont ordinairement fermées pendant quelques heures vers le milieu du jour. Importune aux fidèles, la visite des étrangers n'est pas moins désagréable et pénible à ceux-ci : l'on éprouve quelque gêne et quelque confusion à se trouver seul debout, avec son livret, au milieu de la foule qui se prosterne et qui prie, à compter les colonnes de vert antique, de marbre de Carare et de Lapis-Lazzuli, entouré de créatures pauvres et souffrantes qui se courbent sur la dalle. Si l'on tombe au milieu d'un sermon, l'embarras n'est pas moindre; la fougue de l'orateur, les éclats retentissans de sa voix au milieu du silence de son auditoire, l'expression vive et animée de sa physionomie, contrastent singulièrement avec l'espèce de sang-froid et l'air toujours un peu gauche de ceux qui regardent et qui cherchent. Que l'inquiète curiosité du voyageur semble vaine à côté de la sublime simplicité du croyant! Il serait convenable de laisser la matinée aux exercices du culte; car midi, heure de la clôture, est l'instant où précisément le jour des tableaux est le plus beau. Malgré l'indolence italienne, une considération plus sérieuse devrait faire cesser ce mauvais usage : indépendamment de ce besoin fréquent de prières que l'âme éprouve, combien de fautes, de crimes même, ont été prévenus par l'entrée fortuite dans une église! On dit que tout le monde dort à cette heure, mais les malheureux ou les coupables veillent, et les passions ne connaissent point la sieste.

La naïveté, le naturel, l'abandon du caractère italien se retrouvent jusque dans les sermons; l'auditoire, malgré la solennité du lieu, ne s'étonne point des épanchemens, des aveux, des confidences personnelles de l'orateur, et cette sorte de sympathie produit chez les hommes de talent des effets d'une éloquence neuve et pathétique.

Saint Ambroise est le patron de la ville de Milan. C'est chez ce grand homme que brille le plus beau modèle de cet épiscopat chrétien qui fut presque la seule magistrature des temps de barbarie, et qui reparut si sublime dans un François de Salle, un Charles Borromée, un Fénélon.

Lorsque saint Ambroise monta sur le siége de Milan, en 374, les cérémonies du culte étaient simples, sans fixité, conformes en un mot à l'état d'humilité des chrétiens et à l'esprit qui les animait. Quelques-unes des parties de la liturgie n'étaient peut-être pas encore écrites, et certainement elles n'étaient pas toutes recueillies. Saint Ambroise leur donna la forme, la splendeur qui leur convenaient. Il organisa la liturgie dans le diocèse de Milan et dans la Ligurie, et en fit un tout complet. Il composa des messes pour chaque circonstance, un grand nombre de préfaces où l'on voit en peu de mots les sujets des mystères et les actions des saints, beaucoup d'hymnes et d'autres prières. Il fit tous les changemens, toutes les additions qu'il jugea utiles pour ranimer la piété des fidèles.

Le cardinal Frédéric Borromée, grand ami des lettres, fonda une bibliothèque sous le vocable de saint Ambroise. On l'appelle l'Ambroisienne, et elle compte soixante mille volumes imprimés, et dix mille manuscrits. Parmi ces derniers il en est qui sont on ne peut plus précieux.

On ne peut se défendre d'une vive émotion littéraire, en voyant, dans une grande caisse de bois carrée, les célèbres palimpsestes des plaidoyers de Cicéron pour Scaurus, Tullius et Flaccus, sur l'écriture desquels avaient été transcrits les poëmes de Sédulius, prêtre du VIe siècle, ainsi que plusieurs phrases inédites des discours contre Clodius et Curion, que recouvrait naguère une traduction latine des actes du concile de Chalcédoine : premières découvertes et préludes heureux de M. Mari, célèbre bibliophile (*). En contemplant ces vieux feuillets noircis, calcinés, percés en quelques parties par l'acide muriatique oxigéné, on aime à voir la science moderne venant au secours de l'éloquence et de la philosophie antique, et la chimie arrachant, détruisant le texte vulgaire qui cache un écrit sublime.

Il était impossible de n'être pas frappé à l'aspect de cette autre espèce de ruines et de cette fouille opiniâtre, si l'on peut le dire, des monumens de la pensée et du génie du plus grand orateur de Rome, retrouvés après plus de dix siècles sous les lignes gothiques d'un versificateur du moyen âge, et sous le protocole d'arrêts de théologie. Les palimpsestes de l'Ambroisienne provenaient du monastère de Saint-Colomban de Bobbio, situé au fond de l'Apennin, et qui recueillit, comme le Mont-Cassin, une foule de précieux manuscrits. Dans ces temps de barbarie, le cloître et les montagnes furent l'asile des lettres ; publiés, commentés, traduits de nos jours par d'habiles écrivains et des éditeurs exercés,

(*) Bibliothécaire de la Vaticane.

ces doctes débris se répandent avec gloire et avec éclat dans le monde civilisé ; leur apparition est un événement au milieu du triomphe des rois et de la chute de l'homme qui leur fut si fatal ; et Cicéron, haranguant, dissertant, se fait entendre de nouveau à un plus grand nombre qu'au milieu du Forum ou dans les Commices.

Il ne reste à l'Ambroisienne, de manuscrits physico-mathématiques de Léonard de Vinci, qu'un seul et énorme volume contenant des machines, des figures, et des notes recueillies par Pompée Léoni. Les lettres sont tracées de droite à gauche, à la manière des Orientaux, et ne peuvent être lues qu'au miroir. Comme son digne émule Michel-Ange, Léonard de Vinci était aussi savant sculpteur, architecte, ingénieur, chimiste, mécanicien et littérateur : chez de pareils hommes, la multitude des talens, au lieu de se nuire, semble au contraire les étendre et les fortifier. La vue de cet étrange manuscrit, avec ses caractères renversés, prouve, à sa manière, l'influence, le reflet de l'Orient sur l'Italie dans le siècle de Léonard, et à quel point le génie italien lui dut de sa chaleur et de son éclat.

La bibliothèque de l'Ambroisienne possède un petit et riche musée : là se voit le carton de l'école d'Athènes, première inspiration naïve et grande de cette immortelle composition. M. de Chateaubriand, en présence du tableau disait : « J'aime autant le carton. » Celui-ci est très-bien conservé, et il semble devoir survivre au tableau, dont la dégradation s'accroît chaque jour.

La bibliothèque de Brera est principalement formée de l'ancienne bibliothèque des Jésuites et d'autres bibliothèques de couvens et maisons religieuses supprimés en 1797, d'une partie des livres de Haller, et de la petite mais précieuse collection léguée par le Cardinal Durini.

Le musée de Brera, à part les richesses de l'école ancienne, est encore le lieu où les artistes vivants exposent leurs productions ; les travaux que nous avons vu donnent une idée très-favorable de l'état actuel de l'école italienne.

A l'exposition que nous avons vue l'affluence de monde était très-considérable : on aurait pu croire vraiment que là aussi il y avait des jours et des heures reservés ; mais la facilité italienne n'eût rien compris à cette aristocratie de cadran et d'almanach. Dans chacune des salles, au lieu de custode, un grand soldat hongrois, le briquet sur l'épaule, était de garde : ce Pannonien armé, au milieu des travaux de l'art italique, offrait un étrange et triste spectacle : l'air ennuyé de ce conquérant isolé, indifférent, immobile, au milieu de la foule agitée, semblait une image assez juste de l'espèce de domination qu'il exerce.

Dans la rue de Brera est un joli hôtel qui fut habité par Beccaria, dont le médaillon et ceux de huit autres Milanais et Milanaises célèbres se voient sur la façade : esprit paradoxal par amour, par passion du bien et de l'humanité, philosophe dont les opinions furent hardies, téméraires, et la vie vertueuse et paisible. Son traité *Dei delitti et delle pene*, (des délits et des peines) fut le premier cri de l'humanité outragée par l'atrocité du code pénal : il faut moins considérer ce livre célèbre sous le rapport scientifique que comme un acte de courage, comme une pétition énergique presentée aux puissances au nom des peuples.

Les autres portraits qui entourent celui de Becca-

ria sont : Lecchi, Giulini (historien de Milan);
Agnèse (célèbre mathématicienne), Frisi, Verri,
Parini, Domenico Balestrieri (traducteur du Tasse
en Milanais); Fumagalli. Une nation qui, sous une
domination étrangère, a compté de tels personnages,
qui, de nos jours, a Manzoni, n'a point certes reçu
des facultés vulgaires.

Monti et Pindemonté ne sont plus. L'âme est navrée de voir périr des hommes semblables : non seulement ils illustrèrent leur partrie par leur génie, mais c'étaient encore des hommes excellens, simples, religieux, sincères : M. Manzoni, qui, avec quelques théories différentes, semble appelé à leur succéder, se recommande par les mêmes qualités du cœur et des principes peut-être encore plus élevés ; car, M. Manzoni a défendu, contre Jean-Jacques et M. Sismondi, l'alliance possible du catholicisme et de la liberté dans un pays qui ne lui en offrait point d'exemple, et sous une domination peu favorable à ce genre d'idées : son éloquent écrit : *Sulla Morale catholica* est une nouvelle preuve de la puissance du génie italien, toujours au niveau des grands principes de la civilisation, malgré les obstacles dont il est entravé.

De pareils caractères font un singulier honneur à l'Italie, si, comme nous le pensons, les caractères littéraires sont une expression assez juste des mœurs publiques, et ne les représentent pas avec moins de fidélité que les ouvrages des écrivains.

Le célèbre théâtre de la Scala est toute la société de Milan, parce que, malgré les grandes fortunes et l'aisance commune des habitans, personne ne se croit obligé de représenter. Les malheureuses et diverses révolutions que ce pays a subies depuis trente années, et les réactions qui en ont été la suite, semblent y avoir détruit la vie sociale. Cette insurrection des salon, cette liberté refugiée dans l'opinion du beau monde que les partis ont toujours opposées, en France, au pouvoir qui déplaisait, n'existent point en Italie. L'opposition exilée, impuissante, ronge son frein, voyage, ou se tait ; et le petit ramage des loges, perpétuellement interrompu par l'arrivée des derniers venus ou le départ forcé des premiers, attendu l'exiguité de l'espace, n'est guère propre à développer le talent de la conversation.

A part l'abondance des théâtres en Italie, en général il en est un à Milan qui prouve le goût des habitans pour le spectacle : Je veux parler du théâtre *Filodrammatico*, composé d'amateurs, et dirigé à merveille. Cette salle particulière est à peu près aussi grande que celle des grands théâtres de France et comme toutes les salles d'Italie, elle est distribuée d'une manière infiniment plus agréable et plus commode ; les auteurs qui ont paru en public ne sont plus admis à jouer sur cette scène, et la troupe (si l'on peut donner ce nom à une telle réunion) se compose de jeunes gens du commerce et de l'administration, et de jeunes filles ou de jeunes femmes appartenant à des familles honnêtes de Milan. C'est sur cette modeste scène que Mᵐᵉ Pasta a préludé à ses hautes destinées théâtrales. Il est une observation qu'on ne doit pas omettre au sujet du théâtre Filodrammatico : un théâtre de société subsistant depuis trente années, est un fait qui honore le caractère moral d'une nation, et prouve un repos de vanité vraiment prodigieux, et dont peut-être aucun autre peuple n'est capable.

Les Français qui voyagent en Italie, du moins la majeure partie, ont trop dédaigné un amusement qui est très-affectionné par le peuple de cette nation. Ce sont les *Fantoccini*, ou marionnettes, charmants acteurs de bois, qui ont souvent plus de nature que ceux des grands théâtres. Là, *Girolamo*, bouffon milanais, est le rôle obligé de toutes les grandes pièces, demi-sancho, demi-sosie, il est laid, poltron, gourmand, bavard; à sa vue l'hilarité gagne toute la salle; et il n'est pas au monde de personnage plus national et plus populaire. Les marionnettes semblent une véritable omission dans le vaste tableau qu'a tracé du grotesque un écrivain plein de verve et d'originalité; elles auraient dû trouver place dans cette grande création du génie moderne, entrevue faiblement par les anciens.

Les Fantoccini sont une des meilleures entreprises de théâtre qui existent : là point de fantaisies, de caprices, d'indispositions, de demandes de feux, de congés : je ne crois pas qu'il y ait eu jamais de relâche, ou de ces représentations qui ne valent guère mieux; et cette troupe active, infatigable, est toujours debout.

Les environs de Milan offrent des cites remarquables par leur situation et célèbres par les souvenirs historiques qu'ils rappellent.

Près de Garignano, à une demi heure de chemin de Milan, sont les restes, découverts il y a quelques années, de la petite maison habitée par Pétrarque. Il n'y a de son temps que deux colonnes de la cour sur lesquelles se lit son chiffre, les fenêtres, le plancher, et les voûtes de deux chambres donnant sur la campagne. Le propriétaire actuel est un Milanais, qui conserve assez bien toutes ces traces poétiques.

Les Italiens n'ont point en général là-dessus la barbare négligence des Français. La maison de Pétrarque était située dans une vallée profonde qui avait alors le nom peu attrayant de *l'Inferno*, dont il a fait *Linterno*, en mémoire de Scipion, héros de son *Africa*. Un pareil privilége n'appartient à la littérature qu'aux époques primitives et peut-être qu'en Italie. Les hommes de lettres de la renaissance, Pétrarque, le Dante, Boccace, comme les philosophes, les orateurs de l'antiquité connus du peuple, des artisans avec lesquels ils se mêlaient, s'entretenaient sur la place ou dans leurs ateliers, avaient d'ailleurs une influence bien plus forte, bien plus directe que celle de nos auteurs de salons et d'académies.

Les détails donnés par Pétrarque sur la vie qu'il menait à Linterno sont curieux, et offrent un nouvel exemple de cette singulière popularité.

« J'ai pris pour l'été une maison de campagne dans
» les environs de Milan : elle est vraiment délicieuse,
» l'air en est très-pur. Je continue ici mon train
» de vie ordinaire, et j'y suis plus libre et moins re-
» buté par les ennuis de la ville. Je ne manque de
» rien, et les paysans m'apportent à l'envi des fruits,
» du poisson, des canards et du gibier de toutes
» espèces. Près de là est une belle chartreuse nou-
» vellement bâtie, où je jouis à toute heure du jour
» des plaisirs innocens que donne la religion. Je
» voulais d'abord me loger dans l'intérieur du cloî-
» tre, et ces bons religieux y consentaient ; ils pa-
» raissaient même le désirer ; mais j'ai fini par croi-
» re qu'il valait mieux demeurer seulement près du
» couvent, afin que je pusse assister à tous leurs
» saints exercices ; leur porte m'est toujours ouverte,
» privilége accordé à peu de personnes. »

Telle était la haute renommée dont Pétrarque jouissait, que si des moines et des paysans avaient pour lui de telles prévenances, le fier Malatesta, seigneur de Rimini, non content d'avoir envoyé un peintre afin d'avoir son portrait, se faisait porter, impotent, chez lui à Linterno, dans ces mêmes chambres que nous voyons remplies par quelques tas de maïs, et qu'occupaient alors les métayers d'un avocat de Milan.

La chartreuse de Garignano, avec ses voûtes et ses murs peints, couverts de Chartreux, par Daniel Crespi, semble peuplée et vivante : c'est Le Sueur agrandi et à fresque ; *la Résurrection du Docteur* surtout est admirable de remord, de douleur et de désespoir, tandis que le tableau de Le Sueur, sur le même sujet, est froid et sans vigueur. Byron ne pouvait s'arracher du damné de Crespi.

» Nous le vîmes émus jusqu'à l'horreur » raconte son fidèle et discret compagnon, » par respect pour » le génie ; nous remontâmes silencieusement à » cheval, et allâmes l'attendre à un mille de la Chartreuse. »

Malgré son état d'abandon, peu de monuments sont encore d'un plus superbe effet que cette église, aujourd'hui simple paroisse de village.

A trois milles de *Porta Romana* est l'église et le monastère de Chiaravalle, Clairvaux italien, fondé par saint Bernard, qui n'est pas tout à fait digne de son nom, l'atmosphère y étant obscurcie par l'inondation des rivières voisines ; des bas-reliefs sur bois, chefs-d'œuvre du genre, représentant la vie de saint Bernard, ornent les stalles des anciens religieux ; car cette église n'est plus maintenant qu'une simple paroisse assez mal entretenue, et dans laquelle d'immenses fresques, toutes de Daniel Crespi, sont à demi détruites. Un buste de saint Bernard, très-beau, autrefois dans la bibliothèque du couvent est aujourd'hui dans l'église : les traits en sont doux, presque gracieux, et ils contrastent avec la force, la puissance, l'éloquence entraînante et la vie agitée de ce grand solitaire.

En général les figures de Saint de Daniel Crespi, portent l'empreinte d'une belle âme; ses ordonnances sont belles, bien combinées ; chaque personnage occupe la place qui convient à son rang, à son action : les costumes son exacts, riches et variés suivant le besoin; enfin ses peintures, tant à fresque qu'à l'huile, remarquables par une grande vigueur de coloris.

Monza, avec sa riche basilique, offre les plus anciens et les plus nombreux souvenirs des Lombards: fondée par la reine Théodelinde, empreinte de toute part des traces de sa vie, cette vieille basilique semble comme le temple de cette Clotilde italienne qui convertit son mari, comme la reine des Francs, à la foi catholique. Là aussi Dieu mit tout son pouvoir dans les yeux d'une femme.

L'histoire de cette reine des Lombards du VIe siècle offre des détails touchans et naïfs. Telle avait été la popularité de Théodelinde qu'à la mort d'Antaris, son premier époux, les chefs de la nation l'invitèrent à en choisir un second, qu'ils promirent de reconnaître pour leur roi. Théodelinde jeta les yeux sur Agilulphe, duc de Turin, digne d'un tel honneur. La reine, sans le lui annoncer, l'invita seulement à se rendre à sa cour.

Elle alla à la rencontre d'Agilulphe jusqu'à Lomello, et là s'étant fait apporter une coupe, elle en but la moitié, puis elle la lui offrit pour qu'il l'achevât. Le duc de Turin, rendant la coupe, baisa respectueusement la main de la princesse.

« Ce n'est point là, reprit en rougissant Théode-

» linde, le baiser que je dois attendre de celui que
» je destine à être mon seigneur et mon maître. La
» nation lombarde m'accorde le droit de lui choisir
» un roi, et c'est vous qu'elle invite, par ma bouche,
» à régner sur elle et sur moi. »

La couronne d'or d'Agilulphe, dont le chanoine Frisi a donné la description dans ses *mémoires historiques sur Monza*, fut transportée à Paris, en 1799, et placée au cabinet des médailles de la grande bibliothèque ; elle fut volée en 1804, et fondue par les voleurs. — Etrange destinée de cette couronne des Lombards, offerte avec une grâce si ingénue et qui devait tomber et finir entre les mains de quelques filous de Paris !

La couronne de fer, véritable merveille de Monza, est renfermée au haut d'une grosse croix placée dans une chapelle de la cathédrale ; on ne l'apercoit donc le plus souvent qu'à une certaine distance, et pendant le petit office qui accompagne toujours cette exposition.

Lors de son couronnement comme roi d'Italie, Napoléon s'écria : *Dio me l'ha data, guai a chi la tocca. Dieu me l'a donnée, malheur à celui qui oserait y toucher.*

Le palais de Monza, noble, régulier, est un des meilleurs ouvrages de Piermarini : la chapelle passe pour un chef d'œuvre ; à la rotonde de l'orangerie est l'histoire de *Psyché*, peinture célèbre d'Appiani. Les jardins, les serres, le parc, sont vastes, magnifiques, et le dernier, traversé par le Lambro, a près de trois lieues de tour.

Les restes du palais de Frédéric Barberousse à Monza sont devenus propriété communale : la demeure de cet empereur humilié et recalcitrant sert aujourd'hui de magasin pour la ville.

Après avoir visité à peu près tout ce que Milan et ses environs offraient de plus remarquable, nous nous dirigeâmes vers la chartreuse de Pavie.

Il est impossible de contempler l'éclat, la richesse, les ornemens de cette chartreuse, sans devenir partisan de ses anciens maîtres ni presque se sentir chartreux. Un pareil luxe est le plus innocent de tous, puisqu'il est dû à l'amélioration et au défrichement des terres : « seule conquête, a dit heureusement un écrivain, qui ne fasse pas de malheureux. » Le luxe du monde, dont le peuple est ébloui, semble moins respectable que celui de ces magnifiques solitaires.

La chartreuse fut supprimée par Joseph II, qui confisqua son million de revenus; le directoire depuis fit enlever jusqu'aux plombs de la toiture : tous ces pillages philosophiques, cette violente ingratitude envers les bienfaiteurs du pays, cette destruction d'un monument religieux, national, et d'une merveille de l'art, n'inspirent pas moins d'horreur et de pitié qu'aucune autre ruine.

Brantôme raconte qu'après sa défaite, françois Ier, pris prisonnier dans le parc de la chartreuse, se fit conduire à l'église pour y faire sa prière, et que là, le premier objet qui s'offrit à ses yeux fut cette inscription tirée d'un psaume : *Bonum mihi quia humiliasti me, ut discam justificationes tuas.*

C'était une grande, une touchante leçon, et que la religion seule pouvait donner au roi *qui avait tout perdu fors l'honneur.*

Parmi les divers projets d'employer les bâtimens de la chartreuse, il en est un qui semble raisonnable et fort beau. Ce serait d'en faire une vaste maison de retraite pour les prêtres âgés, infirmes, et pour les curés de campagne hors d'état de continuer leur laborieux ministère.

Un pareil établissement deviendrait comme les Invalides du Sacerdoce; il serait, comme les Invalides de l'armée, *le lieu le plus respectable de la terre.*

Pavie frappe par le contraste singulier qui existe entre quelques-uns de ses vieux monumens, ses souvenirs du moyen âge, lorsqu'elle était le siége des rois lombards, ou la capitale d'un état républicain, et l'aspect moderne et scientifique de son université, avec son musée d'histoire naturelle, ses cabinets de physique et d'anatomie et son jardin botanique.

Le nombre des étudians est de quatorze cents. Toute cette jeunesse universitaire est brillante et pleine d'ardeur et de capacité. Comme dans les villes d'université, le peuple des oisifs ou des curieux que renferment les grandes capitales, ne se mêle point à ses leçons, et l'on sent que tout le monde est là pour travailler.

Si Pavie a perdu, depuis quelques années, plusieurs de ses plus célèbres professeurs, tels que Tamburini, Volta et Scarpa, elle compte encore d'habiles maîtres, tels que MM. Configliani, professeur de physique mathématique et expérimentale : Brugnatelli, d'histoire naturelle ; Moretti, de botanique; Zandrini, de minéralogie et de zoologie; Marabelli, de chimie générale et de pharmaceutique; Panizza, d'anatomie; Bordoni, de mathématiques pures élémentaires et de géodésie ; Prina, de droit ecclésiastique; Beretta, de droit romain avec ses rapports avec le droit coutumier; Padovani, de procédure judiciaire; Lanfranchi, de sciences politiques.

Il y a trois colléges gratuits à Pavie, savoir : le collége Caccia, le collége Borromée et le collége Ghislieri ; les deux premiers, fondations de familles, sont encore soutenus par elles : de pareilles fondations ne sont point rares en Italie ; peut-être n'est-il pas de plus noble attribut de l'aristocratie que ce bienfait perpétuel de l'éducation envers une suite de générations que la reconnaissance doit attacher naturellement à ces mêmes familles. Le collége Caccia reçoit de vingt-cinq à trente élèves, tous de Novare, patrie de la famille de Caccia ; le collége Borromée, trente-six, et le collége Ghislieri, soixante, et une douzaine de pensionnaires. Le plus beau de ces établissemens est le collége Borromée créé par saint Charles, ainsi qu'un grand nombre des premières écoles de la Lombardie.

Avec son imposante façade, ses vastes portiques, l'élégance de son architecture, les fresques brillantes de Frédéric Zuccari représentant l'*Histoire de saint Charles*, qui couvrent les murs et les voûtes de la grande salle, ce superbe édifice semble plutôt un palais qu'un collége.

CHAPITRE III.

TURIN. — ASTI. — ALEXANDRIE. — GÊNES.

La première impression que l'on reçoit en entrant à Turin est diamétralement opposée à celle qu'inspire les autres villes d'Italie. Les mœurs y sont encore françaises, et le luxe militaire, entretenu avec ostentation par la cour, contraste par sa propreté, avec le *négligé* des troupes autrichiennes.

La capitale du roi de Sardaigne semble s'être agrandie dans la même proportion que ses états, bizarre assemblage des peuples et des pays divers, véritable marqueterie politique qui, dans son exiguité, offre des disparates de sol et de mœurs non moins fortes que les plus grands empires, qui réunit les plaines fécondes du Piémont, les sommets glacés des Alpes, les montagnes brûlantes et les forêts de la Sardaigne, et qui a rendu compatriotes l'indigent et fidèle savoyard, le riche et rusé génois, le piémontais intrépide et le Sarde à demi africain.

La plupart des horloges de Turin sonnent deux fois de suite la même heure, et quelques-unes même, telle que l'horloge de la paroisse de Saint-Philippe, répétant à chaque quart d'heure l'indication de l'heure dont elles annoncent les fractions. Cet avis perpétuel et bruyant du passage du temps vous cause une sorte d'impatience et même de tristesse.

Celà rappelle ce trait du spirituel comte de Maistre,

dans l'*Expédition nocturne autour de sa chambre*; qui après avoir entendu pour la troisième fois sonner minuit, s'écriait en étendant ses mains du côté de l'horloge : « Oui; oui, je sais qu'il est minuit, je le sais, je ne le sais que trop. » Montaigne raconte que, de son temps, l'horloge de Nurenberg sonnait les minutes : cette horloge, au lieu d'être l'indicateur du temps, devenait plutôt comme le tocsin de la vie.

Le palais du roi, triste, mal bâti, n'est intéressant que par sa collection de tableaux.

Une pièce du château, dit aussi palais Madame; de la duchesse de Nemours qui l'habita, offre la collection des aquarelles du chevalier Bagetti, habile peintre de batailles, et maintenant écrivain d'art judicieux ; ces aquarelles si nettes, si animées, qui obtinrent il y a trente ans, à Paris, un succès mérité, se trouvent dans une galerie consacrée à la gloire militaire du Piémont, chétif et dernier asile de cette gloire guerrière de l'Italie autrefois si puissante.

L'université de Turin soutient dignement son ancienne célébrité : ses cours sont suivis avec ardeur, et à l'entrée de l'Italie elle peut être regardée comme le plus éclatant foyer de lumières de cette docte et spirituelle contrée.

La riche bibliothèque de l'université provient principalement de l'ancienne collection des livres et manuscrits des ducs de Savoie. Elle compte au-delà de 112,000 volumes; parmi les manuscris, 70 sont hébreux ; 370 grecs, 1,200 latins, environ 220 italiens, et 120 français.

Le célèbre manuscrit de l'*Imitation de Jésus-Christ*, dit le manuscrit d'Arona, sur lequel délibéra ce congrès de savans, assemblés en 1687 à Saint-Germain-des-Prés, et auquel ils n'avaient pas reconnu moins de trois cents ans d'antiquité, ne paraît guère aujourd'hui, de l'avis à peu près unanime des premiers savans de France, d'Allemagne et d'Italie, que du quinzième siècle, et même de sa fin suivant quelques-uns ; il n'a donc pu servir à débrouiller cette difficile question d'histoire littéraire. L'anonyme de l'*Imitation* n'est point d'ailleurs sans quelques charmes ; il semble que ce mystère de plus convient à la peinture fidèle du sentiment religieux et la rend encore plus touchante : on ne voit plus alors de livre ni d'auteur ; tout ce qui est humain et vulgaire disparaît, et l'âme attendrie ne communique plus qu'avec une intelligence inconnue et consolatrice.

Le musée des Antiques, par l'obscurité, par la nudité de la salle, semble plutôt un cachot de statues qu'un musée.

L'académie royale des sciences se divise en deux classes : la première des sciences mathématiques et physiques, la seconde des sciences morales, historiques et phylologiques. Le nombre des académiciens est de quarante, non compris les académiciens étrangers et les correspondans.

L'académie royale militaire doit son organisation actuelle à M. le chevalier César Saluzzo, aujourd'hui gouverneur des enfans du roi, homme très-versé dans les sciences et les arts, et d'une rare capacité dans l'éducation de la jeunesse.

L'académie des beaux-arts, dont le président né est le grand chambellan, disposition bizarre qui remonte au comte Alfieri, l'habile architecte, et qui s'est maintenue sans motif raisonnable, ne paraît guère répondre à son institution et aux encouragemens qu'elle reçoit.

Les Piémontais semblent plus experts dans les

sciences, la guerre et les métiers, que dans les arts ; et malgré les noms contemporains de Migliara, de Bosio et de Desgotti, ils paraissent en ce point inférieurs aux autres Italiens. Il n'existe guère à Turin que deux ou trois galeries d'amateurs distingués. La variété des sites de cet état devrait toutefois y produire des peintres de paysage.

Le musée égyptien est la première et la plus riche collection de l'Europe.

Le reflet français, si sensible en Piémont, le paraît principalement sous le rapport dramatique. Depuis moins d'un siècle, ce pays a produit le seul et grand tragique de l'Italie, et la plupart de ses meilleurs auteurs comiques, tels que Frédérici, César Olivero, Nota, Marchisio, ce dernier vivant à Turin, teneur de livres et associé de la maison de M. Ricardi, marchand de draps.

Les représentations du grand opéra n'ont lieu que le carnaval ou dans quelques circonstances extrordinaires.

La salle *Carignan*, restaurée récemment avec goût, est, comme le grand opéra, du dessin du comte Alfieri ; c'est là que furent représentées pour la première fois les tragédies de son illustre neveu.

L'activité des travaux publics est remarquable à Turin. Le temple copié du Panthéon, consacré à la Vierge (*Alla gran Madre di Dio*) par le corps des Décurions de Turin, en mémoire du retour du roi Victor-Emmanuel, et du dessin de M. Bonsignore, architecte de la cour, doit être magnifique.

Ce temple et l'arc achevé du Simplon, seront, à l'entrée de l'Italie, deux monumens de marbre, dignes de sa splendeur antique et triomphale et de sa splendeur religieuse et moderne.

Le pont de pierre, d'une seule arche, jeté sur la

Doire, rivière petite, mais de bords escarpés et d'un cours rapide, ce pont si léger, si hardi, un des plus beaux monumens modernes de ce genre, imitation perfectionnée du beau pont construit par les Français sur le Pô, est dû à M. Mosca, inspecteur au corps du génie civil, ancien élève de notre école polytechnique ; la superbe corniche à consoles est une imitation du mur d'enceinte du temple de Mars vengeur. On voit que l'habile ingénieur allie la science de son état au goût de l'artiste. »

Le temple de *Superga* est sur le sommet d'une colline d'où l'on découvre le plus riche et le plus riant paysage. Il fut élevé en 1706, par le roi Victor-Amédée I*er*, pour l'accomplissement du vœu qu'il avait fait à la Vierge, si l'attaque qu'il concerta sur ce lieu-même avec le prince Eugène, contraignait les Français à lever le siége de Turin.

Cette église et son monastère, d'une belle disposition architectorale, malgré ses impuretés, passent pour la meilleure et la plus ingénieuse construction de Juvara.

L'église de *la Superga* sert de sépulture aux souverains du Piémont. Dans un caveau à part se trouvent les restes des enfans et des princes de la famille royale qui n'ont pas régné : les premiers vécurent un petit nombre de jours dans l'innocence : les seconds purent être honorés, bienfaisans ; tous deux ils me semblaient heureux d'avoir échappé au trône. Ce petit trône de Savoie est au reste celui qui compte le plus d'abdications. On dirait que ces rois des Alpes, ces souverains de glaces et de rochers, dont les états sont le plus rapprochés du ciel, éprouvent plus facilement le dégoût de la terre. Dans l'appartement destiné au roi, est une collection complète de portraits des papes, au nombre de deux cent cinquante-trois, depuis saint Pierre jusqu'au pape vivant. Quand on songe que les trente premiers de ces pontifes furent tous martyrs, il est impossible de n'être point frappé d'admiration et de respect pour ce courage nouveau, unique dans l'histoire, et pour ce même et intrépide sacrifice à la même vérité. Si, regardant les portraits des autres papes, on arrive à quelques indignes parties de cette grande histoire, l'impression générale n'est pas détruite, et au lieu de tous ces simulacres d'un pouvoir humain, de cette exhibition d'une force matérielle et physique qui vous poursuit dans les autres galeries, on aime à contempler tous ces laborieux nochers de la barque de saint Pierre, représentans successifs, éternels, de la plus grande force morale et d'opinions qui jamais ait agi sur le monde.

Nous partîmes de Turin pour Gênes par la diligence de MM. Bonafous. Pendant une demi-heure de séjour que nous fîmes à Asti, nous fûmes visiter la maison dans laquelle était né Alfiéri : c'est un grand hôtel, bien bâti par le comte Benoît Alfiéri Bianco, homme de mérite, le premier architecte du Piémont, qu'Alfiéri appelait son oncle, quoiqu'il fut d'une branche collatérale à sa famille, et de Rome.

Nous avons parcouru le champ de Marengo, le soir au clair de la lune; quelques lumières éparses brillaient seules dans la plaine déserte et silencieuse. Que sont devenus tant d'hommes héroïques? Si, contemplant leurs traits dans le dessin d'un maître habile, vous cherchez à le savoir, la mort se chargera de la réponse.

La colonne érigée à l'endroit où Desaix fut tué ne se voit plus. Une dame demeurant près de là et ad-

3

miratrice des armes françaises, l'a fait, dit-on, enterrer au lieu même où elle s'élevait. Ces honneurs de la sépulture accordés à un monument de la valeur française, par une femme étrangère, ont quelque chose de touchant.

Cette jeune colonne est déjà enfouie comme un vieux monument d'Athènes ou de Rome, et elle ne rappelle pas de moindres hauts-faits. Car c'est de Desaix surtout qu'on eut pu dire qu'il était un de ces hommes comme il ne s'en trouve guère que dans Plutarque. L'armée l'appelait Épaminondas ; il vécut comme lui et devait mourir de même au milieu d'une victoire.

Alexandrie, malgré sa population de 30,000 habitans, son étendue, la beauté de son nom, semble assez vulgaire. Mais la citadelle, autre ville, et sévèrement interdite aux étrangers, est d'un aspect superbe.

Le lendemain nous traversâmes Novi, petite ville qui a quelques palais, mais qui rappelle un triste souvenir par la perte de Joubert, un de ces jeunes et brillans vainqueurs des premières guerres d'Italie, surpris à la pointe du jour par le vieux et impétueux Suvarow.

A mesure que l'on s'approche de la mer on sent le climat changer, l'air est plus frais, plus parfumé, la végétation est plus riche, la nature et le ciel sont riants ; on dirait que la suavité de l'atmosphère prépare le voyageur à jouir de l'imposant aspect de Gênes la superbe.

En effet Gênes, avec son port, ses palais, ses terrasses, ses balcons de marbre blanc plantés d'orangers, véritables jardins suspendus, les remparts qui couronnent son vaste amphithéâtre, est vraiment superbe. Cette ville n'a que trois rues, et elle est une des plus belles du monde. C'est bien *la reale, la nobil città*, chantée poétiquement par le Tasse, satiriquement par Alfiéri, et que madame de Staël disait être bâtie pour un congrès de rois.

Il règne dans le port de Gênes une activité extraordinaire, et tandis que Venise se dépeuple et périt, son ancienne rivale, résidence de la cour pendant une moitié de l'année, paraît florissante.

La liste des palais de Gênes qui méritent d'être vus serait trop longue, nous nous bornerons à indiquer les principaux.

Le palais Ducal, le plus vaste de Gênes, l'ancienne résidence des doges, aujourd'hui occupé par le sénat de la ville et diverses administrations, est d'une disposition grandiose, et son habile reconstruction, en 1778, montre le talent de l'architecte génois, Simon Cantone, auquel il avait été prescrit, par excès de précaution contre un nouvel incendie, de ne point employer de bois.

Le magnifique palais Marcel Durazzo, aujourd'hui le palais du roi, dont les deux grands escaliers de marbre blanc, à droite et à gauche du vestibule, sont de Charles Fontana ; ce palais est le seul de Gênes dans lequel les voitures peuvent entrer et tourner avec facilité, car on ne se servait autrefois, dans cette capitale, que de chaises à porteur. Les premiers chefs-d'œuvre de la peinture le décorent, ainsi que plusieurs autres palais de Gênes, riche et commerçante cité, place de guerre redoutable, et qui n'est peut-être pas assez appréciée sous le rapport de l'art.

Le palais Balbi (Provera) se distingue par la proportion de ses portiques, la richesse de sa nymphée, qui aboutit à un jardin de grands orangers en pleine terre, d'un effet ravissant.

Le palais Brignole (Rosso) a de grands portiques d'une belle proportion ; la galerie des tableaux est une des premières de Gênes.

L'ancien palais Tursi-Doria, maintenant propriété royale, le plus bel ornement de la rue Neuve, présente une disposition remarquable, un rare caractère de solidité, et il doit être regardé comme l'un des édifices les plus grandioses et les mieux assis de l'Italie, mais on pourrait souhaiter, comme dans la plupart des palais de Gênes, plus de pureté dans les détails.

Le palais Spinola (Maximilien) se distingue par l'heureuse proportion des portiques de la cour, l'originalité de ses voûtes en arcs de cloître et la salle du premier étage, peinte, à dix-huit ans, par Luc Cambiaso, habile et précoce artiste génois du XVIe siècle, d'un talent hardi et fécond ; qui travaillait avec deux pinceaux, mais dont le bon temps n'a duré qu'une douzaine d'années.

Le royal palais d'André Doria, de l'architecture du frère Montorsoli, appelé par lui à Rome, a sous l'entablement des croisées une longue et caractéristique inscription, d'une seule ligne, qui rappelle comment son illustre fondateur fut amiral du pape, de Charles-Quint, de François Ier et de sa patrie ; homme extraordinaire dont l'alliance était recherchée par les plus grands princes, qui avait défait les Maures et les Turcs avec ses propres galères, et qui est à lui seul comme une puissance.

Enfin, pour abréger, le palais Sauli, chef-d'œuvre de Galéas Alessi, jadis l'un des plus nobles, l'un des plus riches, non-seulement de Gênes, mais de l'Italie entière, dont toutes les colonnes sont de marbre blanc et d'un seul morceau, est maintenant abandonné et presque ruiné.

Nous étions recommandés à une noble maison dont le chef, véritable modèle de cette obligeance, de cette bonne grâce italienne envers les étrangers, qui jamais ne seront assez louées, nous combla de prévenances.

Un soir que nous rentrions fatigués d'admiration pour les chefs-d'œuvre d'architecture et de peinture que nous avions eu toute la journée sous les yeux :

— Il faut, nous dit-il, que je vous procure un nouveau genre d'amusement, dont vous n'avez peut-être pas encore une idée bien précise. — Cela fera diversion.

Nous acceptâmes son offre avec le plus vif empressement. Il nous conduisit vers le *Pont-Royal*, où un joli *cutter*, véritable miniature de construction navale, nous attendait.

Nous sortîmes du port : l'air était doux, embaumé par le confus mélange des plantes aromatiques qui surabondent sur cette terre de prédilection.

La brise du soir apportait à l'insouciant matelot les suaves parfums de l'oranger, du jasmin, de la rose. Le ciel était pur, étoilé. Une clarté variante, semblable au reflet d'une gaze argentée, laissait distinguer les superbes palais, les nombreuses églises, les édifices somptueux, la riche colonnade du palais Doria.

Une forêt de mâts couverts de banderolles de formes diverses s'élevait dans l'enceinte des deux moles qui étreignent le port et lui servent de rempart. Le phare, dont la hauteur et la construction sont classiques parmi les études d'architecture, dardait son éclatante lumière sur cette mer calme. Les terrasses des maisons, qui sont les seules qui puissent nous faire comprendre les jardins de Babylone, formaient une riante et fantastique guirlande à l'amphitéâtre le plus pittoresque, le plus riche, que puissent fournir les nuits arabes enfantées par l'orientale imagination de Galand.

Dans l'éloignement, les cimes décharnées, arides, sombres de l'Apennin servaient à faire ressortir la richesse du tableau.

Au milieu de la rade, bercé sur les flots comme une jeune fille sur une escarpolette, se dessinait le *Rodney*, vaisseau de ligne anglais. Sa pyramidale mâture s'inclinait révérencieuse et confuse, devant cette cité qui autrefois avait dicté des lois à l'Orient, et qui, dans sa prospérité, inspirait une si grande terreur aux fières républiques de Pise et de Venise.

Les agrès de l'élégant navire étaient couverts de matelots qui aspiraient avec délice les parfums de la terre.

Tout-à-coup le silence fut troublé par la plus suave harmonie que le cœur puisse dicter. C'étaient la prière du soir, que des musiciens jouaient à bord du vaisseau. Il serait impossible de dire l'émotion que ces sons nous firent éprouver, au milieu de ce silence de la nature, en face du magique spectale qui se déroulait devant nous. Aucune parole ne peut exprimer cette impression.

Une semblable musique, entendue dans un lieu pareil, est un bonheur trop grand pour la nature humaine; et l'âme vibre alors comme un instrument à l'unisson que briserait une harmonie trop parfaite.

Puis les sons cessèrent à bord du navire, et nous entendîmes sur la plage de Saint-Pierre-d'Arena, comme un écho lointain, qui répétait la mélodie qui venait d'expirer.

Les quatre marins qui ramaient le faisaient avec tant d'art et avec une si grande précaution qu'à peine si nous entendions les avirons toucher l'eau, et lorsque notre émotion fut un peu calmée, notre aimable Cicerone nous engagea à prendre terre à Saint-Pierre-d'Arena, où nous passerions la nuit dans un de ses palais.

— Bresca, dit notre hôte à un des bateliers, tu auras soin de te tenir prêt pour demain de bonne heure.

Le batelier s'inclina respectueusement.

— Bresca! m'écriai-je, est-ce qu'il est de San-Remo?

— Précisément, dit notre hôte avec intérêt; est-ce que vous vous rappelez du précieux privilége dont jouit sa famille depuis tant d'années sans interruption?

— A merveille, monsieur le comte.

Voici l'origine du privilége dont jouit cette famille, qui lui fut accordé par Sixte-Quint.

Lorsque Fontana, à l'aide du mécanisme qu'il avait inventé, se préparait à élever l'obélisque de Saint-Pierre, il réclama le plus profond silence afin que ses ordres pussent être distinctement entendus. L'inflexible Sixte publia un édit par lequel il annonçait que le premier spectateur qui profèrerait un cri serait sur-le-champ puni de mort, quel que fut son rang ou sa condition. Au moment où les cordes mises en mouvement avaient, comme par magie, soulevé l'énorme masse, et qu'elle était presque établie sur sa base; que le pape, par des signes de tête, encourageait les travailleurs, et que Fontana, parlant seul, commandait une dernière et décisive manœuvre, un homme s'écrie tout-à-coup d'une voix retentissante : *Acqua alle corde* (de l'eau aux cordes), et sortant de la foule il s'avance, et va se livrer au bourreau et à ses gens, qui se tenaient près de la potence dressée sur la place. Fontana, regardant avec attention les cordes, voit qu'elles sont en effet si tendues qu'elles vont se rompre; il les fait rapidement mouiller; elles se resserrent aussitôt, et l'obélisque est debout aux applaudissemens universels. Fontana court au secourable crieur, l'embrasse, le présente à Sixte-Quint, demande et obtient une grâce déjà accordée. Bresca eut en outre une pension considérable et cette fourniture héréditaire des palmes de Rome. Depuis les fêtes de Pâques de l'année 1587, un navire est parti constamment avec sa sainte cargaison; la Providence elle-même a semblé prendre soin de la bénir d'avance, car de ces 351 navires, pas un seul n'a fait naufrage.

A Saint-Pierre-d'Arena, peut-être le plus magnifique des faubourgs connus, la belle villa impériale de Galéas Alessi, maintenant au savant médecin génois Scassi, se distingue par un plan disposé avec art, des élévations bien proportionnées, et des jardins dessinés largement et ornés de grottes, de rampes, de pièces d'eau et d'agréables fontaines.

Le luxe des villa des environs de Gênes n'est point surprenant, puisqu'elles étaient jadis le théâtre des fêtes les plus splendides que la sévérité des lois somptuaires de la république ne permettait point de donner à la ville; alors c'était à la campagne qu'on portait des diamans.

C'est au pont de Cornigliano, qu'après soixante jours de résistance, après avoir épuisé tout ce qu'il peut entrer de force morale et physique dans un cœur d'homme, Masséna signa sa belle capitulation, qu'il intitula glorieusement Convention, avec le baron d'Ott et l'amiral Keith.

Cornigliano, dans la délicieuse vallée de Polcevera, a le grand palais de M. Jacques-Philippe Durazzo, d'une détestable architecture, célèbre par son musée d'histoire naturelle, qui occupe le principal appartement. Il y a quelque chose de noble dans cette magnifique hospitalité accordée aux productions de la nature et ce luxe d'un nouveau genre si singulièrement honorable. La collection des polypes, la plus belle que l'on connaisse, rappelle les vers de M. Perceval :

> Tel on voit le polype, insecte végétal,
> Par la force arraché de son berceau natal,
> Sous les coups répétés du fer qui le mutile
> Reproduisant sa vie en long rameaux fertile,
> Se rejoindre à lui-même et se multiplier,
> Et dans chaque débris renaître tout entier.

La villa Spinola, a Sestri *di ponente*, avec ses vases, ses terrasses, ses treilles, ses bassins, ses fontaines, offre un magnifique ensemble.

De retour dans Gênes, nous continuâmes nos visites dans les églises et les palais.

Saint-Laurent, une des belles cathédrales de l'Italie, fut judicieusement restaurée par Galéas Alessi, auquel on doit la reconstruction du chœur, l'hémicycle et la coupole.

Le fameux *Sacro Catino* est retourné à la cathédrale.

Le *Sacro Catino* était autrefois gardé dans une armoire de fer de la sacristie, dont le doyen seul avait la clef; on ne l'exposait aux regards qu'une fois l'an ; il était alors placé dans un endroit élevé, un prélat

3..

le tenait dans ses mains par un cordon; autour étaient rangés les chevaliers *Clavigeri*, auxquels la garde en était confiée. Une loi de 1476 punissait même de mort, dans certains cas, ceux qui toucheraient le *Sacro Catino* avec de l'or, de l'argent, des pierres, du corail, ou quelque autre matière : « afin, disait » cette loi, d'empêcher les curieux et les incrédules » de faire un examen pendant lequel le *Catino* eût » pu souffrir quelque atteinte ou même être écrasé, » ce qui serait une perte irréparable pour la républi- » que de Gênes. »

M. de La Condamine, emporté à la fois par sa curiosité naturelle, si indiscrète, comme on sait, et par sa curiosité de savant, avait caché un diamant sous la manche de son habit, lorsqu'il examina le *Sacro Catino*, afin de le rayer et d'éprouver sa dureté ; mais le chanoine qui le lui montrait s'en aperçut, et releva à temps le *Sacro Catino*, heureusement pour lui, qui se serait fort mal tiré d'affaire, et pour M. La Condamine, qui probablement avait oublié la loi de 1476. Il paraît toutefois que, malgré les observations de M. de La Condamine, qui avait remarqué dans le *Sacro Catino* des bulles telles qu'on en voit dans le verre fondu, il conserva assez long-temps sa réputation d'émeraude, puisque les Juifs avancèrent plusieurs millions sur ce gage lors du dernier siége ; créance bizarre, qui sans doute aura été liquidée à la façon de la république.

Quoiqu'il en soit, on trouve bien déplacés des lazzis philosophiques dont le poursuit lady Morgan. Eh qu'importe qu'au lieu d'être d'émeraude, le *Sacro Catino* ne soit plus que de verre de couleur ! qu'il n'ait jamais été donné à Salomon par la reine de Saba, ou qu'il n'ait point servi à notre Seigneur pour la cène !

Ce plat de verre ne rappelle pas moins la foi et la bravoure de ces Génois, vainqueurs de Césarée, qui en firent la conquête ; de ces républicains chrétiens du moyen âge, qui, après avoir reçu la communion, escaladèrent les remparts de la ville avec les seules échelles de leurs galères, sans attendre les machines de siége ; ces souvenirs de gloire, de religion, de liberté, suffisent à l'âme ; on n'en demande point d'autres.

L'assomption de Carignan, de Galéas Alessi, offre en petit le plan de Saint-Pierre, selon le projet de Michel-Ange. Sa façade est d'une agréable proportion, quoique l'excessive élévation des clochers nuise à l'effet de la coupole. Cette église, sans être au nombre des plus grandes, est un morceau des plus complets, des plus achevés, et d'une parfaite unité dans tous ses rapports. Du haut de la coupole, citée pour sa solidité, et que l'on peut facilement parcourir dans tous les sens, on jouit d'un merveilleux panorama, qui s'étend, lorsque le ciel est sans nuages, jusqu'à la Corse.

Le pont de Carignan, hardie construction qui joint deux collines, et sous lequel il y a des maisons de sept étages, est dû à la famille Sauli, tant les anciens patriciens de Gênes paraissaient dévoués au bien et à l'utilité publique.

L'institut des sourds-muets, long-temps dirigé par le respectable P. Assarotti, est un des plus remarquables que l'on puisse citer. Cet ecclésiastique, ancien professeur des écoles pies, créa sa méthode vers 1801, en s'essayant d'abord, par charité et dans la pieuse obscurité de sa cellule, sur des individus isolés ; cette méthode ne le cède à aucune autre ; et avec plus de rapidité dans les communications, elle se rapproche beaucoup de celle pratiquée à l'institut de Paris. La maison de Gênes compte vingt-quatre jeunes gens, quatorze filles et vingt-cinq externes.

La variété, l'étendue de l'enseignement, semblent vraiment extraordinaires, puisque les élèves y apprennent le latin, l'italien, le français, l'allemand, l'anglais, l'espagnol, l'histoire universelle ancienne et moderne, les mathématiques, les élémens de l'astronomie, la métaphysique, quelques parties de la philosophie rationnelle, la religion, les arts du dessin, la gravure et même la danse et la pantomime.

De superbes *villa* couvrent la riante colline d'Albara. Le palais Saluzzi, dit le *Paradiso* est un des plus agréablement situés. Ce palais fut habité par lord Byron : c'est de là qu'il partit pour la Grèce, qu'il y revint un moment après avoir été, faute de vent, retenu tout un jour à la vue de Gênes, et qu'il éprouva le pressentiment de sa prochaine et glorieuse fin.

Ayant témoigné le désir de revoir son palais, il s'y rendit accompagné du seul comte Gamba. « Sa con-
» versation, dit ce dernier, prit un tour mélancolique;
» il parla beaucoup de sa vie passée et de l'incertitude
» de l'avenir. Où serons-nous, disait-il, dans un an?
» C'était, ajoute son ami, comme une triste prophé-
» tie : car le même jour du même mois, l'année d'a-
» près, il était descendu dans la tombe de ses an-
» cêtres. »

Quelque puissant que fut l'attrait qui nous retenait dans cette ville magique, il fallut cependant la quitter. Nous prîmes la nouvelle et belle route de la *riviera di Levante,* et notre première station fut à l'église de Nervi, dans laquelle se trouve le tombeau de M. Corvetto; une longue et élégante inscription de M. Gagliuffi donne jusqu'au portrait détaillé, et rappelle l'honorable carrière de cet avocat génois, devenu ministre de France, homme adroit, ingénieux, spirituel, discerné par Napoléon, goûté par Louis XVIII, et qui, malgré la difficulté des temps, rendit des services à la France, et développa de nouveau l'ancien génie financier des Italiens.

L'église du bourg de Recco a l'un des meilleurs tableaux de Valerio Castelli, très-habile peintre de l'école génoise.

Le monastère de la Cervara, fondé en 1364 par l'archevêque de Gênes, Guido, l'ami d'enfance de Pétrarque, qui en a fait un portrait charmant dans une lettre à Boccace, devint la prison de François Ier lorsqu'il fut embarqué pour l'Espagne; quelques trapistes persécutés, obscurs successeurs de l'illustre vaincu de Pavie, y furent relegués sous l'empire; depuis il a été abandonné, quoique le monde n'ait point manqué de nouvelles et grandes victimes des jeux de la fortune.

Le bourg pittoresque de Rapallo, avec son torrent, son pont, ses jardins, est situé sur le flanc escarpé d'une montagne à triple cîme. Entre la seconde et la troisième cîme, le sanctuaire de Notre-Dame de *Monte-Allégro* devient chaque année, le deux juillet, pendant trois jours, le joyeux théâtre d'une fête populaire, et une illumination générale brille sur la montagne et jusque sur la mer.

Cette nouvelle route de Gênes à Sarzane, si variée, si pittoresque et si douce, rappelle à chaque pas la remarque de Plutarque, moraliste qui aime prendre ses images à la navigation ; que les voyages de terre les plus plaisans étaient ceux qui se faisaient le long de la mer, et lorsqu'on s'embarque à Lerici ; que les voyages de mer les plus plaisans à leur tour étaient ceux qui se faisaient le long de la terre.

On doit à la tardive arrivée de la felouque de Lerici une des belles et des plus romaines tragédies d'Alfieri, sa *Virginia*, que la lecture fortuite d'un Tite-Live d'un prêtre, frère d'un maître de poste de Sarzane, lui inspira, et avec une telle ardeur, que, sans l'impatience causée par l'attente de la maudite felouque, il eût achevé la pièce tout d'une haleine; *l'avrei*, dit-il, *stesa d'un fiato*.

Sarzane, la patrie du sage, savant et grand pape Nicolas V, long-temps appelé Nicolas de Sarzane, fut au commencement du XVIIe siècle la résidence de Louis-Marie-Fortuné Buonaparte, passé en Corse l'année 1612, au temps de la guerre contre les Génois, fixé à Ajaccio, et le chef de la famille de Napoléon. Lui-même est convenu de son origine italienne et Florentine, illustrée par deux compositions littéraires d'un genre bien différent, le récit du sac de Rome en 1527, de Jacques Buonaparte, et la gracieuse comédie de la *Vedova*, de Nicolas.

Au-dessus de Sarzane, l'ancien château dit Sarzanello, élevé, selon Machiavel, par Castruccio Castracani, lorsqu'il attaquait la place, et aujourd'hui quartier de vétérans, offre une vue variée, immense, qui embrasse à la fois des vallées, des collines, le cours de la Magra, les ruines de Luni, le fort de Lavenza, la plage de Viareggio, la ville de Pise, le port de Livourne et les îles de Capraia et de la Gorgogne.

Massa, près de la mer, entouré de montagnes, nous a paru, le soir, d'un effet charmant; on ne saurait oublier surtout sa place publique, beau quinconce d'orangers en pleine terre, et alors chargés de leurs fruits mûrs et dorés.

Nous visitâmes dans la montagne les fameuses carrières de Carraré; le marbre que l'on est habitué à rencontrer au milieu des merveilles de l'art ou de la nature cultivée et parée se retrouve ici au sein de la nature sauvage. Des eaux limpides courent et se précipitent parmi tous ces blocs et ces nombreux débris d'une blancheur éblouissante; car le noble minéral, comme certains caractères, a déjà tout son éclat dans la mine, et il n'a pas besoin, comme l'or, d'être épuré et poli pour briller.

C'est à tort qu'on a prétendu, en annonçant l'exploitation des mines de marbre blanc de la Corse, qu'elles suppléeraient à propos aux marbres de Carrare et de la Toscane devenus rares. Un travail commencé par Michel-Ange à Carrare, et terminé en 1827, venait précisément d'ouvrir de nouvelles carrières; jamais il n'y eût une telle abondance de marbre; il ne manque plus aux artistes que du génie et des grands hommes.

Lorsque Michel-Ange tirait de Carrare le marbre destiné au vaste mausolée de Jules II, il eut l'idée de tailler en colosse une des sommités de ces montagnes, et faire une sorte de phare pour les navigateurs. On doit regretter qu'une des péripéties du mausolée ait empêché l'exécution de ce projet. Un tel monument serait aujourd'hui très-curieux, et il formerait un contraste sauvage avec la brillante coupole de Saint-Pierre, chef-d'œuvre de l'art et de l'imitation antique.

CHAPITRE IV.

PISE. — LIVOURNE. — SIENNE. — FLORENCE.

Quoique Pise ne soit guère aujourd'hui qu'un tombeau ; que des 120,000 âmes qu'elle comptait à l'époque de ses consuls, il ne lui en reste qu'environ 20,000 ; que telle est la solitude de ses rues, qu'il y a même de l'écho dans quelques-unes ; ses quatre grands monumens et son Université la mettent encore au rang des villes capitales de l'Italie. Son climat, lorsqu'il n'est pas horriblement pluvieux, ainsi que le dit Alfiéri, est cité pour sa douce température d'hiver. Pise alors reprend un peu de vie ; le grand duc y réside quelques mois, et elle est habitée par des femmes, des voyageurs faibles, délicats, souffrans, qui s'en sont quelquefois fort bien trouvés. Ce n'est pas sans une profonde tristesse que l'on remarque ces jeunes Anglaises charmantes, blondes, pâles et près de s'éteindre.

Les quatre principaux monumens de Pise, réunis sur une même place à l'extrémité de la ville, riches, ornés, grandioses, sont d'un aspect extraordinaire ; on dirait quelque quartier désert d'une grande cité de l'Orient.

Le dôme, du commencement du onzième siècle, regardé comme le précurseur de la renaissance du goût, rappelle la grande bataille gagnée par le consul des Pisans, Orlandi, lorsqu'il força, triomphant, le port de Palerme, et vengea les affronts que sa patrie avait reçus des Sarrasins. Cette église, dédiée à la Vierge, est encore le plus national des monumens et l'un des magnifiques trophées qu'ait élevés la victoire. Le grand architecte Buschetto, doué aussi d'un génie créateur pour la mécanique, était Italien et non Grec, ainsi qu'on l'a prétendu par une fausse interprétation de l'inscription en partie effacée; un autre Italien, Rainaldo, son collaborateur et successeur, a fait l'originale et grandiose façade : on voit ainsi quelle est l'ancienneté, la splendeur et presque la perpétuité de l'art en Italie.

Le Baptistère de Pise, d'un stile élégant, majestueux, original, bâti en 1152, sous le consulat de Covo Griffi, est un autre monument caractéristique de l'histoire de l'architecture : l'auteur, selon l'inscription, est Dioti Salvi de Pise, peut-être originaire de Sienne. Une célérité qui tient du prodige fut apportée dès l'origine à sa construction. Les chroniques du temps, confirmées par toutes les autorités postérieures, s'accordent à certifier que les huit colonnes et les quatre pilastres de l'intérieur furent élevés et reçurent les arcades qui les réunissent dans l'espace de quinze jours. L'argent vint à manquer lorsque la seconde et même la première zone extérieure était à peine terminées. Mais le zèle religieux et patriotique des Pisans ne fut point arrêté par un tel obstacle, et une contribution volontaire mit bientôt à même de continuer le noble édifice.

La chaire est un des chefs-d'œuvre de Nicolas de Pise; elle atteste le pas immense que ce grand homme fit faire à l'art; telle était l'importance qui y attachaient les Pisans, que le samedi saint, jour d'affluence à la basilique, le podestat devait envoyer un de ses gens avec des gardes pour veiller à la sûreté de cette chaire si précieuse.

Le *Campanile* ou la célèbre tour penchée de Pise, bâtie en 1174, une des six premières tours de l'Italie, est remarquable par sa légèreté, la beauté des marbres, sa forme singulière et le travail de son escalier. Les architectes furent Guillaume d'Inspruck et Bonano de Pise, regardés avec Buono, le constructeur du clocher Saint-Marc, comme les premiers architectes de leur siècle. Quant au prodige si débattu de son inclinaison, l'opinion la plus probable est que le sol aura cédé d'un côté sous le poids de cette tour, lorsqu'elle était déjà élevée à la moitié de sa hauteur, et que les architectes, après avoir examiné la nature du terrain, certains que la couche sur laquelle reposait leur édifice ne pouvait plus désormais s'affaiser, en continuèrent la construction sur le même plan. La vue est merveilleuse par les contrastes que présente l'aspect divers des riches campagnes voisines, des bains, des aqueducs, de la mer, de Livourne et de son port.

L'inclinaison de la tour de Pise servit à Galilée, lorsqu'il était professeur de mathématiques à l'université, pour trouver la mesure du temps et calculer la chute des corps graves. Il y avait fait en présence de nombreux spectateurs ses premières expériences qui excitèrent un si vif enthousiasme ; cent fois, chargé de ses instrumens, il avait monté ce même escalier où nous conduisait, tout essoufflé, un petit sacristain, boiteux comme sa tour. Déjà dix-huit ou vingt ans avant, le mouvement réglé et périodique d'une lampe supendue à la voûte de la cathédrale lui avait révélé la mesure du temps par le moyen du pendule. Ces vieux monumens si curieux, si importans sous le rapport de l'art, rappellent encore les plus grandes découvertes de la science; ils font ainsi un double honneur à l'Italie.

Le *Campo-Santo*, musée funèbre de tous les siècles et de toutes les nations, mais dans lequel les rangs sont si peu pressés et la mort tient si peu de place, est un monument admirable du savoir et du génie de Jean de Pise, supérieur, comme architecte, à son père Nicolas. Ce cimetière du XIII° siècle, consacré aux grands hommes de la république de Pise, cet édifice si religieux, si solennel, si honorable au peuple qui l'a commandé, peut être regardé comme le vrai modèle des sépultures nationales. Les premiers artistes furent appelés successivement à le décorer; et il est devenu un monument historique de la peinture des XIV° et XV° siècles.

La terre qui couvre le *Campo-Santo* fut enlevée, à Jérusalem, des lieux saints, et transportée à Pise en 1228, sur cinquante galères de la république. Indépendamment du prix que la religion donnait à ce sol sacré, il avait une vertu physique qui dut y ajouter une sorte de merveilleux; c'était la propriété de consumer les corps en vingt-quatre heures. Aujourd'hui il faut, dit-on, le double de temps; les sels dont cette terre était imprégnée se sont en partie perdus, évaporés, comme l'enthousiasme et la foi qui alors pénétraient les âmes.

Lorsque lord Byron était à Pise, il habitait le palais Lanfranchi, dont l'architecture est attribuée à Michel-Ange. Il y avait presque renouvelé l'aventure de Charles XII à Bender, lorsqu'il y fut assiégé par les dragons du brigadier qui l'avait insulté ainsi que ses amis, et qu'une main restée inconnue avait grièvement blessé. Les ennemis de Byron l'ont fort injustement accusé de cet accident, à la suite duquel il fut obligé de quitter Pise. Il semble lui-même avoir fait allusion, dans le deuxième chant de *Lara*, à cette catastrophe, lorsqu'il défend pathétiquement le héros soupçonné d'un meurtre secret.

A la façade du palais Lanfreducci on lit ces mots : *Alla giornata* (au jour le jour), au-dessous desquels pend une chaîne de captif, dont l'explication n'est pas moins un mystère que l'inscription. Cette inscription, cette chaîne, au-devant d'un beau palais de marbre, inspirent une singulière mélancolie. On sent qu'il y a dans un tel rapprochement quelque chose de romanesque, de poétique, et qui peut-être est le secret de quelque touchante histoire.

La tradition de la catastrophe d'Ugolin et de ses fils existe encore à Pise. C'est véritablement une fatalité pour cette ville que de se trouver maudite dans un des plus célèbres et des plus sublimes morceaux de la poésie italienne. Les vers du Dante et l'horreur du supplice d'Ugolin ont presque rendu intéressant ce tyran abominable. La tour de la faim était située sur la place aujourd'hui dite *des Chevaliers;* ses restes font partie du palais de l'Horloge, composé de deux antiques tours réunies par une arcade : la partie voisine du palais Conventuale était la terrible tour.

On ne saurait passer à Pise sans aller visiter la ferme de *San Rossore*, fondée par les Médicis. Une belle avenue de parc, de la longueur de trois milles, y conduit ; de chaque côté elle est bordé du canal, qui fertilise par ses irrigations les prés voisins : deux statues de marbre sont à l'entrée de l'avenue ; deux autres, de Diane et d'Endymion, placés à l'entrée de la ferme, annoncent que ce lieu est consacré à la chasse. La *Bandita reale*, ainsi que s'appelle aussi cet immense établissement, tire son revenu de ses bois, et son luxe de ses prairies. On y nourrit plus de 2,000 vaches ; on y élève plus de 1,500 chevaux. Ces animaux errent çà et là au milieu de vastes pâturages, tantôt seuls, tantôt en troupes et libres, comme au temps de la création. Mais la principale curiosité du domaine de San Rossore est le troupeau de chameaux dont les ancêtres furent amenés sur cette plage à l'époque des croisades (les plus grandes maisons de l'Europe ne remontent pas plus haut) par un grand prieur de Pise, de l'ordre de Saint-Jean. Une vingtaine de chameaux sont employés aux travaux de la ferme, et logent à l'étable : plus de soixante habitent vagabonds au milieu des forêts de Pins, et le long des sables qui bordent la mer. Dans la grande chaleur du jour on voit ces derniers venir jouir du soleil, tantôt debout, tantôt couchés sur le sable, et se levant gravement à l'aspect de l'homme qui passe. Ces nobles chameaux de Pise n'ont pas toujours un sort digne de leur origine ; ils sont vendus moyennant la somme modique de six ou sept louis aux charlatans de l'Europe, qui les promènent de ville en ville, ou bien ils peuplent de leurs carcasses les divers musées d'histoire naturelle.

Nous avons passé très peu de temps à Livourne, et il nous semblait que, dans cette ville nouvelle, la plus *indocte de l'Italie*, suivant l'expression d'Akerbaldi, dans ce comptoir vaste et bruyant de nations diverses, nous nous trouvions comme jetés hors de l'Italie, et nous ne nous sentions plus sur cette terre poétique. Livourne s'accroît considérablement par l'abandon fait aux particuliers du terrain des fortifications, et d'autres emplacemens des environs. Elle doit, dit-on, égaler Florence en étendue ; mais il y aura toujours bien loin de sa prospérité matérielle, de la civilisation anglaise ou américaine aux nobles souvenirs de la patrie du Dante, de Machiavel, de Michel-Ange, de Galilée. Des mendians, des forçats, les fers aux pieds, remplissent les rues. Les services que ces derniers peuvent rendre en balayant ne paraissent pas devoir compenser l'impression funeste que doit produire sur le peuple cette vue habituelle du crime vivant, agissant, marchant. On devrait n'employer les forçats qu'aux travaux du port, ou bien faire en sorte que leur nettoyage des rues fut terminé le matin. Livourne, ennuyeuse, insignifiante lorsqu'on n'y fait point d'affaires, demande fort peu de temps au voyageur, et les premiers et presque seuls monumens de cette triste ville sont le Lazaret et la Synagogue. Le Lazaret est dans son genre vraiment superbe : il est impossible de n'être pas frappé de l'intelligence de tant de précautions prises contre la peste. La Synagogue est grande, magnifique : les Juifs sont pêle mêle, le chapeau sur la tête, comme à la bourse. Cette manière familière d'adorer Dieu paraît encore plus étrange lorsqu'on la compare au culte solennel et imposant des églises d'Italie. Le quartier des Juifs est le plus beau ; l'enseignement mutuel a été introduit dans leurs écoles de pauvres, que l'on cite comme bien dirigées, et propres à détruire les anciennes habitudes d'oisiveté et d'abjection de cette classe.

Le cimetière anglais de Livourne, malgré l'excessif éclat de ses marbres, qui lui donne un peu l'air d'un grand atelier de marbrier, est singulièrement touchant. Il est difficile de ne pas être ému à l'aspect de tous ces tombeaux d'étrangers, de voyageurs, morts loin de leur patrie. Il règne dans la plupart des inscriptions une précision, une simplicité de douleur qui attendrit. Quelques-uns de ces voyageurs, pleins de jeunesse, d'espérance, amis des lettres et des arts, allaient demander des jouissances, des souvenirs à la terre qui les a dévorés. La plus célèbre de ces tombes n'est pas toutefois fort mélancolique ; c'est celle de l'historien et romancier satirique Smolett, mort à cinquante et un ans, consul d'Angleterre à Livourne.

De charmantes maisons de campagne couvrent le Montenero à quelques milles de Livourne : l'église de la Madone, objet de la vénération populaire, est remarquable par sa vue et par la variété et la richesse de ses marbres.

C'est une jouissance véritable, dit Mme de Staël, que d'entendre les Toscans, de la classe même la plus inférieure : leurs expressions pleines d'imagination et d'élégance, donnent l'idée du plaisir qu'on devait goûter dans la ville d'Athènes, quand le peuple parlait ce grec harmonieux qui était comme une musique continuelle. C'est une sensation très-singulière de se croire au milieu d'une nation dont tous les individus seraient également cultivés, et paraîtraient tous de la classe supérieure ; c'est du moins l'illusion que fait, pendant quelques moments la pureté du langage.

Généralement toute la Toscane est un pays très-cultivé et très-riant, le cœur ne cesse de battre en parcourant ce pays si fertile, si parfumé de fleurs. C'est l'Eden de l'Italie et l'Italie est l'eden du monde.

Sienne confirme bientôt l'impression favorable reçue à l'entrée de la Toscane. Mais on sent que sa douce civilisation, fille des mœurs et de sa vieille liberté, est ancienne, et qu'elle remonte bien plus haut que les lumières modernes et que la réforme philosophique de Léopold.

A Sienne, la place publique où le peuple se rassemblait, le balcon d'où son magistrat le haranguait, frappent les voyageurs les moins capables de réflexion ; on sent qu'il a existé là un gouvernement démocratique.

La cathédrale de Sienne, une des plus anciennes, des plus splendides et des plus caractéristiques de l'Italie, paraît de diverses époques et de divers architectes, mais son ensemble actuel doit remonter au XIII° siècle ; l'intérieur de la basilique, incrusté de marbre blanc et noir, avec sa haute et hardie voûte d'azur, parsemée d'étoiles d'argent, sa coupole hexagone, est singulièrement religieux, vénérable.

La place *Del Campo*, qui a la forme d'une coquille, véritable grande place de république et de démocratie, avec sa tribune, et à laquelle onze rues aboutissent, est citée par le Dante : mais ce théâtre de mouvemens populaires du moyen âge ne voit plus aujourd'hui que les courses des chevaux du mois d'août, fêtes pompeuses où figurent encore paisiblement les divers quartiers de la ville avec leurs cocardes et les pittoresques costumes du temps, et dans lesquelles paraît s'être réfugiée pendant quinze jours l'ancienne vanité siennoise, du reste à peu près éteinte ; vanité que le poète florentin osait énergiquement comparer à la vanité française.

L'université de Sienne, qui remonte à l'année 1203, a maintenant la même organisation que celle de Pise, mais elle a moins d'écoliers, et les traitemens des professeurs sont inférieurs.

L'antique école de peinture siennoise, rivale de la florentine et peut-être non moins nombreuse, offre un style franc, gai, facile, poétique, tout-à-fait en rapport avec le caractère des habitans, et la peinture semble véritablement ici l'expression de la société. Les peintres, dans cette démocratie, n'étaient ni une simple confrérie, ni une vaine académie, mais ils formaient un corps civil, où se choisissaient quelquefois les premiers magistrats; et dont les statuts reçurent, en 1355, l'approbation du gouvernement. La plupart des écoles sont ordinairement fières lorsqu'elles peuvent citer deux ou trois maîtres du XIII° siècle : l'école de Sienne en possède une quantité considérable de cette époque, et quelques-uns même qui remontent plus haut.

La bibliothèque, composée environ de 50,000 volumes et de 5 a 6,000 manuscrits, occupe l'ancienn grande salle de la célèbre académie des *Intronati* (Imbéciles), qui passait pour la plus ancienne de l'Italie, et dont la gloire, comme celle de tant d'au tres académies poétiques de même espèce, est aujourd'hui éclipsée.

Le plus ancien manuscrit est un *Evangeliaire* grec de 8 à 900 dont Montfaucon parle sans l'avoir vu. Les caractères sont beaux, les figures assez laides, mais très-bien coloriées et dorées : une magnifique re liure, ornée de nielles, recouvre ce précieux volume, qui appartient à la chapelle impériale de Constantinople, fut vendu à Venise lors de la chute de l'empire grec, et acheté par des agens du grand hôpita de Sienne, d'où il est passé à la bibliothèque.

L'approche et les environs de Florence offrent comme une expression plus vive de l'Italie ; la nature s'y montre dans tout son luxe italien ; les hauteurs sont couvertes de villa charmantes, mêlées aux massifs d'oliviers, et telle est la multitude de ces der-

4

nières qu'on pourrait dire encore comme au temps
de l'Arioste :

> A veder pien di tante ville i colli,
> Par che l'terren vele germogli, come
> Vermene germogliar suole, e rampolli.
> Se dentro un mur, sotto un medesmo nome
> Fosser raccolti i tuoi palazzi sparsi ;
> Non ti sarian da pareggiar due Rome. (*)

L'aspect de Florence, dit l'auteur de Corrine, rappelle son histoire avant l'élévation des Médicis à la souveraineté ; les palais des familles principales sont bâtis comme des espèces de forteresses, d'où l'on pouvait se défendre ; on voit encore à l'extérieur les anneaux de fer auxquels les étendards de chaque parti devaient être attachés ; enfin tout y était arrangé bien plus pour maintenir les forces individuelles que pour les réunir dans l'intérêt commun. On dirait que la ville est bâtie pour la guerre civile. Il y a des tours au palais de justice, d'où l'on pouvait apercevoir l'approche de l'ennemi, et s'en défendre.

Les haines entre les familles étaient telles, qu'on voit des palais bizarrement construits, parce que leurs possesseurs n'ont pas voulu qu'ils s'étendissent sur le sol où des maisons ennemies avaient été rasées. Ici les Pazzi ont conspiré contre les Médicis ; là les Guelfes ont assassiné les Gibelins ; enfin les traces

---

(*) A la vue des collines de Florence, couvertes de tant de villa, il semble que la terre les fasse germer comme les rejetons qui germent et surgissent de son sein : si tes palais épars étaient réunis par un seul mur et sous un même nom, tu pourrais, ô charmante cité (*Gentil città*), égaler deux Rome.

de la lutte et de la rivalité sont partout : mais à présent tout est rentré dans le sommeil, et les pierres des édifices ont seules conservé quelque physionomie. On ne se hait plus, parce qu'il n'y a plus rien à prétendre, parce qu'un état sans gloire comme sans puissance n'est plus disputé par ses habitans.

Mais si le peuple de Florence a perdu l'esprit séditieux, la haine des nobles, l'inconstance et les vices politiques que lui reprochèrent successivement et si violemment ses historiens et ses poètes, il a conservé ses anciennes et solides qualités. Le caractère des habitans de Florence offre une analogie frappante avec les habitans de Genève. La noblesse florentine, comme les classes élevées de Genève, compte aujourd'hui de zélés propagateurs du perfectionnement social et des lumières, et on lui doit l'état florissant des écoles d'enseignement mutuel en Toscane, et l'établissement des caisses d'épargne. Quelques autres traits, tels que l'ordre, le bon sens, l'économie, le goût et l'intelligence commerciale, confirment cette analogie.

Florence est comme la capitale du moyen âge, et son vieux palais, sévère, solide, pittoresque, élevé à la fin du XIII° siècle, au temps de sa prospérité; orné des vieilles armoiries de la république, peintes à fresque au-dessous de ses créneaux, dominé par son haut et hardi beffroi, est singulièrement caractéristique. L'architecte était Arnolfo di Lapo, habilement restauré par Michelozzo. Un détail de sa première construction montre quelle était alors la passion et la puissance démocratique à Florence : au moment où les fondemens en étaient jetés, le peuple ne permit point qu'ils s'étendissent sur le terrain souillé de la maison des Uberti et des autres factieux qu'il avait démolies, dont il avait chassé les maîtres abhorrés comme nobles et comme gibelins, et la symétrie de ce palais de la *Seigneurie*, commandé par elle, fut sacrifiée à une telle volonté. Dans un des angles de la salle du conseil se trouve un tableau qui rappelle un fait singulièrement honorable pour l'esprit et la civilisation d'un peuple : il représente la réception des douze ambassadeurs envoyés par diverses puissances, à Boniface VIII, pour le jubilé de 1300, ambassadeurs qui tous se trouvèrent Florentins ; aussi le pape, frappé d'une telle rencontre, et de cette réunion de Florentins gouvernant l'univers, dit qu'ils étaient un cinquième élément.

La liste des puissances ou princes dont ces Florentins étaient ministres, ne paraîtra peut-être pas moins extraordinaire que le fait lui-même ; c'étaient la France, l'Angleterre, le roi de Bohême, l'empereur d'Allemagne, la république de Raguse, le seigneur de Vérone, *Le grand Kan de Tartarie*, le roi de Naples, le roi de Sicile, la république de Pise, le seigneur de Camerino, le grand maître de Saint-Jean-de-Jérusalem.

Nous fûmes curieux de visiter l'endroit de la tour appelé *la Barberia* et non *l'Alberghettlino*, comme l'ont répété tous les historiens qui se sont copiés, où le fougueux et éloquent Renaud des Albizzi, qui s'était rendu maître des élections de Florence, fit enfermer Côme de Médicis, père de la patrie, sous la garde de Frédéric Malavoli, le plus honorable et le plus délicat des geoliers de l'histoire, puisqu'il mérita d'être embrassé avec attendrissement par son prisonnier. C'est dans cet étroit espace, raconte Machiavel, qu'il entendait le peuple assemblé, le bruit des armes sur la place, la cloche qui convoquait la *balia*, espèce de comité de salut public de Florence, et qu'il dût trembler pour ses jours. La détention de Côme fut commuée en un exil qui servit à sa fortune, et pendant lequel, bien éloigné de la rancune ordinaire aux bannis politiques, il ne cessa, par de secrets et utiles avis, de servir son pays.

La porte de la salle dite de *l'Audience*, ornée de figures, d'ornemens et d'excellens ouvrages en marqueterie de Benoît da Maisano, est magnifique : au lieu d'armes, d'écussons et autres signes ordinaires de vanité, les premiers magistrats de Florence ont fait mettre sur les deux battans les portraits de Pétrarque et du Dante, hommage rendu avec justice aux premiers écrivains de la langue italienne, placés convenablement au lieu même où ces magistrats recevaient le peuple Florentin.

Au milieu de la foule de statues qui décorent la place du Grand-Duc, on remarque le *Persée* de Benvenuto Cellini. Quand on se rappelle les détails de sa fonte, l'intrépidité avec laquelle l'artiste, épuisé de fatigue, dévoré de la fièvre, s'élance de son lit pour rétablir et précipiter la liquéfaction du bronze dans lequel il jette tous les plats et toutes les écuelles d'étain de son ménage, sa fervente et dévote prière, sa guérison subite et son joyeux repas avec tous ses gens, cette statue devient une sorte d'action qui peint les mœurs du temps, et le caractère de l'homme extraordinaire qui l'exécuta.

La vie de cet artiste célèbre, né à Florence en 1500, doit presque sa célébrité autant aux aventures de toutes sortes qu'il s'attira par son esprit querelleur et indépendant, qu'aux nombreux ouvrages qu'il a laissés surtout en orfévrerie, et qui sont aujourd'hui recherchés et vendus à des prix exhorbitans. Son père avait d'abord voulu en faire un musicien ; mais un duel l'obligea de quitter Florence, et une fois libre de l'autorité paternelle, il se mit à courir de ville en ville, mettant à profit le peu de connaissances qu'il avait en orfévrerie, et qu'il vint enfin perfectionner à Rome.

Il était dans cette capitale du monde chrétien lorsque les querelles de Charles-Quint et de François I" mirent en feu toute l'Italie. Benvenuto, comme tout le monde, se fit soldat. Retiré dans le château Saint-Ange avec quelques jeunes gens de la ville, il y soutint un siége en règle, et dirigea lui-même les cinq pièces d'artillerie qui défendaient cette forteresse. Il s'acquitta si bien de ce service nouveau pour lui, que ce fut lui qui tira le coup d'arquebuse qui tua le connétable de Bourbon, et pointa la pièce qui enleva le prince d'Orange. Rendu à ses premières occupations par la prise du fort Saint-Ange, il retourna à Florence et y trouva la peste qui le força de se réfugier à Mantoue, où il fit la rencontre de son ami Jules Romain, qui le présenta au duc. Mais la mort de son père le rappela à Florence, qu'il quitta presque aussitôt pour aller à Rome, travailler sous les yeux de Michel-Ange. Jeune encore, il avait fait une si grande multitude de beaux ouvrages, que son nom était déjà devenu célèbre, et que le pape Clément VII l'avait pris en grande amitié.

L'empereur Charles-Quint venait d'entrer à Rome (1538) en véritable triomphateur, lorsque le saint Père lui envoya des présens magnifiques, et entre autre un Missel avec une couverture en or massif, du plus riche travail et de la façon de Cellini. Selon l'usage du temps, le pape fit don à l'empereur à la fois de l'ouvrage et de l'ouvrier. Mais Benvenuto fut bientôt las d'appartenir à un si grand maître, qui savait mieux apprécier un bon général qu'un grand artiste : il lui prit envie d'aller s'offrir lui-même au roi François Ier, et le voilà parti pour Paris. Mais là, voyant qu'il ne pouvait parvenir jusqu'au monarque, qu'il avait pour cela suivi inutilement jusqu'à Lyon, il se décida à revenir en Italie, et n'y fut pas plus tôt, qu'une invitation de François Ier le rappela en France. Par malheur, le pape Paul III avait un ancien grief contre lui : il le fit arrêter et le jeta dans le fort Saint-Ange qu'il avait naguère si vaillamment défendu. Il s'agissait d'une accusation portée contre Benvenuto, pour avoir détourné l'or et les pierreries de la tiare qu'il avait été chargé de démonter et de fondre pendant le siége de Rome. Ne pouvant parvenir à obtenir justice et à faire éclater son innocence, il prit le parti de s'échapper de sa prison et d'aller en France se mettre sous la protection du roi. François Ier le combla de ses faveurs et lui fit don de la fameuse tour de Nesle, où il établit ses ateliers. Pendant tout le temps que Cellini passa en France, il produisit beaucoup et laissa plusieurs ouvrages qui sont parvenus jusqu'à nous ; mais enfin, après quatre ans de lutte avec la duchesse d'Etampes, à laquelle il avait négligé de faire sa cour, il revint à Florence où Côme de Médicis, admirateur de son talent, lui fit plusieurs commandes, entre autres le Persée dont nous venons de parler. Vers les dernières années de sa vie, Cellini entreprit d'écrire ses Mémoires, dont il fit un livre des plus amusans et des plus originaux ; mais c'était la dernière étincelle de son génie si vaste et si varié. A compter de ce moment sa tête se perdit. Il se fit tonsurer et prit l'habit ecclésiastique en 1558 ; puis, deux ans après, il jeta le froc et se maria : enfin il mourut presque ignoré, le 13 février 1571.

Le groupe hardi de *l'enlèvement d'une sabine*; par Jean Bologne, n'offre au fond qu'une espèce de scène de cabaret; c'est un mari jeté par terre dont un soldat emporte la femme. Et cependant telle est la puissance du beau, toujours pur, toujours grave, toujours sérieux malgré le sujet, ces grandes figures toutes nues ne sont ni indécentes ni ridicules. L'apparition de ce groupe excita dans toute l'Italie une vive acclamation; elle ne fut pas cependant universelle, si l'on en juge par le trait de ce curieux, qui, venu à cheval de Rome à Florence pour le voir, s'approcha de la *Loggia*, et, sans descendre, partit en disant : *Questa è dunque la cosa di cui si fà tanto chiasso* (1)? Il est probable que ce connaisseur n'aura pu observer de son cheval le superbe beau-relief en bronze du piedestal qui représente *l'enlèvement des Sabines*.

Le lion de la loge des Lanzi, par Flaminius Vacca, sculpteur du XVIe siècle, semble digne d'un ciseau grec; il était le plus beau que l'Italie moderne eut produit avant les célèbres lions de Canova.

Deux des premiers monuments de la place du Grand-Duc, tels que le groupe de la Sabine et la statue de Côme, sont l'ouvrage d'un sculpteur flamand, devenu le plus habile élève de Michel-Ange. Florence, illustre par tant de fameux artistes, a vu des maîtres étrangers et lointains venir lui consacrer leurs talens, et s'y faire, pour ainsi dire, naturaliser par leurs chefs-d'œuvre, comme si elle était la vraie patrie de la gloire et du génie.

C'est une immense collection que la Galerie de Florence; et l'on pourrait y passer bien des jours

(*) « C'est donc là cette chose dont on fait tant de bruit? »

sans parvenir encore à la connaître. On dirait que le Dante avait pu visiter la salle de Niobé, créée dans le dernier siècle, lorsqu'il s'écrie à l'aspect des figures habilement sculptées qu'il rencontre sur le chemin du Purgatoire :

> O Niobe, con che occhi dolenti
> Vedev'io te segnata in su la strada
> Tra sette e sette tuoi figliuoli spenti. (*)

On est frappé de ce calme, de cette dignité à travers la plus profonde douleur. Sans doute, dans une semblable situation, la figure d'une véritable mère serait entièrement bouleversée ; mais l'idéal des arts conserve la beauté dans le désespoir ; et ce qui touche profondément dans les ouvrages du génie, ce n'est pas le malheur même, c'est la puissance que l'âme conserve sur le malheur (**).

Après Niobé, l'enfant mourant est peut-être la plus admirable statue de cette grande et pathétique scène. Non loin de là est la tête dite *Alexandre mourant*, qui a inspiré un si beau sonnet à Alfiéri : ces deux genres de physionomie donnent beaucoup à penser. Il y a dans Alexandre l'étonnement et l'indignation de n'avoir pu vaincre la nature. Les angoisses de l'amour maternel se peignent dans tous les traits de *Niobé :* elle serre sa fille contre son sein avec une anxiété déchirante ; la douleur exprimée par cette admirable figure porte le caractère de cette fatalité qui ne laissait, chez les anciens, aucun recours

---

(*) « O Niobé, quelle douleur attristait ton visage, lorsque je te vis représentée sur ma route entre tes sept et sept fils morts ! »

(**) Madame de Staël.

à l'âme religieuse. Niobé lève les yeux au ciel, mais sans espoir : car les dieux mêmes sont ses ennemis.

Le buste de Brutus, ébauché par Michel-Ange représente bien le meurtrier de César, le romain que l'âme du poète a peint éloquemment.

Vivat, et ut Bruti procumbat victima, regnet. (*).

On lit au bas ces vers :

DUM BRUTI EFFIGIEM SCULPTOR DE MARMORE DUCIT
IN MENTEM SCELERIS VENIT, ET ABSTINUIT.

Un anglais, le comte Sandwich, impatienté de ce lieu commun, a écrit par opposition : *Brutum effecisset sculptor, sed mente recursat tanta viri virtus : sistit et abstinuit.* Il n'est guère présumable que le génie de Michel-Ange dut éprouver ces diverses terreurs : il est plus probable que l'inconstance naturelle qui lui fit commencer et abandonner tant d'autres ouvrages, aura laissé inachevé le Brutus. Ce buste est à peu près le seul qu'ait exécuté Michel-Ange, il n'a point fait non plus de portraits : chose regrettable, si on se rappelle les hommes illustres dont il fut l'ami. Un statuaire romain, Ceracchi, élève de Canova, voulait continuer le buste de Michel-Ange ; ardent ami de la liberté, il périt sur l'échafaud pour avoir conspiré contre Bonaparte, premier consul, dont il pressentait la domination : ses talens pouvaient le conduire à la gloire, et il était plus digne de terminer Brutus que d'attenter aux jours du nouveau César.

(*) Pharsa. vii. 597.

La tête de Satyre que Michel-Ange travaillait à quatorze ans dans les jardins de Laurent-le-Magnifique, le fit connaître de ce grand-homme, qui, enchanté d'une telle rencontre et de la précocité de ce sculpteur enfant, voulut l'avoir à sa table, dans sa maison, et lui faire une pension. Il avait reproché au satyre d'avoir toutes ses dents quoique vieux; critique que la prodigieuse intelligence de l'auteur sut aussitôt et habilement mettre à profit.

Quoique vivant à la cour du maître de Florence, et son ami, l'artiste ne perdit rien, par la suite de son indépendance, de sa fierté et de ses habitudes solitaires.

La collection des portraits des peintres faits par eux-mêmes, unique au monde, est curieuse, quoiqu'il s'y trouve un grand nombre de portraits médiocres. Les peintres nouveaux doivent éprouver aussi quelque incertitude à offrir leurs portraits; puisque l'usage, lorsqu'il y a trop plein dans cette espèce de Panthéon, est d'exiler dans quelque villa du grand duc ceux que l'on juge les plus faibles.

Le portrait de Raphaël ne paraît pas de son meilleur temps. L'aspect de tous ces visages silencieux, d'artistes autrefois célèbres, cause une vraie émotion. La noblesse des traits se rencontre assez avec la supériorité des talens, et il y a quelque harmonie entre le genre de ces mêmes talens et les diverses physionomies des peintres. Tels sont :

— Titien avec sa forte expression ;

— Léonard de Vinci, le plus beau des portraits de toute la collection, plein de grandeur et de majesté ;

— Paul Véronèse, brillant, magnifique ;

— Michel-Ange, triste, âpre ;

— André del Sarto, pur facile, sans inspiration ;

— Les cinq portraits des Carraches, riches, variés, parmi lesquels Annibal s'est peint, s'est renouvelé trois fois;

— Le Dominiquain, tenant un livre entr'ouvert à la main, rêveur, souffrant comme son caractère et sa destinée;

— Le Guide, son rival, favorisé de la fortune, animé, satisfait;

— Le Giorgione, superbe;

— Tintoret, ridé, rigide;

— Jules Romain, dont la bouche et les yeux parlent.

— Cavedone, dont les traits expriment les soucis et la pauvreté;

— Vasari, qui montre sur sa poitrine le collier de l'ordre équestre de Côme Ier, emblême de la médiocrité décorée;

— Angelica Kauffmann, jeune, gracieuse.

Il y a toutefois quelques contrastes : le beau portrait d'Holbein est d'une expression dure ; Cigoli, si pathétique, a l'air bouffon ; l'Albane et Carlo Dolci n'ont point l'élégance de leurs productions.

Le portrait de Marietta Robusti, la fille du Tintoret, debout, appuyée contre un clavecin, et tenant d'une main un cahier de musique, intéresse quoique imparfait, lorsqu'on se rappelle la vie et les talents divers de cette jeune femme.

Le riche cabinet des gemmes, composé de plus de quatre cents pierres dures, en offre plusieurs travaillées par Benvenuto Cellini, ou dans son goût; huit bas-reliefs en or, dont un représente la vue de la place du Grand-Duc, sont de Jean de Bologne. L'objet le plus remarquable est le célèbre Coffret en cristal de Clément VII, sur lequel Valerio Vicentino, le plus habile graveur de son temps, a merveilleusement ciselé la *Passion* en neuf compartimens : sa fille l'avait aidé dans cet ouvrage exquis, donné par le Pape à François I*er*, lors du mariage de sa nièce Catherine de Médicis avec le frère puiné du Dauphin, depuis Henri II, monument l'un des plus remarquables de la perfection des arts au XVI*e* siècle, et dont la France doit vivement regretter la perte.

La célèbre tribune de la galerie de Florence paraît, lorsqu'on y pénètre, comme le sanctuaire des arts : un jour mystérieux y règne, la coupole est incrustée de nacre de perle, le pavé d'un marbre précieux; et elle réunit quelques-uns des premiers chefs-d'œuvre de la sculpture antique et de la peinture : la *Vénus* de Cléomènes, placée au milieu, semble la divinité de ce sanctuaire. Il est impossible de ne pas admirer sans cesse cette voluptueuse pudeur, cette pudeur grecque, mythologique, qui ne peut être la pudeur virginale, que de bonnes gens ont souhaitée à la déesse de Gnide.

La bibliothèque Laurentienne, un de ces foyers illustres dans les annales des lettres, passa longtemps pour la plus riche de l'Europe. Ses destinées, si incertaines à sa naissance, furent enfin fixées en 1571, lorsque Côme I*er* chargea Vasari de terminer l'édifice commencé par Michel-Ange qui devait le recevoir. Le vestibule, l'escalier, sont d'un goût maigre, capricieux, bizarre. L'escalier fut construit en l'absence de Michel-Ange ; il paraît en avoir désavoué l'invention, ainsi qu'on le voit par une phrase de sa réponse écrite de Rome à Vasari. L'intérieur de la salle est d'une architecture beaucoup plus régulière et plus sage.

Les vitraux coloriés sur les dessins de Jean d'Udine, élève de Raphaël, et d'une extrême élégance, répandent un jour mystérieux qui invite à la méditation et à l'étude.

Au nombre des plus célèbres manuscrits de la Laurentienne sont les *Pandectes*, prises, dit-on, au siége d'Amalfi, par les Pisans, en 1135. L'origine et l'authenticité de ces fameuses Pandectes a donné lieu à de nombreuses conjectures. Plusieurs savans, parmi lesquels Politien, qui les a doctement corrigées, et dont une copie avec ses notes marginales autographes est aussi à la Laurentienne, ont cru que c'était une copie envoyée en Italie par Justinien, et peut-être de la main de Tribonien, parce que les diverses préfaces grecques n'ont ni points ni virgules; d'autres ont pensé qu'elles passèrent directement de Constantinople à Pise, par la voie du commerce, ou qu'elles furent transportées à Ravenne par quelque exarque. Elles sont toujours les plus anciennes que l'on connaisse, et peuvent être regardées comme l'original de toutes nos Pandectes. On a loué la modération de Gino Capponi, qui, nommé gouverneur de Pise, après l'avoir contraint de se rendre par famine, ne lui avait enlevé que ses Pandectes.

Il semble que la perte irréparable de tels monumens, de ces trésors de l'antique gloire d'une cité, ne doit pas lui être moins cruelle que le paiement de contributions, et qu'elle peut peut-être lui coûter davantage. Arrivées à Florence en 1405, les Pandectes furent mises au Palais-Vieux : elles n'étaient montrées au temps de la république qu'avec une permission de la seigneurie, et qu'à la lueur des flambeaux; c'est ainsi que les vit Budé avec la légation française qui se rendait à Rome. Elles furent ensuite conservées, ainsi que les actes du concile de Florence, encore à la Laurentienne, dans la garde-robe du grand-duc : un des officiers de la cour en avait la clé, et il ne la communiquait que sous certaines formalités dont il n'est plus aujourd'hui question : un volume ouvert est exposé sous verre ; l'autre est serré, et la faveur d'en toucher les feuillets est accordée avec obligeance et discernement par MM. les bibliothécaires.

Il est encore à Florence d'autres bibliothèques qui renferment des trésors précieux, mais le temps nous manque pour en donner tous les détails; nous ne pouvons cependant passer sous silence un établissement moderne du plus haut intérêt : c'est le cabinet de M. Vieusseux, directeur de l'anthologie, qui doit recevoir une des premières visites de tout voyageur éclairé, et qui contribue singulièrement à l'agrément du séjour de cette ville. Là se trouvent les principaux journaux, les revues, les nouveautés remarquables qui paraissent en Europe : un tel établissement, au centre de l'Italie, doit finir par avoir une action puissante sur le perfectionnement, les progrès, la civilisation de ce pays, et il semble presque une institution. Déjà les Italiens de nos jours apprécient l'avantage de ces moyens d'instruction : tandis que les anciennes et futiles académies de versificateurs, de pédans, dont les titres quelquefois n'étaient ni moins ridicules, ni moins bizarres que les travaux, déclinent ou finissent, on voit s'élever des sociétés savantes, livrées à l'observation des faits et ayant un but d'utilité publique. Il n'est pas rare de trouver, jusque dans les plus petites villes des hommes occupés de l'étude des sciences exactes et naturelles, formant des collections, et s'assemblant modestement entre eux, sans prendre le brevet et l'enseigne d'académiciens.

Le *Campanile* du Dôme de Florence, qui, après plus de cinq siècles, est encore si ferme et si droit, chose remarquable dans un pays où le terrain trop peu solide voit plus d'une tour penchée, ce merveilleux clocher, si orné, si brillant, si léger, le plus beau des clochers, d'une architecture gothique allemande, est l'ouvrage de Giotto; il prouve que ce créateur de la peinture moderne n'était pas moins habile dans l'art de bâtir. Charles-Quint avait une telle admiration pour le *Campanile*, qu'il aurait voulu qu'on le mît sous verre, qu'il ne fût montré qu'à certains jours ; et Politien l'a chanté en vers grecs et latins : *beau comme le Campanile*, dit avec orgueil le peuple de Florence, fier de ses monumens comme le peuple des autres villes d'Italie.

Les portes et les bronzes de *Saint-Jean* sont regardés par M. Cicognara, comme les plus beaux ouvrages qu'il y ait au monde. Si le Dante, qui s'emporte si violemment contre ses compatriotes, par lesquels il avait été proscrit, célèbre avec tant d'amour les monumens de sa patrie, qu'aurait-il dit de ce brillant baptistère, lui qui rappelait l'ancien avec une si vive tendresse :

> . . . . Nê maggiori
> Che quei che son nel mio bel Giovanni (*).

Michel-Ange prétendait que la porte du milieu, par Ghiberti, mériterait d'être la porte du paradis. Ghiberti, disait-il encore à un ami pour se justifier de

(*) Ces trous n'étaient pas moins grands que ceux qui servent de fonds sacrés dans mon beau saint Jean.

ne s'être pas marié, a laissé de grands biens et de nombreux héritiers; saurait-on aujourd'hui qu'il a vécu, s'il n'eût fait les portes du baptistère? ses biens sont dissipés, ses enfans morts : mais les portes de bronze sont encore de bout.

La porte principale du baptistère offre en dix grands compartimens des traits du vieux Testament; c'est un travail immense, où des nations, en bronze, dans des proportions très-petites, mais très-distinctes, offrent une multitude de physionomies variées, qui toutes expriment une pensée de l'artiste, une conception de son esprit.

C'est dans cette cathédrale que Julien de Médicis a été assassiné : non loin de là, dans l'église de Saint-Laurent, on voit la chapelle en marbre enrichie de pierreries, où sont les tombeaux des Médicis, et les statues de Julien et de Laurent, par Michel-Ange. Celle de Laurent de Médicis méditant l'assassinat de son frère, a mérité l'honneur d'être appelée *la pensée de Michel-Ange*. Au pied de ces statues sont l'aurore et la nuit; le réveil de l'une, et surtout le sommeil de l'autre, ont une expression remarquable. Strozzi, poète, fit sur la statue de la nuit ce quatrain :

> La notte che tu vedi in si dolci atti
> Dormir, fu da un angelo scolpita
> In questo sasso, e, perchè dorme, ha vita ;
> Destala, se nol credi, e parleratti (*).

Michel-Ange, qui cultivait les lettres, sans lesquelles l'imagination en tout genre se flétrit vite,

(*) « Cette nuit que tu vois dormant dans un si doux abandon, fut tirée du marbre par la main d'un ange. Elle vit puisqu'elle dort : éveille-la, si tu ne le crois point, elle te parlera. »

répondit au nom de la nuit cet autre quatrain qui est une courageuse opposition au pouvoir qui opprimait Florence :

> Grato m'è il sonno, e piû l'esser di sasso :
> Mentre che il danno e la vergogna dura,
> Non veder, non sentir, m'è gran ventura :
> Però non mi destar : deh ! parla basso (*).

Michel-Ange, dit madame de Staël, est le seul sculpteur des temps modernes qui ait donné à la figure humaine un caractère qui ne ressemble ni à la beauté antique, ni à l'affection de nos jours. On croit y voir l'esprit du moyen-âge, une âme énergique et sombre, une activité constante, des formes très-prononcées, des traits qui portent l'empreinte des passions, mais ne rétracent point l'idéal de la beauté. Michel-Ange est le génie de sa propre école : car il n'a rien imité, pas même les anciens.

Son tombeau est dans l'église de *Santa-Croce*. Il a voulu qu'il fût placé en face d'une fenêtre d'où l'on pouvait voir le dôme bâti par Filippo Brunelleschi, comme si ses cendres devaient tressaillir encore sous le marbre, à l'aspect de cette coupole, modèle de celle Saint-Pierre. Sainte-Croix, bâtie vers la fin du treizième siècle, par le grand architecte de la république florentine, Arnolfo di Lapo, fut restaurée depuis, sous les dessins de Vasari. Cette vaste église, nue, sombre, austère, éclairée par de superbes vitraux gothiques, remplie d'illustres tombeaux, a été appelée à juste titre le Panthéon de

---

(*) « Il m'est doux de dormir, et plus encore d'être de marbre : Ne pas voir, ne pas sentir, est un bonheur dans ces temps de malheur et de honte. Ne m'éveille donc pas ; de grâce, parle bas. »

Florence ; elle contient la plus brillante assemblée de morts qui soit peut-être en Europe. Ici c'est Galilée, qui fut persécuté par les hommes pour avoir découvert les secrets du ciel ; plus loin Machiavel, qui enseigna l'art d'opprimer, mais qui aurait mieux enseigné aux peuples l'art d'être libres, si les peuples avaient su le lire. La cendre de Machiavel, déposée à Sainte-Croix, fut, près de trois siècles, sans recevoir d'honneur et de distinction ; le tombeau actuel ne lui fut élevé qu'en 1787, et, chose singulière, un anglais, un pair, lord Nassau Chavering, comte Cooper, l'éditeur de ses œuvres, in-4°, était à la tête de la souscription, composée de Florentins et approuvée par Léopold.

A défaut du tombeau du Dante, dont l'absence à Sainte-Croix rappelle le trait célèbre sur les images de Brutus et de Cassius, un colossal cénotaphe vient de lui être élevé.

A la suite des trois grands tombeaux de Michel-Ange, de Machiavel, de Galilée, il en reste d'autres qui sont dignes de leur servir de cortége. Le mausolée d'Alfiéri, chef-d'œuvre de Canova, est un peu à l'étroit entre les tombeaux de Michel-Ange et de Machiavel. Son amère et piquante épitaphe, composée par lui et plusieurs fois donnée, ne s'y lit point ; on n'y voit que ces simples mots :

VICTORIO ALFERIO ASTENSI
ALOISIA E PRINCIPIBUS STOLBERGIS
ALBANIÆ COMITISSA
M. P. C. AN. MDCCCX.

C'est au milieu de ces tombeaux, parmi lesquels il repose, qu'Alfiéri avait senti pour la première fois s'éveiller en lui l'amour de la gloire : vers la fin de sa vie, l'âme épuisée d'émotions, de travaux et d'études, il était revenu méditer à Sainte-Croix; un autre poète, ardent, sombre, rêveur, Foscolo l'y avait aperçu; il a peint éloquemment son pâle et austère aspect :

> . . . . E a questi marmi
> Venne spesso Vittorio ad ispirarsi.
> Irato à patri Numi, errava muto.
> Ove Arno è più deserto', i campi e il cielo
> Desioso mirando ; e poi che nullo
> Vivente aspetto gli molcea la cura,
> Qui posava l'austero, e avea sul volto
> Il pallor della morte e la speranza (*).

Près du bénitier, une inscription à peu près effacée indique la sépulture d'un Buonaparte : nom gigantesque à côté de grands noms.

L'architecture du palais de Florence paraît singulièrement grande, solide, austère : les masses de rochers dont est remplie la Toscane, et qui servirent aux antiques et colossales constructions étrusques, furent employées aussi par les premiers architectes florentins : ainsi que nous l'avons déjà dit plus haut; les mœurs publiques, les querelles des familles puissantes, les émeutes perpétuelles, contribuèrent encore à l'élévation de ces espèces de forteresses. Le palais Riccardi (autrefois Médicis), ouvrage de Michelozzo, est un de ces édifices les plus imposans.

(*) Sepolcri. « Alfiéri vint souvent s'inspirer auprès de ces tombeaux. Irrité contre les dieux de la patrie, il errait en silence sur les bords les plus déserts de l'Arno, et regardait les champs et le ciel avec envie. Aucun aspect vivant ne pouvait adoucir sa peine : là, triste, il s'arrêtait, la pâleur et l'espoir de la mort empreints sur le visage.

Bâti par Côme l'ancien, il devint l'asile des Grecs fugitifs de Bysance et d'Athènes, et le berceau des sciences, des lettres et de la civilisation moderne. Les derniers jours de Côme furent tristes : ce père de la patrie, qui sans doute avait aimé le pouvoir, perdit Jean, le fils dans lequel il espérait davantage ; et la faible santé de Pierre ne le rendait pas propre aux affaires. Ce fut alors, peu de temps avant sa mort, qu'il dit en soupirant, lorsqu'on le portait dans les appartemens de son splendide palais : « Cette maison est trop grande pour une famille si peu nombreuse. »

Le vaste palais Capponi, de l'architecture de Fontana, offre dans le salon divers traits de l'histoire des trois Capponi, florentins si dévoués à l'honneur, à la force et à l'indépendance de leur patrie. M. le marquis Capponi actuel, un des hommes les plus éclairés de l'Italie, et l'un des plus nobles caractères de notre temps, peut contempler hardiment les actions de ses ancêtres ; il est digne de les imiter, il ne lui a manqué que leur fortune.

Le palais Pitti, commencé par Brunellesco, fut terminé pour devenir la résidence de Côme Ier. Si on le compare au hardi et vieux palais républicain de la seigneurie, bâti sur un espace étroit et prescrit par le peuple, ce monument semble exprimer assez bien le contraste politique de deux époques, et l'architecture de sa longue façade triste, fière, pesante, uniforme, comme la puissance absolue. L'aspect redoutable du palais Pitti ne convient plus au reste depuis près d'un siècle aux princes qui ont gouverné la Toscane avec tant de raison, de douceur et de lumières, et qui faisaient de cette heureuse contrée l'oasis politique de l'Italie.

La célèbre cour d'Ammanato, riche, grandiose,

l'un des meilleurs morceaux de l'architecture moderne est le chef-d'œuvre de son genre, et la cour du Luxembourg n'en paraît qu'une lourde et monotone imitation. La grotte dont la voûte supporte une fontaine jaillissante, décorée avec goût, est une des parties les plus pittoresques et les mieux imaginées de ce bel ensemble.

La galerie Pitti est une des premières de l'Europe. Les plus grands maîtres ont contribué à ce choix merveilleux par leurs divers chefs-d'œuvre.

La bibliothèque du palais, ancienne bibliothèque du grand duc Ferdinand III, amateur curieux, passionné de livres rares, est aujourd'hui de soixante-dix mille volumes. Les collections de Rerwiczky et Pogieli en ont fait le fond. Elle s'accroit constamment des meilleurs et des plus beaux ouvrages italiens, anglais, français ou allemands. On distingue : la collection des *Variorum* dans les trois formats, la plus grande partie double, format ordinaire et grand papier ; la collection *ad usum Delphini* complète ; la collection des *Elzevirs*, qui est peut-être la plus riche que l'on connaisse, puis les *Barbou*, et enfin le recueil des auteurs cités par l'Académie de la Crusca, le plus complet qui existe. Les ouvrages d'art, les livres d'histoire naturelle avec figures coloriées, les voyages, la plupart grand papier, sont superbes, la collection des cartes géographiques est peut-être la plus belle qui ait été formée. Un recueil d'anciens mystères italiens est précieux. Les exemplaires sur vélin ou sur papier bleu sont en assez grand nombre. Une collection considérable de livres italiens du quinzième siècle, en offre plusieurs des plus rares, et peut-être quelques-unes d'uniques, n'étant point indiquées par les bibliographes.

Les manuscrits, tous italiens, sont au nombre d'environ quinze cents. Plusieurs sont intéressans. Un petit livret en parchemin de cent une pages, de la main du Tasse, et d'une grosse écriture, contient le premier jet de diverses poésies lyriques ; il est rempli de changemens et de ratures ; quelques sonnets sont refaits deux fois, et un même l'a été quatre. Le recueil des lettres de ce poète infortuné, qui avait appartenu, à Serassi, et qui est une copie de sa main, en offre une écrite, de Mantoue, à J.-B. Licino, qui donne de nouveaux détails sur sa détresse. On y voit que la docte Tarquinia Molza, distraite sans doute par l'étude ou les dissertations sentimentales, et moins exacte que madame de Tancin, avait oublié de lui envoyer les hauts de chausses qu'elle lui avait promis, et qu'il n'avait pas de quoi changer ; qu'une paire en soie de ces hauts de chausses donnée par le duc, ainsi qu'un pourpoint, quoique neufs et brodés, ne pouvaient pas aller quinze jours, et qu'il ne savait comment faire, n'ayant point d'argent (*).

Le grave Boboli, jardin du palais Pitti, dessiné par Tribolo et Buontalenti, avec son majestueux amphithéâtre, ses statues, ses fontaines, paraît plutôt une création de l'art que de la nature. Les hauteurs de ce jardin sont citées pour la vue qu'elles offrent de Florence. L'aspect de cette cité, quoique peu étendu, est singulièrement grand, historique, poétique : quels édifices valent son dôme, sont vieux palais, Sainte-Croix! Cette dernière église, avec sa

(*) Delle calze promessemi dalla signora Tarquinia avrei gran bisogno, perchè non posso mutarmi ; ed un pajo di ormisino, donatemi dal serenissimo signor principe col giuppone, benche siano nuove et tutte adornate, io credo che si straccieranno in quindici giorni, non avendo depari, non so come fare.

forme et ses murs austères, paraît véritablement, au milieu de tant de nobles fabriques, comme le mausolée du génie. Le bruit de la ville n'est point là l'ignoble cri des rues, mais une sorte de bourdonnement comme celui des abeilles. C'est de là qu'Alfiéri a chanté les grands hommes et la gloire de Florence :

>Qui Michel-Angiol nacque? e qui il sublime
>Dolce testor degli amorosi detti?
>Qui il gran poeta, che in sì forti rime
>Scolpi d'inferno i pianti maladetti?
>
>Qui il celeste inventor, ch'ebbe dall'ime
>Valli nostre i pianeti a noi soggetti?
>E qui il sovrano pensator ch' esprime
>Si ben del Prence i dolorosi effetti?
>
>Qui nacquer, quando non venia proscritto
>Il dir, leggere, udir, scriver, pensare;
>Cose ch'or tutte appongonsi a delitto (*).

Peu de villes offrent autant que Florence d'illustres maisons modernes. Dans la rue *Ghibellina,* nom qui rappelle les guerres, les discordes et les proscriptions de Florence, dans cette ville aujourd'hui si paisible, est la maison de Michel-Ange, la première de ces célèbres demeures, et qu'habite aujourd'hui un Bunarotti, magistrat distingué! Cette maison est

---

(*) ALFIÉRI, Son. XL. « N'est-ce point ici que nacquit Michel-Ange? et l'auteur à la fois sublime et tendre des chants amoureux? et le grand poète qui en vers si puissans grava les pleurs maudits de l'enfer? et le céleste inventeur qui du fond de notre terre nous rendit les astres sujets? et le penseur souverain qui sut exprimer si bien les méchans effets du prince? C'est ici qu'ils naquirent : alors il y avait liberté de parler, de lire, d'écrire, d'entendre, de penser ; choses qui toutes maintenant sont devenues des crimes.

devenue un noble monument élevé à la gloire de Michel-Ange. Dans la galerie commandée par son neveu et exécutée sur les dessins de Pierre de Cortone, une suite de tableaux représente divers traits de son histoire. Pendant les trois quarts de siècle que cet homme prodigieux, qui menait de front le *Jugement dernier*, le *Moïse*, et la *Coupole de Saint-Pierre*, tint le sceptre des arts, sept papes le comblèrent de biens et d'honneurs ; il fut sollicité par François Ier, Charles-Quint, Alphonse d'Este, la république de Venise ; Soliman même voulut lui faire jeter un pont qui unît l'Europe à l'Asie, et il est lui-même et à lui seul comme une puissance. On voit dans cette maison son atelier, ses pinceaux, ses couleurs et ses premiers ouvrages de peinture et de sculpture. Michel-Ange peignait de la main gauche, comme Holbein, et il sculptait de la droite. Lorsqu'on se rappelle le dôme de Saint-Pierre et ses poésies si passionnées, si religieuses, si énergiques, si *dantesques* comme son talent, et dont le manuscrit autographe est aussi conservé dans sa maison, il paraît véritablement l'*uom di quattr' alme*(*), ainsi que l'a énergiquement dit Pindemonte.

L'avenue du *Poggio imperiale*, formée d'ifs, de pins, de cyprès, de vieux chênes, est une espèce de monument naturel, imposant et même un peu triste, qui contraste avec l'agrément et la variété de la promenade ordinaire des Cascines. Ce palais fut autrefois la villa Baroncelli. On rapporte qu'un membre de cette ancienne famille, Thomas Baroncelli, fort dévoué à Côme Ier, étant allé de sa villa à la rencontre de son maître lorsqu'il revenait de Rome, fut si ravi de le

(*) L'homme aux quatre âmes.

revoir avec le titre de grand-duc que lui avait accordé le pape Pie V, qu'il en mourut de joie; enthousiasme de l'esprit de servitude, qui doit sembler aujourd'hui bien étrange !

La charmante promenade des *Cascines* (laiteries) sur les bords de l'Arno, avec ses pins, ses chênes verts, ses gazons, ses faisans, ses palais champêtres, est bien supérieure à la plupart de ces rendez-vous ordinaires des vanités des grandes villes.

Le célèbre couvent de Vallombreuse a bien quelque rapport avec la grande Chartreuse de Grenoble; mais c'est une Chartreuse de l'Appennin, moins âpre que celle des Alpes, avec le ciel de l'Italie et la vue de la mer; les superbes et sombres sapins sont, depuis des siècles, plantés en quinconce; ils offrent ainsi une magnificence plutôt régulière et symétrique que sauvage : les eaux ont été habilement dirigées, et le Vicano est moins là un torrent qu'une belle cascade. Vallombreuse a été merveilleusement chanté par les trois plus grands poètes qui l'ont visité : l'Arioste, Milton et Lamartine. Benvenuto Cellini raconte qu'il avait fait un pélerinage à Vallombreuse, afin de remercier Dieu de la manière dont il avait exécuté certaines figures. Il partit de Florence, conduit par son ouvrier César, et chantant des hymnes et des oraisons : étrange pélerin, qui paraît s'être plus occupé pendant son voyage de mines d'or et d'argent, et de fortifications, que de dévotion.

Quoique nous ne soyons point montés jusqu'aux Camaldules, d'où l'on doit apercevoir, dit-on, la Méditerranée et l'Adriatique, nous avons parcouru les environs de Vallombreuse. Nous nous y étions rendus à pieds de Pelago par un chemin inaccessible même aux mulets, et qui nous offrit des aspects nouveaux et variés de l'Apennin. A notre retour nous descendîmes par la route ordinaire, au milieu des bois de sapins et de châtaigniers. Nous traversâmes les terres et vîmes quelques établissemens d'agriculture dépendans du monastère. Ces religieux certes ne sont point *rétrogrades* : leurs champs sont admirablement cultivés, et ce sont eux qui les premiers ont introduit la pomme de terre en Toscane. Ce *précieux tubercule*, comme disent les sociétés d'agriculture en France, vient parfaitement à Vallombreuse, et les pommes de terre de ce couvent jouissent encore aujourd'hui d'une certaine réputation.

Le guide que nous avions pris était un de ces paysans du *Val d'Arno*, ayant une fille charmante, brune, vêtue de soie, véritable type de la beauté italienne, logé dans une maison ou celle-ci avait sa chambre à part, possédant cette douceur, cette élégance de mœurs rustiques qui semblent renouvelées des bergers d'Arcadie, parlant ce pur, ce primitif toscan, cette langue du Dante et de Boccace, qu'allait au milieu de ces champs étudier Alfiéri.

La Chartreuse de Florence est un de ces vastes monumens que fondaient dans le moyen-âge les plus illustres personnages. Chaque grande ville avait ordinairement la sienne. Ces éternels et religieux asiles, ouverts aux chagrins ou au repentir, étaient convenablement placés près de nombreuses réunions d'hommes ; ils ont encore un attrait singulier pour l'imagination qui aime ce contraste entre l'agitation, le bruit du monde et le calme silencieux de la retraite.

La Chartreuse de Florence est aujourd'hui habitée par six religieux qui, au milieu des splendeurs de

5.

leur monument, paraissent assez misérables, les terres dépendant du couvent ayant été vendues.

Saint-Casciano est un gros bourg environ à sept milles de Florence, sur la route de Sienne, au-dessus d'une colline agréable et bien cultivée. Mais il n'y a point à l'auberge actuelle de la *Campana*, de Machiavel parlant aux passans, leur demandant des nouvelles de leur pays; jouant, criant, disputant avec l'hôte, le meûnier et le boucher de l'endroit, après avoir été le matin à la chasse aux gluaux, à sa coupe de bois, et calmant, ainsi qu'il le dit lui-même, par cette ignoble vie, l'effervescence de son cerveau. La villa voisine de Machiavel, appelée *la Strada a santa Maria in Percussina*, passa par héritage à la maison Rangoni, de Modène, et elle était à louer ces dernières années pour dix sequins par mois; elle appartient aujourd'hui à la famille Mazzei de Florence. C'est dans cette obscure retraite que Machiavel composa tous ses ouvrages et son fameux *Livre* du *Prince*; après avoir quitté le soir, sur le seuil de son cabinet, ses habits de paysan couverts de poussière et de boue, et s'être revêtu de son costume ou d'habits de cour. « Alors, » dit-il éloquemment, je pénètre dans le sanctuaire » antique des grands hommes de l'antiquité : reçu » par eux avec bonté et bienveillance, je me repais » de cette nourriture qui seule est faite pour moi, » pour laquelle je suis né. » Le Livre du Prince, ainsi qu'il en convient, était alors spécialement destiné à l'usage d'un souverain nouveau.

Après un charmant et pittoresque voyage à travers l'Apennin, nous arrivâmes à Bologne, cité célèbre dans tout le monde par ses saucissons et son université. C'était le soir, le jour de la fête de Saint-Dominique, au moment où l'on promenait dans la ville la relique de la tête du saint enveloppée dans une riche boîte d'argent; les fenêtres étaient pavoisées, et tout le monde était dehors; mais cette fête, où le sensualisme religieux de l'Italie dominait bien plus que la vraie piété, était sans ordre et sans magnificence; l'accent du peuple, quoique nous y fussions préparés, nous parut lourd et criard; les maisons grandes, uniformes et toutes badigeonnées, étaient sans caractère, enfin un certain vacarme industriel d'usines, de filatures et de fabriques, ne nous annonçaient guère cette docte Bologne, *la mère des études*, ainsi qu'elle avait été anciennement surnommée; cette Bologne que Sadolet montrait à Béroalde comme *tutta involta nei travagli* (*); cette ville enfin si littéraire, si intellectuelle, comme on dirait aujourd'hui. Après quelque séjour on revient bien vite de cette première impression causée par la physionomie commune de la ville. Bologne est encore à juste titre regardée comme une des plus illustres cités de l'Italie; quoique depuis long-temps elle ait cessé d'être le siége du gouvernement, qu'elle n'ait jamais été résidence de cour, elle est au niveau de la civilisation des premières capitales : la science est sa dignité, et l'on sent encore dans ses mœurs, son esprit et ses opinions, quelque chose de sa vieille devise, LIBERTAS, qu'elle a conservée. Bologne était, dit-on, la ville d'Italie que préférait lord Byron; sans décider si ce goût était parfaitement raisonnable, il est très-facile de le comprendre.

L'université de Bologne, la plus ancienne, comme on sait, de l'Italie, qui vit quelques-unes des plus

(*) Tout enveloppée dans l'étude.

belles découvertes de l'esprit humain (*), s'honore encore aujourd'hui de maîtres célèbres, tels sont : MM. Valerani, professeur d'économie publique : Tommasini, de médecine théorique pratique; Orioli, de physique; Mezzofanti, de grec et de langues orientales : Schiassi, d'Archéologie : MM. Medici et Mondeni, chargés le premier de la chaire de physiologie, le second de celle d'anatomie, sont aussi de fort habiles professeurs. Bologne compte les cinq nouvelles facultés dont les chaires sont : pour la faculté de théologie, les chaires de théologie sacrée, de théologie morale, d'écriture sainte, d'histoire ecclésiastique, d'éloquence sacrée; pour la faculté de droit, les chaires des institutions canoniques, du droit de la nature et des gens, du droit public ecclésiastique, des textes canoniques; pour la faculté de médecine, les chaires de physiologie, de pathologie générale et de séméiotique, de médecine théoripratique, de médecine politique légale, de chimie, de botanique, de pharmacie, d'hygiène thérapeutique et de matière médicale, d'anatomie humaine, d'anatomie comparée et de médecine vétérinaire, de chirurgie théorique, d'accouchemens; pour la faculté des sciences, les chaires de logique et métaphysique, d'algèbre, de morale et de géométrie, d'introduction au calcul, de mathématiques trascendantes, de physique, de mécanique et d'hydraulique, d'optique et d'astronomie; pour la faculté des lettres, les chaires d'art oratoire et poétique, d'histoire, d'archéologie, de langues grecque, d'hébreu, de siriaque-chaldéen et d'arabe.

(*) La première dissection de cadavre au quatorzième siècle ; le galvanisme.

On voit par ce tableau l'étendue des études médicales et leur supériorité sur les autres branches d'enseignement. Le système des gastrites est né à Bologne, et M. Tommasini avait précédé M. Broussais. Il est vrai que ce système y était beaucoup plus sensé qu'en France, la situation de Bologne au pied de l'Apennin y rendant communes les inflammations de poitrine et les maladies nerveuses et aiguës. Il n'est pas inutile de rappeler ici une observation remarquable d'un excellent juge sur les écoles médicales d'Italie.

« Ce qui caractérise particulièrement ces écoles,
» dit M. Alibert, c'est qu'elles n'ont jamais été do-
» minées ni par l'esprit de secte, ni par l'ascendant de
» l'imitation. On citait jadis Naples pour les maladies
» chroniques ; Modène pour les épidémies ; Bologne
» pour les sciences physiques ; Padoue pour l'anato-
» mie et l'histoire naturelle ; Pavie pour les expérien-
» ces de physiologie ; Rome pour la pratique de l'art
» et la doctrine des anciens. J'ajouterai qu'on ne voit
» guère un savant de cette heureuse contrée se traî-
» ner sur les traces d'un autre ; ils suivent chacun
» leur route d'une manière libre et indépendante ; il
» en est même qui ne se ressemblent en aucune, quoi-
» qu'ils soient instruits par les mêmes maîtres, quoi-
» qu'ils habitent la même ville. » (*)

Le bibliothécaire de l'université de Bologne est M. l'abbé Mezzofanti, célèbre en Europe par sa vaste connaissance des langues ; il en sait, y compris les dialectes, jusqu'à trente-deux : c'est dix de plus que

---

(*) Alibert. Considérations préliminaires sur les progrès de la médecine depuis Hippocrate jusqu'à nos jours, en tête de la *Nosologie naturelle*.

n'en parlait Mithridate, avec lequel cet ecclésiastique, plein de douceur et de modestie, a du reste fort peu de rapports. Une telle érudition tient vraiment du prodige, car M. Mezzofanti n'est jamais sorti de Bologne; philologue, orientaliste distingué, il entend même divers patois; c'est un apôtre pour le don des langues comme pour la piété.

On trouve dans les Pensées détachées de lord Byron, publiées à la fin de ses Mémoires, pensées si vraies, si naturelles, si touchantes, les traits suivans sur l'abbé Mezzofanti : « Je ne me rappelle pas un
» seul des littérateurs étrangers que j'eusse souhaité
» revoir, excepté peut-être Mezzofanti, qui est un
» prodige de langage, Briarée des parties du dis-
» cours, polyglotte ambulant, qui aurait dû vivre au
» temps de la tour de Babel, comme interprète uni-
» versel; véritable merveille, et sans prétentions en-
» core! Je l'ai tâté sur toutes les langues desquelles
» je savais seulement un juron ou adjuration des
» dieux contre postillons, sauvages, forbans, bate-
» liers, matelots, pilotes, gondoliers, muletiers,
» conducteurs de chameaux, voiturins, maîtres de
» poste, chevaux de poste, maison de poste! et par-
» dieu! il ma confondu dans mon propre idiome. » (*)

La galerie de Bologne, formée principalement des chefs-d'œuvre de l'école bolonaise, est un admirable monument national. Il est singulièrement glorieux pour une ville d'avoir produit à elle seule tant de doctes personnages et de brillans artistes. On ne pourra reprocher, en parlant de ces tableaux, de faire des descriptions qui n'apprennent rien à ceux qui ne les ont point vus : qui ne connaît point ceux-là?

(*) T. V. p. 446.

On les sait comme les vers des grands poètes; la gravure les a multipliés et rendus populaires : conquis par les armées françaises contre toute l'Europe, il a fallu l'Europe entière pour les reprendre, et leur destinée se mêle aux plus grandes catastrophes de notre âge.

C'est une heureuse idée que d'avoir placé à l'entrée de cette galerie quelques-uns des tableaux des anciens peintres : on peut ainsi remarquer et suivre les progrès de l'art; comme dans les lettres, quelques beaux ouvrages primitifs, isolés, précèdent les véritables chefs-d'œuvre : la supériorité de ces derniers n'est point affaiblie, mais elle s'explique.

Parmi les beaux ouvrages de l'école bolonaise sont quelques chefs-d'œuvre des autres écoles; telle est l'immortelle *sainte Cécile*. Il y a loin de la pieuse exaltation, du mystique délire de cette patrone des musiciens, aux agrémens profanes de la muse Euterpe. La musique semble véritablement donnée par Dieu comme la parole, lorsqu'elle apparaît sous un tel emblème. Comment décrire les perfections d'un pareil tableau? l'ardeur, la joie triomphante des Séraphins qui chantent au ciel l'hymne sacré, la pureté, la naïveté des traits de la Sainte, qui contrastent si bien avec l'air frivole et coquet de la Magdeleine? Il faudrait, afin de rendre dignement toutes ces beautés, pouvoir s'écrier comme le Corrège, lorsqu'il les contempla pour la première fois : *Anch'io son pittore!* (*)

La sainte Marguerite à genoux devant la Vierge et l'enfant Jésus, par Le Parmesan, mérita l'admiration des Carraches et du Guide, qui l'ont étudiée :

(*) Et moi aussi je suis peintre.

les têtes de la Vierge et de la Sainte sont nobles et touchantes comme toutes les nombreuses figures de femmes qui ornent ce musée ; il est en cela véritablement enchanteur, et jamais la beauté n'apparut ni plus exquise, ni plus diverse.

De toutes les expéditions de tours, de dômes, de clochers et de phares que des voyageurs qui ont de la conscience et des jambes doivent accomplir, une des plus rudes sans doute est celle de la tour des *Asinelli*, tant l'escalier en colimaçon, espèce de longue échelle, est peu praticable. Cette tour, la plus haute de l'Italie, sert quelquefois à des observations astronomiques. La vue est agréable : ce n'est ni l'immensité de la vue du dôme de Milan, ni l'horizon unique du clocher de Saint-Marc, mais la plaine est riante, et l'Apennin, de ce côté, au lieu de ses sommets arides, n'offre qu'une suite de jolies collines boisées et couvertes de charmantes maisons de campagne.

La tour des Asinelli est juste au milieu de Bologne, comme Bologne est la grande ville la plus au centre de l'Italie. Au cœur de ce beau pays, on ne peut se défendre de pressentimens sur les destinées qui l'attendent, car la raison ne peut croire à l'ordre faux qui y règne. Nous jetâmes un triste regard sur cette terre que nous aimions tant, et que nous plaignions du fond de notre cœur. Quels seront, disions-nous, avant peu de temps, son gouvernement, son empire? Nous gémissions sur le sort infligé à un pays si beau et à quelques âmes si nobles, sur cette gloire passée, sur ces lumières nouvelles qui ajoutent à la rigueur de leur condition. Nous souhaitions à cette contrée des lois, la liberté, sans les excès de la démocratie qui la font périr. Dans ce délire de nos vœux et de nos espérances, nous voyions succéder une vie active et utile à l'oisiveté frivole et élégante de la jeunesse de Milan, à l'inaction docte et lettrée de Bologne et de Florence, aux intrigues et à l'ambition des clercs de Rome et aux charges de cour des divers états. Ces hommes, si nobles de nom, de caractère et de facultés, ces généreux protecteurs des lettres et des arts, ces possesseurs de superbes palais, de brillantes galeries, de riches bibliothèques, aujourd'hui errans et proscrits à l'étranger, devenaient des hommes publics, et certes ils ne le cédaient pas à ceux de France et d'Angleterre ; ils donnaient la liberté à ce peuple affaibli, divisé, incapable de la faire, mais qui peut la recevoir ; ils étaient une preuve de plus que l'aristocratie poursuivie par tant de haines, peut devenir un superbe instrument de liberté, et que l'honneur des races antiques peut très-bien s'allier avec la dignité et le perfectionnement des générations nouvelles. Le courage militaire, jamais éteint chez ces anciens maîtres du monde, prenait avec cette liberté un nouvel essor, car sans lui elle n'a jamais pu fleurir. Ainsi renaissait à la civilisation une des plus belles parties de la race humaine, une de ces nations illustres dans les fastes de l'univers : ainsi l'ardeur de nos désirs marquait un terme à cette fatalité de la servitude, à cette longue calamité de tout un peuple, toujours dépendant sans être dégradé, preuve de son ancienne et forte nature, phénomène dont aucun autre peuple n'aurait peut-être été capable.

La régénération de l'Italie fut manquée par Bonaparte : Italien, maître de l'Italie entière, il délaissa et méconnut ses compatriotes. Certes il eut été plus beau de rendre son existence de nation à un tel peuple, que de n'y chercher que des hommes et de l'argent, et d'avoir un roi de Rome à Saint-Cloud et des ducs de Parme et de Plaisance, rue Saint-Honoré et place du Carrousel! La conduite de Bonaparte envers l'Italie est une des parties de son histoire qui justifie le plus la remarque sévère de M. de Chateaubriand : « L'avenir doutera si cet homme a été plus coupable » par le mal qu'il a fait que par le bien qu'il eût pu » faire et qu'il n'a pas fait. »

L'Italie semble offrir, pour la politique comme pour l'imagination, trois grandes divisions naturelles; le nord, l'état romain, le royaume de Naples; tout le passé est réuni dans les souvenirs que ces divisions rappellent; le nord est le moyen âge; Rome l'histoire; Naples la fable. Le plan d'un état unique en Italie, et d'une seule capitale, est peut-être une chimère. Si jamais quelque nouvel Amédée, négociateur et guerrier, monte sur le trône de Savoie, ses destinées seront grandes; il sera le fondateur de cet empire nouveau de l'Italie septentrionale : alors elle cessera d'être la proie toujours incertaine de la conquête; il y aura un peuple de plus en Europe, et douze millions d'italiens reprendront leur place au milieu des nations.

La tour penchée, voisine de la tour des Asinelli, est moins élevée : la *Garisenda* a fourni l'une de ces innombrables et pittoresques images du Dante, quand il compare le géant qui se baisse pour saisir son guide et lui à cette tour, si on la considère lorsque les nuages fuient au-dessus de ses créneaux :

> Qual pare a riguardar la Carisenda
> Sotto'l chinato, quand'un nuvol vada

Sovr'essa si , ch'ella in contro penda ;
Tal parve Anteo. (*)

L'inclinaison de la Garisenda n'est point un effet de l'art, mais de l'affaissement subit du sol : il est prodigieux qu'elle ait résisté depuis à tant et de si violens tremblemens de terre; elle paraît désormais inébranlable, comme certaines âmes qu'une première catastrophe a bien moins abattues que surprises, et qui semblent, au contraire, affermies par cette chute.

Saint Michel, *in Bosco*, sur une colline, dans une situation riante, était un des premiers monumens du luxe monastique en Italie. Cette merveille de l'art n'est aujourd'hui qu'un grand bâtiment abandonné, et qui, depuis la suppression du monastère, a servi de caserne et de prison. Les fresques des Carraches et de leur école ont à peu près disparu; ces murailles, ces voûtes animées et vivantes, sont maintenant dégradées; quelques traits subsistent encore comme pour montrer la grandeur d'un tel ravage. Ainsi la civilisation ne fait pas moins de ruines que la barbarie; impuissante contre les passions, elle n'a jamais chez les peuples anciens, comme chez les nations modernes, dépassé un certain niveau; elle n'arrête ni les guerres, ni les invasions, ni les conquêtes, ni toutes les calamités de la gloire, et la baïonnette du soldat polonais de l'armée d'Italie, qui a criblé de coups ces admirables peintures, n'est pas moins destructive que la francisque des Huns ses prédécesseurs et ses aïeux.

(*) Inf. XXXI. « Telle que la Garisenda, si on la regarde du côté » où elle est inclinée et lorsqu'un nuage passe au-dessus d'elle, » paraît prête à se renverser , ainsi parut Antée.

Quoique la formation du *Campo-Santo* ne remonte guère qu'a trente et quelques années, il a déjà l'aspect et le caractère d'un monument plus ancien, et il peut être regardé comme le vrai modèle d'un cimetière de grande ville ; plusieurs de ses somptueux mausolées qu'il renferme ne sont point assurément irréprochables sous le rapport du goût ; mais l'ensemble a de la magnificence. Une enceinte particulière est réservée aux protestans, aux juifs, mais il n'y a dans ce cimetière d'exclusion pour personne : ceux qui se tuent eux-mêmes n'en sont point repoussés ; il en est de même à Rome, une bulle de Benoît XIV, saint pape, grand théologien, ayant déclaré le suicide un acte de folie. Si quelque peine pouvait être portée contre ces infortunés, l'usage de Silésie paraîtrait assez raisonnable ; on les y enterre sur la face ; il y a dans ce châtiment une sorte de leçon morale, sans l'odieux des jugemens infamans de la confiscation des biens et de ces supplices de cadavres infligés par la barbarie de nos anciennes lois.

CHAPITRE V.

MODÈNE. — REGGIO. — FERRARE. — MANTOUE. — PESCHIERA. — VERONE.

De Bologne à Modène on passe le Reno. L'île fameuse qui devait être près de Samoggia, dans laquelle s'assemblèrent pendant trois jours les triumvirs, où ils se donnèrent l'un à l'autre la vie de leurs amis et de leurs ennemis, où leur cruauté, dans son délire, ordonna même, sous peine de mort, que chacun eût à se réjouir de leurs proscriptions, où la tête de Cicéron enfin fut marchandée pendant deux jours, et devint le gage de leur union ; cette île petite, mais dont la célébrité peut s'égaler aux îles les plus redoutables de l'histoire, a disparu dans un tremblement de terre : la nature, secourable dans sa fureur, a voulu comme emporter la trace de tels attentats. Le fleuve lui-même, l'ancien Labinius, a perdu son nom, et il ne paraît là qu'une espèce de torrent épars dans une plaine de gravier.

Les plaines voisines avaient vû les derniers efforts de la liberté romaine ; mais la défaite d'Antoine à Modène n'avait rien changé au fond des affaires ; le sénat n'en fut pas plus avisé, et la mort des consuls Hirtius et Pansa sur le champ de bataille est comme le prélude des morts républicaines et stoïques de Brutus et de Cassius.

Le palais, la galerie, et la bibliothèque du palais sont à peu près tout Modène.

Le duc de Modène, François IV, dernier rejeton de la maison d'Este, s'est acquis une sorte de célébrité par la déraison et la rigueur de son gouvernement. Le fameux décret sur la presse, du 29 avril 1828, est dans son genre un véritable monument. Les livres doivent être marqués à leurs première et dernière pages du double timbre des censeurs ecclésiastiques et laïques; disposition singulièrement désagréable aux amateurs d'exemplaires rares et de luxe. Les censeurs ont besoin d'une sagacité particulière, puisqu'ils jugent de la tendance des ouvrages, et rejettent ceux mêmes dans lesquels on ne pourrait rien désigner d'intrinsèquement condamnable. Tout propriétaire de livres anciens ou modernes, qui les prêterait obligeamment à son voisin (*nessa stella casa propria*), s'exposerait à une amende de 4 francs par volume, et à leur confiscation, s'ils n'étaient revêtus du double timbre; l'intercalage de quelques feuillets dans les volumes timbrés est puni de 100 francs d'amende et d'un emprisonnement d'un à six mois, et la contre-façon de ce terrible timbre, d'une amende de 230 francs, d'une détention de six mois à deux ans, et même de la peine des GALÈRES pour le même temps (*). Dans l'exécution du décret, le censeur de Modène peut venir saisir vos livres sous prétexte d'examen, et vous envoyer des ouvrages communs ou dévots qu'il leur conviendrait d'y substituer. Le Dante est au premier rang des auteurs condamnés par cette censure inouïe, et les exemplaires de son immortel ouvrage découverts à la douane, y sont

---

(*) Oltre la pena del carcere da sei mesi a due anni, estensibili anche a quella della galera per egual tempo, secondo la gravezza del caso.

impitoyablement confisqués. Ce stupide décret, si attentatoire aux droits de la propriété de la pensée et de l'humanité, est même offensant pour l'église, malgré le zèle aveugle qui l'a dicté, puisqu'il soumet en définitive des questions religieuses à la décision d'un conseiller laïque chargé de la haute police. Nous avons connu à Rome un prêtre saint et éclairé, qui le blâmait encore sous ce rapport.

Le reste de l'administration modenaise répond à ce décret. Un français eut une réclamation fondée contre le domaine; il gagna sa cause devant les tribunaux, l'arrêt fut cassé, et une commission nommée par le duc lui-même; celui-ci donna un avis semblable à l'arrêt, et cependant justice fut refusée. Le français crut devoir s'adresser directement au duc, et citer, dans l'audience qu'il en obtint, l'exemple des princes de la restauration, qui avaient admis et liquidé des créances analogues à celle qu'il faisait valoir : « Ne me parlez pas de pareils jacobins, » répondit cet insensé. Aujourd'hui, seul en Europe, il a refusé de reconnaître le roi des Français. — Il serait injuste d'accuser une puissance quelconque de provoquer ces odieuses et absurdes mesures : tout ce système est dans le prince et dans quelques flatteurs et quelques fous qui l'entourent : Les états qui confinent avec ce duché sont même fort mécontens d'un tel voisinage; car, parmi tant d'extravagances, le duc, contre le texte formel des traités, s'oppose à la libre navigation du Pô. Il faut convenir que ce siècle a là un étrange ennemi, et que ce petit état est unique dans l'univers. Son territoire vient encore de s'accroître du duché de Massa par la mort de sa mère l'archiduchesse Marie-Beatrix d'Este; il est ainsi devenu propriétaire des carrières de marbre de Carrare, dont probablement il ne méritera jamais une statue. Les derniers événemens de Modène ont prouvé la solidité de ce système de gouvernement, qui certes n'aura pu être accusé de concessions.

REGGIO, ville charmante, est d'un aspect si joli et si gai, que si l'Arioste n'y était pas né, il aurait dû y naître ; elle est tout-à-fait digne d'avoir été *il natio nido* de ce poète gracieux. L'Arioste naquit dans le château de Reggio, dont son père était gouverneur.

Nous n'avons fait que passer à Reggio; mais, nous le répétons, cette ville nous parut singulièrement riante et agréable ; en la voyant on s'explique facilement le caractère de ce général des Reggiens peint par Tassoni, qui composait un madrigal quand l'ennemi survint, et qui est obligé de s'armer.

. . . . . . Era stizzato. . . . . . .
Di non aver finito il madrigale. (*)

Certes l'intrépide capitaine auquel Napoléon avait donné le titre ancien de duc de Reggio ne ressemblait guère à ce burlesque général de la *secchia rapita*.

FERRARE est triste, déserte, abandonnée, mais respire encore une sorte de grandeur et de magnificence de cour; son château surtout, occupé par le légat, avec ses ponts, ses tours, ses élégantes balustrades, conserve au dehors un air de féerie qui répond à ces poétiques souvenirs; son aspect nous frappa vivement le soir de notre arrivée, lorsque nous le contemplâmes au clair de la lune, dont les rayons se reflétaient dans ses larges fossés remplis d'eau.

(*) . . . . . « Était furieux de n'avoir point achevé son madrigal.

La cathédrale, du XII° siècle, renouvelée au-dedans, conserve au-dehors son gothique caractère; sa façade est couverte de bas-reliefs intacts représentant la vie de Jésus-Christ, le jugement dernier, l'enfer, le paradis, les sept péchés mortels, de mille emblèmes sacrés, profanes, grotesques et même quelque chose de plus; sur la porte, à gauche, est un buste colossal antique, de marbre grec, donné pour la madonne de Ferrare, une de ces madonnes d'Italie célèbres dans les vieilles histoires de la ville, et du même côté la statue d'Albert d'Este, en habit de pélerin, qui revint de Rome en 1390 et

> Rapporta de son auguste enceinte
> Non des lauriers cueillis au champ-de-mars,
> Mais des agnus avec des indulgences,
> Et des pardons et de belles dispenses,

pièces et bulles que l'on y avait sculptées.

Nous éprouvâmes, à notre grande surprise, dans la petite et pauvre église des *Capucines*, une sensation extrêmement agréable. Au lieu de l'odeur cadavéreuse qui s'exhale trop souvent des églises d'Italie, elle était toute parfumée par la multitude de vases de fleurs qui couvraient ses autels. Un aveugle eût pu s'y croire dans le cabinet d'une sultane. Les saintes filles cultivent elles-mêmes une partie de ces fleurs : le reste leur est offert, c'est une donation, une dîme volontaire, une œuvre touchante de piété.

La bibliothèque de Ferrare ne date que de 1646, mais telle a été l'importance des collections dont elle s'est successivement enrichie, qu'elle est presque au niveau des plus belles bibliothèques pour les manuscrits et les raretés. Elle compte environ 80,000 volumes et 900 manuscrits. Là sont les fragmens manuscrits de quelques chants du *Furioso* (*) très-corrigés. L'Arioste travailla toujours à son poème, quoiqu'il eût été réclamer les conseils de Bembo (qu l'avait invité à l'écrire en latin), de Molza, de Navagero et autres esprits distingués de l'Italie; il en avait la première édition dans une salle de sa maison, afin de prendre l'avis de ceux qui venaient le visiter, consultation perpétuelle dont l'avantage peut fort bien être contesté et que n'approuvait pas Labruyère (**). Les strophes sur l'invention de la poudre à canon sont moins raturées (***); la strophe

Come trovasti, o scellerata e brutta

n'a même aucune correction; mais il paraît que le manuscrit n'est ici qu'une mise au net de la main de l'Arioste, car ce passage fut très-travaillé. On peut remarquer qu'il y avait quelqu'indépendance au poète dans cette éloquente imprécation contre l'artillerie, puisque le duc Alphonse, prince guerrier, était fort occupé de sa fonderie de canons et qu'il avait le plus train de son temps. Alfiéri, s'inclinant devant ce manuscrit, obtint la permission d'y inscrire les mots : *Vittorio Alfiéri vide e venerò*, 18 *giugno* 1783. Le custode, garçon singulièrement solennel et pathétique, s'exprimant *con la cantilena romana*, montre même la trace d'une larme versée par Alfiéri, qui n'a guère répandu de larmes.

(*) Manière des Italiens pour désigner le Roland.

(**) « Il n'y a point d'ouvrage si accompli qui ne fondît tout entier au milieu de la critique, si son auteur voulait en croire tous les censeurs qui ôtent chacun l'endroit qui leur plaît le moins. » Ch. 1. des ouvrages d'esprit.

(***) Cant. xi. St. 21. à 28.

Un manuscrit de cette même bibliothèque, qui n'était pas moins digne que celui de l'Arioste de l'inscription pieuse d'Alfiéri, est celui de la *Jérusalem*, corrigé de la main du Tasse, pendant sa captivité. Les mots *Laus Deo* ont été écrits par ce poète infortuné à la fin de son manuscrit, qui semble avoir quelque chose de sacré, et que l'on ne peut toucher sans admiration et sans respect. On y remarque d'assez nombreuses suppressions; il y a quelquefois jusqu'à plusieurs pages de suite rayées. Une édition de la *Jérusalem*, avec les variantes de ce manuscrit serait intéressante. Si les amateurs relisent la première scène du troisième acte de *Britannicus*, retranchée sagement par Racine, d'après le conseil de Boileau, comme retardant l'action, il est très-probable que les variantes plus nombreuses de la *Jérusalem*, n'offriraient pas des détails moins précieux.

Peut-être le culte renouvelé de nos jours par les Italiens envers Pétrarque et le Dante les a-t-il trop détournés du soin que méritait la gloire du Tasse? Gibbon avait remarqué que, parmi les cinq poètes épiques supérieurs qui brillèrent sur la scène du monde dans l'espace de près de trois mille ans, ce fut une prérogative singulière à un si petit état que celui de Ferrare, d'en compter deux et à des époques si rapprochées.

Cette observation sur la tête épique des habitans de Ferrare, refusée à une grande nation, frappe de nouveau, quand on peut contempler réunis les manuscrits des chantres de Roland et de Renaud. On doit ajouter que *l'Aveugle de Ferrare*, l'auteur du *Mambrino*, espèce d'Homère burlesque de paladins et de nécromans, qui les avait précédés, est l'un des créateurs de l'épopée moderne, et que le poëme du Bojardo a produit celui de l'Arioste. Parmi les autres manuscrits du Tasse sont neuf lettres, datées de l'hôpital Sainte-Anne; nous vîmes exposés les vers suivans, aussi écrits de sa prison au duc Alphonse, au *magnanime* Alphonse !

> Piango il morir, nè piango il mo*r* solo,
> Ma il modo, e la mia fe, che mal rimbomba,
> Che col nome veder sepolta parmi.
> Nè piramidi, o mete, odi Mausolo,
> Mi saria di conforto aver la tomba,
> Ch'altre moli innalzar credea co'carmi. (*)

Il faut avoir lu ces vers de la main du Tasse, à Ferrare, pour sentir les regrets, l'abandon et la douleur qu'ils expriment. On est étrangement surpris que lord Byron ne les ait point imités dans ses *Lamentations du Tasse* : ces larmes du génie sont assurément plus touchantes et plus poétiques que l'espèce d'endurcissement et de rancune imaginés par l'auteur anglais.

La maison de l'Arioste est devenue un des monumens de Ferrare. L'élégante inscription composée par lui,

> Parva, sed apta mihi, sed nulli obnoxia, sed non
> Sordida, parta meo sed tamen are domus,

qui avait long-temps disparu, a été rétablie sur la

(*) « Je pleure ma mort, et je ne pleure pas ma mort seule ;
» mais la manière dont je meurs : ma renommée n'est qu'un son
» funeste et me paraît ensevelie avec mon nom ; je ne serais point
» consolé d'avoir pour tombe les pyramides ou de brillans mauso-
» lées, moi qui croyais m'élever de plus nobles monumens par
» mes vers. » *Rime*, seconde partie, 52, T. III, p. 51. édition de Pise.

façade; au-dessus est l'inscription plus pompeuse de son fils Virginio, qui ne la vaut pas :

> Sic domus hæc areosta
> Propitios habeat deos, olim ut pindarica.

Ce rapprochement avec la maison Pindare a pu recevoir son application lors des dernières et fréquentes occupations militaires de Ferrare, prise successivement par les Français, les Autrichiens et les Russes. Tous ces Alexandres, *payés à quatre sols par jour*, ont imité le héros macédonien, et la maison de l'Homère ferrarais ne paraît pas avoir été moins respectée que celle du poète thébain. Sur la petite terrasse couverte (loggetta) étaient écrits les vers imprimés dans les poésies latines de l'Arioste, sous le titre *de Paupertate*.

Le jardin de l'Arioste avait précédé sa maison :

> Il aimait les jardins, était prêtre de Flore,
> Il l'était de Pomone encore.

L'Arioste bouleversait son jardin comme son poëme : il ne laissait pas un arbre trois mois à la même place, dit son fils Virginio dans ses mémoires; il observait avec attention le développement des graines ensemencées; et telle était son impatiente curiosité, qu'il finissait par briser le germe. Dans son espèce de manie, de délire agronomique, il confondit quelquefois les divers plans qu'il avait semés ; et c'est ainsi que, retournant chaque matin contempler certains câpriers (*capperi*) dont la belle apparence le transportait de joie, ces câpriers ne se trouvèrent plus que des sureaux (*sambuchi*).

L'Arioste avait mis dans son jardin cette inscrip-

tion gracieuse : « Ces arbres que tu vois aujourd'hui
» s'étendre en longues allées, et dont l'ombre épaisse
» ne s'élève plus qu'à la hauteur d'une haie, furent
» jadis un bois qui, de toute part dans le jardin, et
» du côté de la maison et du côté de la route, inter-
» ceptait la vue. Il paraissait alors inutile d'avoir ac-
» quis sept arpens pour que la vue fut ainsi bornée :
» l'ombre jalouse ne permettait pas aux fruits de
» mûrir, aux branches de se développer, aux légu-
» mes de croître. Arioste, le nouvel acquéreur, a tout
» changé, et il souhaite que ses hôtes s'en trouvent
» aussi bien que lui. » (*)

L'Arioste passa les dernières années de sa vie dans cette maison ; mais c'est une erreur de prétendre qu'il y ait composé la plus grande partie de ses ouvrages : il n'a guère pu y travailler qu'aux chants ajoutés au *Furioso*, et peut-être y mettre en vers ses deux comédies de la *Cassaria* et des *Sappositi*, qu'il avait écrit en prose dans sa jeunesse. Il portait la même instabilité de résolution dans l'arrangement

(*) Quæ frondere vides serie plantaria longâ
  Et fungi densæ sepis opaca vicem,
Lucus erant, horti latus impedientia dextrum
  E regione domus, e regione viæ ;
Parta viderestur septena ut jugera frustra,
  Prospectus longi cum brevis esset agri.
Non mites edi fructus, evalescere ramos,
  Crescere non urens umbra sinebat olus ;
Emptor ad hos usus Areostus vertit, et optat
  Non minus hospitibus quam placitura sibi.

Quoique les inscriptions et les vers de propriétaires soient trop souvent suspects, il paraîtra sans doute excusable de les donner ici, puisque ce propriétaire est l'Arioste, et que cette dernière inscription latine ne se trouve dans aucun biographe français.

de sa maison que dans la plantation de son jardin : il paraît y avoir éprouvé les mêmes mécomptes ; plus d'une fois il regretta que cette sorte de changemens ne fût pas aussi aisée que ses corrections poétiques ; et lorsqu'on affectait de s'étonner qu'après avoir décrit tant de palais, il n'eût pas une plus belle maison, il répondait gaiement que les palais qu'il bâtissait dans ses vers ne lui coûtaient rien.

Les traces du séjour de l'Arioste furent indignement méconnues et effacées par les propriétaires de la maison, ses successeurs ; ils vendirent les jardins si bizarrement cultivés par lui, et la grotte où il avait médité disparut. Lorsqu'en 1811, le conseil communal de Ferrare, sur la proposition de M. le comte Jérôme Cicognara, podestat, digne frère du comte Léopold, fut d'avis d'acquérir la maison de l'illustre poète, sa chambre, dont l'emplacement fut reconnu par la disposition des fenêtres, quoique les murailles eussent été souillées par de récentes et mauvaises peintures, mises sur d'autres encore pires, fut nettoyée et blanchie : le badigeonnage cette fois fut secourable aux souvenirs poétiques et d'accord avec le goût : en face de la porte, une belle inscription italienne de M. Giordani fut mise sur une pierre de marbre de Carrare et surmontée du buste de l'Arioste.

La prison du Tasse offrait sur la muraille les noms de lord Byron, de Casimir Delavigne, et les beaux vers de Lamartine :

> Là le Tasse, brûlé d'une flamme fatale,
> Expiant dans les fers sa gloire et son amour,
> Quand il va recueillir la palme triomphale,
>   Descend au noir séjour (*).

(*) Méditation XIVe.

Malgré ces poétiques autorités, malgré l'inscription mise sur la route : *Ingresso alla prigione di Torquato Tasso*, une autre inscription intérieure et la restauration en 1812 de cette prétendue prison par le préfet du département, il est impossible de reconnaître la véritable prison du Tasse dans l'espèce de trou que l'on donne pour elle. Comment supposer un seul instant que le Tasse ait pu habiter sept années et deux mois dans un pareil gîte, y revoir son poëme, et y composer ses divers dialogues philosophiques à la manière de Platon? Aucun des hommes instruits de Ferrare ne croit à cette tradition : un savant distingué, M. Scacerni, qui visitait Ferrare en détail, n'avait pas seulement regardé cette loge. Il est encore une fort bonne raison ; c'est que le Tasse dit qu'il voyait de sa fenêtre la tour du palais qu'habitait Léonore, tandis que sa prétendue loge est tournée d'un côté opposé. Il semble que le sort du Tasse n'a pas besoin pour attendrir, de l'excès de souffrance qu'il eût éprouvé dans ce cachot; l'ingratitude d'Alphonse devait suffire à ses tourmens : quelques dédains de Louis XIV ont fait mourir Racine, et, sur de pareilles âmes, les douleurs morales ont bien plus de prise que les gênes du corps. Mme de Staël, si portée à la commisération envers le malheur illustre, a échappé au roman de la loge de Ferrare; Goëthe, d'après le rapport d'un voyageur spirituel, soutient que la prison du Tasse est un conte, et qu'il a fait là dessus de grandes recherches. Quant à nous, nous avons acquis la conviction que son emprisonnement à l'hôpital Sainte-Anne a bien plus de rapport avec ce que l'on a appelé depuis une détention dans une maison de santé; avec les tracasseries et les vexations de la police, qu'avec une mise au cachot.

Il n'est guère possible non plus d'attribuer la démence dans laquelle le vit Montaigne la seconde année de sa captivité (novembre 1580) à cet excès de continence si délicatement allégué par Ginguené (*); elle doit être attribuée bien plutôt à sa sensibilité, à son inquiétude naturelle qui lui avait déjà donné plus d'un vertige, et surtout « à cette sienne vivacité
» meurtrière, à cette clarté qui l'a aveuglé, à cette
» exacte et tendue appréhension de la raison qui l'a
» mis sans raison, à la curieuse et laborieuse queste
» des sciences qui l'a conduit à la bêtise, à cette rare
» aptitude aux exercices de l'âme qui l'a rendu sans
» exercice et sans âme, » comme dit cet autre poète; car l'imagination du style peut mériter à Montaigne un pareil titre.

En 1583, le Tasse fait une grave maladie, sur laquelle il consulte son ami, le médecin Mercuriale de Padoue; mais on voit qu'il était un malade fort récalcitrant, qu'il ne consentait à prendre que des médicamens agréables, que les médecins même ne lui paraissaient habiles qu'autant qu'ils savaient en trouver, et qu'il ne pouvait se résigner à l'abstinence complète du vin prescrite par Mercuriale. Il semble au moment d'obtenir sa liberté en 1584; Alphonse, sur les instances du cardinal Albano et de la duchesse de Mantoue, la lui promet dans son palais, en présence de chevaliers français et italiens. — Le Tasse était quelquefois mené dans ses courses par le comte Jérôme Pepoli, de l'illustre famille de Bologne, qui s'honore aujourdh'ui d'un des meilleurs poètes de l'Italie, M. le comte Charles Pepoli, mais qui, lui-même, va à pied, et ne pourrait plus que donner le bras à l'auteur de la *Jérusalem*.

(*) Hist. litt. d'Ital. T. v. 248, 9.

L'année 1585 fut, pour le Tasse, une année de calamité. Alors parurent les envieuses critiques de son immortel ouvrage; le chevalier Salviati déclarait, au nom de l'académie de la Crusca, qui venait de s'établir, que « la *Jérusalem* ne méritait point le » titre de poème......, et qu'elle ne rachetait par au- » cune beauté ses innombrables défauts », comme, cinquante ans plus tard, l'académie française débutait aussi, mais avec plus de politesse, par ses *sentimens sur la Tragi-Comédie du Cid* qu'avait rédigés Chapelain.

Enfin Torquato sortit de l'hôpital Sainte-Anne le 5 ou 6 juillet 1586 et vécut encore un peu moins de neuf ans. Malgré les divers asiles qu'il trouva momentanément chez quelques princes ou amis généreux; malgré de courts divertissemens et son tardif et stérile triomphe, un grand nombre de ses lettres sont de véritables pétitions; la mendicité de rue et de carrefour du vieil Homère était moins humiliante que cette mendicité de *gentilhomme* et *d'homme de lettres*, ainsi qu'il le dit lui-même, que cette sollicitation perpétuelle adressée aux riches et aux grands, afin d'en obtenir la table, le logement, des habits ou même quelque parure. Le loisir littéraire auquel il aspire, n'est doux et noble qu'avec l'indépendance et surtout la dignité, comme aurait dit Cicéron. Sa négligence domestique, son inexpérience des affaires, le réduisent aux plus fâcheuses extrémités. A Naples, dont il ne parle jamais qu'avec la plus touchante tendresse, qu'il voulait revoir avant de mourir, qui lui rappelait sa mère, son enfance, qu'il regardait comme une très-chère patrie, un médecin refuse d'aller le voir, parce qu'il ne peut lui payer sa visite; à Rome il reste au lit faute de vêtemens; il se réfugie à l'hôpital des Bergamasques, fondé par un seigneur, cousin de son père; sa vie est une mort continuelle, et dans sa langueur funeste il offre des louanges et l'immortalité à ses différens protecteurs. Le procès qu'il eut à soutenir en 1592, trois ans avant sa mort, contre les héritiers de son oncle et contre le fisc, vint encore mêler les ennuis à tant de maux. Solliciteur et plaideur, tel fut le Tasse pendant cette dernière partie de sa vie; il semble qu'elle devait être encore plus cruelle pour ce poète infortuné que le délire de Sainte-Anne.

Virgile et Jules Romain semblent, par le génie, des souverains sublimes de MANTOUE; le premier règne aux champs, le second à la ville : si les tableaux, si les beautés du poète se retrouvent, se développent encore aux environs de cette belle cité, l'artiste en a fait le plan, il l'a bâtie, peinte, décorée. « Cette ville n'est pas la mienne, disait le duc Fré- » déric Gonzaga, mais celle de Jules Romain. » Il est donc nécessaire de visiter Mantoue, afin d'avoir une juste idée de la puissance de son talent, et l'on ne sait véritablement ce qu'il vaut qu'après l'avoir vu là. Mantoue malheureusement ne se trouve pas sur l'itinéraire direct et invariable des curieux qui courent l'Italie, et elle échappe ainsi à la plupart d'entre eux.

L'ancien palais ducal, dit aujourd'hui *Corte imperiale*, vieux monument, reconstruit en partie par Jules Romain, est vaste, irrégulier, caractéristique. Il respire encore dans sa tristesse et son abandon la magnificence de ce marquis de Mantoue, François Gonzaga, prédécesseur de Frédéric, dont la représentation, au dire du comte Castiglione, était plutôt celle d'un roi d'Italie que du seigneur d'une simple ville. Les Gonzague, au lieu d'usurper la souveraineté de leur patrie aux dépens de sa liberté, y renversèrent l'insolente tyrannie de la famille des Bonaccolsi, à laquelle ils étaient alliés. Capitaines, généraux, marquis et ducs de Mantoue, ils firent singulièrement fleurir les lettres et les arts, malgré la petitesse de leur état et les guerres fréquentes auxquelles ils furent mêlés. Philelphe et Victorin de Feltre, l'ami prudent de Poggio, professèrent à Mantoue; Mantegna y fonda son école de peinture: Léon-Baptiste Alberti, son école d'architecture, et ces grands artistes eurent pour successeurs Jules Romain et son camarade le Primatrice.

La bibliothèque a 80,000 volumes et 1,000 manuscrits. Parmi ces derniers sont un *Findare*, l'Hécube, l'Oreste, et les Phéniciennes d'*Euripide*, peu anciens; un très-beau *Panégyrique de Trajan* : un manuscrit de Virgile peu ancien, fut pris, d'après l'inscription actuelle, au mois de vendémiaire an VII; il était véritablement odieux d'arracher un Virgile à Mantoue : là il devait être sacré. Un exemplaire de l'édition exécutée aux frais de la duchesse de Devonshire (*), fut offert par elle à cette bibliothèque, ainsi qu'un exemplaire de l'édition de Bodoni donné par le général Miollisen, 1798, nobles présens faits à la patrie du poète par les descendans civilisés et victorieux de peuples qu'il appelait barbares.

La bibliothèque de Mantoue possède de nombreux manuscrits du P. Bettinelli, parmi lesquels sont plusieurs lettres de Voltaire et les réponses de Bettinelli; les lettres de Voltaire ne se trouvent point dans l'édition de Kehl ou ont été refaites par l'im-

---

(*) Rome, de Romanis, 1819.

pression : une de ces lettres, du 24 mars 1760 ; en réponse aux remarques de Bettinelli sur quelques erreurs de l'*Essai sur les Mœurs* relatives à l'Italie et à la littérature italienne, est singulièrement curieuse : « Vous ajoutez encore à mon estime pour
» l'Italie, lui dit-il : je vois plus que jamais qu'elle
» est en tout notre maîtresse ; mais puisque nous
» sommes à présent des enfans drus et forts, qui
» sommes sevrés depuis long-temps, et qui marchent
» tout seuls, il n'y a pas d'apparence que j'aille voir
» notre nourrice, à moins que je ne sois cardinal » (*).

Lorsque l'église Saint-Maurice était devenue Saint-Napoléon, un général français distingué, M. le général Grenier, a noblement fondé, en 1807, une chapelle militaire où sont rassemblés des inscriptions et les tombeaux de guerriers tués dans les guerres d'Italie et pendant le siége de Mantoue. On y voit encore l'inscription mise sur le cénotaphe de Jean de Médicis, chef intrépide, blessé à mort à trente-neuf ans, dans lequel Machiavel entrevoyait un libérateur de l'Italie ; le dernier trait est remarquable et confirme cette espérance : *Ad mincium tormento ictus Italiæ fato potiusquam suo cecidit*. Cette chapelle est comme le mausolée de braves de nations diverses. Là sont réunis le capitaine de Charles-Quint, l'officier de Louis XIV, le soldat de Napoléon ; les morts français sont les plus nombreux, et l'on y sent à juste titre que l'Italie a été appelée le tombeau de la nation. Que les Français forment des vœux pour l'Italie, qu'ils

---

(*) Cette lettre a été publiée pour la première fois dans l'ouvrage instructif de M. Camille Ugoni : *Della letteratura Italiana nella seconda metà del serolo* XVIII. Brescia, 1821, T. II. p. 9 et suivantes.

aident à propos à sa délivrance, mais qu'ils se rappellent toujours les vers prophétiques de son poète :

> .... Chi poi succederà, comprenda
> Che, come ha d'acquistar vittoria e onore
> Qualor d'Italia la difesa prenda
> Incontra ogn'altro barbaro furore;
> Cosri s'avien ch'a dannegiarla scenda,
> Per porte il giogo e farseno signore,
> Comprenda, dico, e rendasi ben certo
> Ch'oltre a quei monti avrà il sepolcro aperto (*).

Le château, les portes, les ponts de Mantoue, sont d'un aspect imposant. Un habile élève de Jules Romain a fait le vestibule et les portiques du château; et dans une salle des archives quelques débris de fresques de Mantegna offrent encore les portraits des Gonzague, au plafond les douze Césars et de petits génies légers, joyeux, élégans.

La porte du pont *dei Mulini*, d'ordre dorique, majestueuse, est de Jules Romain; elle conduit à la citadelle, autre espèce de ville, mais qui n'a pas le caractère grandiose, les beautés pittoresque et presque poétiques des fortifications assises parmi les rochers ou sur un sol inégal; elle présente seulement un plat et vaste assemblage de tranchées, de bastions, de fossés, et n'offre à l'œil qu'une froide réunion de lignes géométriques : défendue opiniâtrement en 1797 par Wurmser, héroïquement assiégée par Bonaparte, la citadelle de Mantoue est comme la dernière et la

---

(*) « Que les rois de France sachent bien qu'autant ils acquerront » d'honneur et de gloire en défendant l'Italie de la fureur des bar-» bares, autant, s'ils veulent s'en rendre maîtres et l'opprimer, ils » doivent être surs de trouver leur tombeau par de là les monts. » Orland. Cant. XXXIII. St. 12.

plus décisive conquête des vainqueurs successifs de l'Italie.

La tour *della Gabbia* (ou de la Cage) a revu la terrible cage de fer, instrument d'un de ces cruels supplices du moyen âge qui ne peut plus être contesté (*). La vue de cette tour est la plus belle de Mantoue; au moyen des télescopes et des longues-vues qu'y a mis l'attentif propriétaire, M. le marquis Guerrieri, elle s'étend jusqu'aux collines du Bressan et du Véronais.

Le palais du *Diable* a dû son étrange nom à la rapidité avec laquelle Pâris Ceresara le fit élever et à l'opinion vulgaire qui voulait voir dans ce savant un magicien; il est maintenant garni de boutiques, et la superbe frise sur laquelle Pordenone avait peint de gracieux génies, est effacé par le temps.

Au milieu d'une ville de garnison telle qu'est aujourd'hui Mantoue, et après les fréquens désastres qu'elle a soufferts, on éprouve quelque surprise d'y retrouver encore autant de traces et de souvenirs de la littérature et des arts, et les maisons de Pindare y semblent assez nombreuses.

La plus remarquable de ces maisons illustres est celle de Jules Romain, demeure élégante bâtie par lui, et dans laquelle il mourut comblé de biens et d'honneurs par le duc Frédéric Gonzaga et son frère le cardinal. Malgré son génie, Jules Romain ne rougissait point d'être propriétaire; il savait fort bien se faire payer, et l'on voit par un grand nombre de lettres de sa main, conservées dans les archives de Mantoue, la liberté avec laquelle il déclare nettement

(*) Cette cage avait disparu en 1796; elle a été remise à sa place en 1814.

au duc Frédéric, que si l'argent n'arrive point, il ne pourra continuer son ouvrage.

Nous ne quitterons point Mantoue sans faire un pélerinage à *Pietola* qu'une tradition assez incertaine regarde comme l'ancien Andès, la patrie de Virgile :

> Mantua musarum domus, atque ad sidera cantu
> Evecta andino, et smyrnæis æmula plectris.

Cette tradition a toutefois prévalu; le Dante a chanté Pietola :

> E quell' ombra gentil per cui si noma
> Pietola più che villa Mantovana (*),

et il fut visité par Pétrarque. Une autre circonstance semble ajouter à l'illustration littéraire de ce petit village : c'est à Pietola, dans l'ancien palais des ducs de Mantoue, encore appelé la *Virgiliana*, que le cardinal de Médicis, depuis Léon X, trouva un secret asile quand il s'échappa des mains des Français, qui l'avaient pris à la bataille de Ravenne. Lors de la campagne d'Italie, le nom de Virgile ne fut pas moins secourable aux paysans de Pietola, que celui de Catulle ne l'avait été aux habitans de Sermione; ils furent indemnisés de leurs pertes et exemptés de la contribution de guerre. Une fête fut célébrée par le général Miollis; mais il n'y a plus aujourd'hui de traces du pompeux obélisque qu'il avait érigé et de son bizarre temple d'Apollon, avec ses figures de saints et de saintes transformés, par économie, en divinités mythologiques.

Le bâtiment de la *Virgiliana* est très-délabré, et le jardin n'est qu'une espèce de potager assez négligé,

---

(*) Purgat. cant. xviii., 83. « Cette ombre gracieuse qui rend » Pietola plus célèbre qu'aucun autre lieu du Mantouan. »

auquel les soins du vieillard du Galèse seraient fort nécessaires.

Avant d'arriver à Vérone par la route directe on traverse la forteresse de Peschiera, élevée à l'endroit ou le Mincio sort du lac :

> Siede Peschiera, belloe forte arnese
> Da fronteggiar Bresciani e Bergamaschi
> Onde la riva intorno più discese (*).

La forteresse de Peschiera est une de ces citadelles qui sont comme autant d'anneaux de la chaîne pesante qui environne l'Italie. L'aspect de ces forteresses, cités de la conquête, a quelque chose de sombre : là tout est différent de l'aspect ordinaire des villes, mœurs, vêtemens, langage : Un morne silence y règne, on ne peut y aller au pas, il semble qu'on y respire moins librement, que cette partie de la route est une sorte de captivité : le despotisme quelquefois vague et contestable s'y voit, s'y sent, s'y touche, et, après avoir franchi cette redoutable enceinte, ces cours, ces ponts, ces fossés, ces glacis, cette terre façonnée pour la destruction, ces gazons escarpés et courts qui, au lieu d'être parsemés de fleurs, sont couverts de boulets et d'artillerie, l'on éprouve une sorte de tressaillement et d'aise (**).

Vérone, avec ses vieilles murailles flanquées de tours, ses ponts dont les parapets sont des créneaux,

---

(*) Dant. Infern. xx. 70-773. « A l'endroit où la rive est plus » basse, est Peschiera, belle et forte citadelle, capable de couvrir » le territoire des Bressans et des Bergamasques. »

(**) Peschiera n'était plus qu'une bicoque vers la fin du gouvernement de Venise : cette citadelle fut réparée par un homme d'un mérite supérieur, M. le général Haxo, un des premiers officiers du génie dont la France s'honore, qui en fut gouverneur : depuis elle a encore été augmentée.

ses longues et larges rues et ses souvenirs du moyen âge, a une sorte de grand air qui impose. Une pareille ville devait être la capitale et le digne séjour de ce Can-Grande della Scala, Auguste du moyen âge, qui recevait dans sa cour littéraire le Dante et d'autres poètes et écrivains proscrits. Un de ces réfugiés a donné le détail de la noble et ingénieuse hospitalité du seigneur de la Scala. « Divers appartemens,
» selon leur diverse condition, leur étaient assignés
» dans le palais : à chacun il avait donné des domes-
» tiques et une table servie avec abondance. Leurs
» divers appartemens étaient indiqués par des sym-
» boles et des devises : La victoire pour les guerriers,
» l'espérance pour les exilés, les muses pour les poè-
» tes, Mercure pour les artistes, le Paradis pour les
» prédicateurs. Pendant le repas, des musiciens, des
» bouffons et des joueurs de gobelet parcouraient ces
» appartemens; les salles étaient ornées de tableaux
» (peints par Giotto) qui rappelaient les vicissitudes
» de la fortune » (probablement d'après les inspirations du Dante, son ami); « et le seigneur de la Scala
» appelait quelquefois à sa propre table quelques-
» uns de ses hôtes, surtout Guido de Castello de
» Reggio, que pour sa sincérité, on nommait le simple
» Lombard, et Dante Alighieri, homme alors très-
» illustre et qui le charmait par son génie » (*).

Cette hospitalité accordée au Dante a été immortalisée par les vers célèbres du poète, les plus beaux, les plus attendrissans que l'exil ait inspirés :

> Qual si partì Ypolito d'Atene
> Per la spietata e perfida noverca
> Tal di Fiorenza partir ti conviene.

(*) Sagacius Mucius Gazata, historien de Reggio cité en partie par M. Sismondi. H. D. R. G.

Questo si vuo'e, e questo già si cerca;
E tosto verrà fatto a chi ciò pensa
Là dove cristo tutto dì si merca.

. . . .
. . . .
. . . .

Tu lascerai ogni cosa diletta
Più caramente; e questo e quello strale
Che l'arco dell'esilio pria saetta.

Tu proverai sì come sa di sale
Il pane altrui, e com'è duro calle
Lo scendere e'l'salir per l'altrui scale.

E quel che più ti graverà le spalle,
Sarà la compagnia malvagia e scempia
Con la qual tu cadrai in questa valle.

. . . .
. . . .
. . . .

Lo primo tuo rifugio e'l primo ostello
Sarà la Cortesia del gran Lombardo
Che'in su la scala porta un santo uccello. (*)

(*) Parad. xvii. 46. suiv. « Tel qu'Hippolyte parti d'Athènes par
» la perfidie de son impitoyable marâtre, ainsi il te faudra partir de
» Florence. Voilà ce que l'on veut, voilà ce que l'on cherche; et ce
» qui se médite sera bientôt fait là où le Christ tous les jours se
» marchande........ Tu quitteras les objets de ta plus chère tendresse :
» c'est le premier trait qui part de l'arc de l'exil. Tu sentiras com-
» bien est amer le pain de l'étranger, et combien il est dur de des-
» cendre et de monter l'escalier d'un autre. Et ce qui pèsera davan-
» tage sera la compagnie malfaisante et divisée avec laquelle tu tom-
» beras dans ce gouffre...... Ton premier séjour et ton premier refuge
» sera près du généreux et grand Lombard, qui a pour armes le saint
» oiseau sur une échelle d'or. » La fierté du Dante ne put toutefois
s'accommoder à la fin de la vie du palais de Can-Grande et de l'inso-
lence de ses courtisans. Ceux-ci pourraient bien avoir détruit l'effet
des bienveillantes intentions de leur maître.

Les tombeaux des magnifiques seigneurs de Vérone, espèces de longues pyramides gothiques surmontées de la statue équestre de chaque prince, sont un des monumens les plus curieux de la ville; mais ces vieux tombeaux, en plein air, sont dans une place trop étroite. Le plus splendide de ces tombeaux, et l'un des plus beaux du XIVe siècle, n'est pas celui de Can-Grande, mais de Can-Signori, son troisième successeur, héritier du frère de Can-Grande II, qu'il avait assassiné publiquement sur son cheval, au milieu de la rue, près de son palais, et qui, dans ses derniers momens, fit étrangler son plus jeune frère, Albain, dans sa prison ; il voulait assurer la succession à ses bâtards, Antoine et Barthélemi, dont le premier, à peine sur le trône, fit poignarder l'autre. Jamais tant d'exemples de fratricides ne furent aussi rapprochés que dans cette chapelle, et la fable a conté moins d'horreurs des frères ennemis de Thèbes, que l'histoire n'en rapporte de ceux de Verone.

Afin d'échapper à ces terribles souvenirs, nous nous informâmes des amours de Romeo et de Juliette :

Flos veronensium depereunt juvenum ;

vers de Catulle, appliqué à des amours bien moins honnêtes, et que l'on dirait imité par Shaskspeare :

Verona's summer hath not such a flower;

Trait que M. Emile Deschamps, dans une traduction dont la vérité est le premier charme, a rendu naturellement par

C'est la plus belle fleur du printemps de Vérone.

Nous vîmes dans un jardin qui fut, dit-on, autrefois un cimetière, le prétendu sarcophage de l'é-

pouse de Romeo. Cette tombe de Juliette est à la fois
l'objet d'honneurs excessifs et d'étranges indignités :
madame de Staël et un antiquaire fort instruit de Vérone
la regardent comme véritable. Une grande princesse (*) a fait monter un collier et des bracelets de la
pierre rougeâtre dont elle est formée; d'illustres étrangères, de belles femmes de Vérone, portent un petit
cercueil de cette même pierre, et les paysans dans le
jardin desquels se trouve le poétique sarcophage,
y lavent leurs laitues. La *Capelletta*, d'après une
tradition populaire, mais erronée, prendrait encore
son nom de la famille des Capulet, et quelques voyageurs enthousiastes en ont dernièrement dessiné
l'intérieur. Le souvenir des amours de Roméo et de
Juliette a été renouvelé en Italie par les Anglais qui
voyagent; la pièce de Shakspeare l'a rendu populaire.
Le Dante, Shakspeare, semblent ainsi, l'un par son
ouvrage, l'autre par ses malheurs, se rencontrer à Vérone, et l'imagination se plaît à rapprocher deux génies
si grands, si terribles, si créateurs, les plus étonnans
peut-être de toutes les littératures modernes.

L'AMPHITHÉATRE de Vérone a été mille fois et
savamment décrit. Il y avait au milieu de ce vaste
cirque, lorsque nous le vîmes, un petit théâtre de
marionnettes, fait de planches, et qui formait un
étrange contraste avec les beaux gradins de marbre
et la solidité égyptienne des voûtes et des arcades
dont il était entouré. C'est ainsi que dans l'histoire
des nations une magnifique scène est quelquefois occupée par des personnages ridicules.

L'extérieur de l'amphithéâtre est habité par les
basses classes de la ville. Il semble cependant que les

(*) S M. Marie Louise, archiduchesse de Parme.

voyageurs s'indignent quelquefois un peu trop contre cette espèce d'occupation des monumens antiques par le peuple. Celui-ci nuit moins au pittoresque de ces débris, que l'habitation des classes plus élevées ou l'exercice d'une industrie plus élégante ; la forge dont le théâtre resplendit la nuit au fond de l'amphithéâtre de Vérone, est d'un plus bel effet que les lumières qui éclaireraient de brillans appartemens, ou le gaz de quelque café ou magasin nouveau. C'était peut-être à l'ancêtre de cet artisan, locataire de ruines, que le Dante, exilé à Vérone, disait en jetant ses outils dans la rue : « Si tu ne veux pas que je gâte » tes affaires, ne gâte pas les miennes : tu chantes » mon livre et tu ne le dis pas comme je l'ai fait : ce » sont mes outils à moi et tu me les gâtes. »

CHAPITRE VI.

SUITE DE VÉRONE.

Les églises de Vérone sont nombreuses, magnifiques et pleines de souvenirs. Là, comme dans beaucoup d'autres villes d'Italie, la principale église n'est point la cathédrale, mais l'église de quelque saint populaire, puissant par la parole plutôt qu'éloquent, bienfaiteur du pays, et dont le temps est ordinairement le plus national de la ville : c'est ainsi que Saint-Zenon, Saint-Antoine, Saint-Pétrone, sont véritablement les premières églises de Vérone, de Padoue, de Bologne, fort supérieures à la cathédrale avec son archevêque titré et ses riches chanoines. Les plus anciennes constructions de Saint-Zenon sont du neuvième siècle; par une espèce de miracle, cette église a jusqu'ici échappé aux travaux éternels des *artistes de Côme*, comme disait Algarotti pour désigner les maçons qui venaient de cette ville, et son aspect est encore singulièrement vénérable. Les portes de bronze, travail curieux, offrent des emblèmes grotesques : dans l'église majestueuse et sombre, est la statue du Saint, en marbre rouge de Vérone ; il semble éclater de rire : la couleur du marbre donne au visage quelque chose de rubicond qui ajoute encore à son air jovial. Ce Zénon chrétien paraît contraster avec le chef de la secte stoïque. Son tombeau même offre des figures bizarres des premiers temps, et près de là, parmi les arabesques de l'archivolte de l'un des escaliers du chœur, il en est un qui représente deux coqs portant un renard pendu à un bâton,

Honteux comme un renard qu'une poule aurait pris,

allusion inconnue, moralité profonde du moyen âge qu'eût sans doute expliqué La Fontaine.

Roland et Olivier semblent comme en faction à la porte de la cathédrale ; ils sont sculptés debout sur les pilastres gothiques de la façade, au milieu de mille figures symboliques, de griffons, de lions, d'oiseaux, de fruits, de chasseurs, de prophètes et de guerriers ; ils portent la moustache haute, l'épée nue comme à Roncevaux, et c'est là Durandal, car son nom s'y lit encore ; mais les armures singulières des deux guerriers ne se ressemblent pas. Au-dessus de la porte sont les figures de trois reines qui ont contribué à la fondation de l'église, Bertrade, mère de Charlemagne, sa femme et sa fille Ermengarde, femme de Didier, princesses qui, depuis, sont devenues les trois vertus théologales, et au-dessous desquelles sont écrits les mots, *fides*, *spes*, *caritas*. Cette dernière vertu, la charité, ainsi qu'un antique bas-relief représentant l'*Adoration des mages*, est à demi couverte et presque effacée par les armoiries de l'archevêque : on dirait une épigramme sculptée.

Dans la cour et sous le péristyle du théâtre, péristyle ouvrage de Palladio, est le recueil des inscriptions étrusques et de bas-reliefs grecs et romains formés par le marquis de Maffei, et donné par lui à sa ville natale, musée que ses amis voulaient appeler Mafféien, et auquel il donna le nom de *Musée Véronais*. L'érudition de cet homme de bien, si vive, si dévouée, si constante, est presque du patriotisme.

Au-dessus de la porte du théâtre se voit enfin le buste voté par l'académie de Vérone, et l'inscription en son honneur, qu'il ne cessa de refuser pendant sa vie, que ces concitoyens placèrent une fois en son absence, et qu'il fit disparaître à son retour; exemple rare de la sincérité de ce genre de modestie. Combien de monarques, de conquérans, ont succombé aux honneurs de la statue, et, après une feinte résistance, se sont doucement résignés à être immortels! Le marquis de Maffei ne méritait point l'indigne tour que lui joua M. de Voltaire, qui, après lui avoir dédié sa *Mérope*, fit, sous un nom supposé, contre la *Mérope* italienne, un véritable pamphlet rempli de quolibets et d'injures : comme si quelques imitations pouvaient affaiblir le mérite d'un tel chef-d'œuvre. Maffei s'était montré plus généreux envers un autre poète italien, le comte Torelli, écrivain distingué du seizième siècle, auteur aussi d'une tragédie sur Mérope, insérée par Maffei dans son *Choix de tradégies italiennes*, malgré l'intérêt personnel, remarque Ginguéné, qu'il pouvait avoir à l'en écarter. A l'entrée du théâtre, non loin du simple buste de Maffei, c'étaient, il y a quelques années, deux grandes statues en pieds de moines augustins, des révérends pères Pavinio et Noris, ouvrage de Vicentin Aglio, transportées là du couvent de Sainte-Euphémie, qui paraissaient singulièrement placées à l'entrée d'une salle de spectacle, et qui ont été fort convenablement renvoyées dans l'église de Sainte-Anastasie.

Le nom de Véronne se rattache aux événemens mémorables de l'histoire contemporaine. Elle fut quelque temps l'asile d'un auguste exilé et de ses compagnons fidèles. Mais ces nobles réfugiés n'y rencontrèrent point l'hospitalité du seigneur de la Scala, et, dans leur tristesse profonde, ils n'eussent point accepté ses joyeuses consolations.

Vérone devint un de ces rendez-vous de rois et d'empereurs, grandes consultations politiques, que le malheur et l'agitation de l'Europe ont rendus fréquens de nos jours : l'histoire de ce congrès vient d'être tracée par l'homme le plus éloquent et le plus habile écrivain dont s'honore la France : après lui, il y aurait plus que de la témérité d'énoncer une opinion sur les faits qui s'y sont passés.

L'impression que laisse Vérone n'est pas moins vive que son premier aspect n'est frappant; elle réunit de beaux monumens de diverses époques, de l'antiquité, du moyen-âge, et de la renaissance, tels que l'amphithéâtre, la chapelle des Scaligers, et les palais de San Micheli et de Palladio ; enfin ce quartier-général autrichien, pour le royaume Lombard, produit encore l'effet d'une belle capitale.

Nous avons visité sur la colline d'Incaffi, la maison qu'habita Frascator, située au pied de Montebaldo, entre l'Adige et le lac de Garda. Frascator n'est plus qu'un nom, et cependant il fut un des premiers hommes de son siècle; physicien, astronome, grand médecin, grand poète, il est un nouvel exemple des rapports, qui, depuis Apollon, semblent exister entre les deux arts dans lesquels il a excellé, entre l'inspiration du poète et le *coup d'œil* du médecin. La vie honorable et pure de Frascator ajoute encore à l'admiration pour ses talens : généreux, sensible, secourable (*), il jouit, à Incaffi, des vrais biens de l'âme, les lettres et l'amitié.

(*) De Thou rapporte qu'il exerçait gratuitement la médecine.

Notre promenade du matin à la maison de Frascator et aux environs est un de nos plus doux souvenirs : le roc de Minerbe, de l'autre côté du lac de Garda, frappé des premiers rayons du soleil, semblait comme un bloc de granit rose : du rocher qui forme la cîme de la hauteur du rocher d'Affi, nous dominions d'un côté tout le lac, de l'autre la vallée de l'Adige, et devant nous étaient les hautes montagnes du Tyrol.

C'est au pied de cette hauteur que fut défait et pris, à la bataille de Rivoli, le général autrichien Lusignan malgré la beauté de son nom, par ces généraux français de la république, jeunes et nouveaux maîtres de l'art de la guerre, vainqueurs des tacticiens de la vieille école, battus probablement dans toutes les règles. Nous avions sous les yeux le champ de bataille de Rivoli, vallon resserré, victorieuses Thermopyles, dans lequel tout autre armée se serait rendue sans l'intrépide fermeté de son chef, qui, le soir même, allait détruire et prendre Provera sous Mantoue. C'étaient là les beaux jours de Bonaparte. Nous retrouvâmes, en visitant dans la journée le champ de bataille même et l'immortel plateau, la trace des trois canons de la batterie française, sillon glorieux que la terre, aujourd'hui parée de gazon et de fleurs, semble garder avec orgueil.

La bataille de Rivoli est un des premiers faits d'armes de l'histoire militaire du monde ; l'admiration qu'elle excite redouble encore à l'aspect des lieux, qui rendent plus sensibles la rapidité, le courage et la

---

Une de ses pièces les plus touchantes est l'Epître sur la mort de ses deux enfans, adressée à l'un des trois frères Torriani, ses amis :

Batte, animos quando tristes, curasque levare
Muso potest. . . . .

constance des combattans : pour ajouter au prodige de cette journée, c'étaient deux généraux italiens, Bonaparte et Masséna, qui triomphaient en Italie, sinon pour elle.

Azzano fut le séjour de la grande Isotte Nogarola, femme savante, philosophe et théologienne, célèbre par son dialogue sur la faute de nos premiers parens, dans lequel elle plaide pour Eve contre Adam, défendu par son frère devant le podestat Navagero, qui donne ses conclusions. La scène se passe le matin à Azzano; et les avocats et le juge, comme il était alors d'usage, prennent leurs argumens dans Aristote, Cicéron, Hyppocrate même, Ovide et les Pères. Isotte a composé une élégie latine en l'honneur d'Azzano, dont elle fait poétiquement remonter le nom à la nymphe de Sicile, Cyané, chargée par Cérès de garder sa fille; soin dont elle s'est assez mal acquittée, et qui, après l'enlèvement de Proserpine, s'était enfuie en Italie.

L'ancien manoir d'Isotte n'est aujourd'hui qu'un château tout neuf, non encore achevé, avec un pan à l'anglaise, de grandes prairies et une belle rivière aussi nouvellement créée. Son allée existe encore : elle est fermée par une vieille grille, et l'on y voit quelques vieux chênes décrépits, ses contemporains.

La grande Isotte Nogarola, quoique morte dans un âge peu avancé, obtint par son savoir et ses écrits une haute célébrité; un de ses principaux avait été son discours adressé au pape Pie II et aux princes réunis à Mantoue, afin de les inviter à se réunir contre les Turcs; elle avait mérité les éloges d'Ermolao Barbaro, de Mario Philelphe, et excité l'admiration du cardinal Bessarion, qui de Rome était venu la visiter à Vérone. Un tel suffrage suffit à sa gloire. Au milieu de ce grand mouvement intellectuel de la renaissance, les femmes ne furent ni sans zèle, ni sans ardeur : c'étaient des reines, des princesses, des dames de la plus haute naissance qui se livraient avec enthousiasme aux nouvelles études : le premier livre grec imprimé en Italie, la Grammaire de Constantin, Lascaris, avait été composé pour une femme, la fille du duc François Sforze, mariée au prince Alphonse, depuis roi de Naples; l'Arioste a donné la liste poétique et incomplète de ces femmes illustres qui aimèrent, cultivèrent et protégèrent les lettres. Cette haute origine de la science semble lui avoir conservé chez les Italiens une sorte de dignité qu'elle n'a point ailleurs : leur instruction, profonde quand elle n'est pas nulle, n'a point le caractère pédantesque des femmes savantes françaises ou des bas bleus d'Angleterre. Ce savoir, qui se rattache à la découverte de l'antiquité, a quelque chose de grand et de viril; il ne date point de l'hôtel Rambouillet, et n'a point été à sa naissance immortalisé sur la scène par le ridicule. Le pays, l'aspect des lieux, les noms qu'ils portent, les souvenirs qu'ils rappellent, rendent aussi en Italie l'érudition des dames moins étrange, et leur latin y paraît moins une langue savante qu'une autre espèce de langue maternelle. Nous avons connu quelques-uns de ces docteurs de Vérone, de Padoue, de Venise, de Bologne : c'étaient des femmes aimables, gaies, naturelles, d'excellente compagnie : moins agitées, moins tourmentées, moins passionnées peut-être que Corinne, elles n'avaient pas moins de charme dans l'esprit ou le caractère.

Le pont naturel de Véja, dans les montagnes du Véronais, est une des choses plus curieuses que nous ayons rencontrées. On dirait que la nature n'a pas craint de donner aussi son morceau d'architecture (comme Scamozzi appelait ce pont) dans le pays même qui, depuis Vitruve, né à Vérone, jusqu'à San Micheli, Scamozzi et Palladio, semble la patrie des plus grands architectes. L'arche majestueuse du pont de Véja est de rocher, et sa rivière, limpide cascade qui ne tarit jamais, coule au milieu du gazon, de jeunes arbrissaux, glisse sur une large pierre polie par ses eaux, garnie, encadrée d'un lit de mousse, et forme, plus bas, une charmante fontaine. Ce pont sauvage est décoré de légers festons de verdure, qui pendent pittoresquement et que le vent balance au-dessous de son arche. Les vallées voisines que l'on traverse avant d'y arriver, sont véritablement infernales pour l'aridité et la désolation. Le Dante avait parcouru ces montagnes; il est fort probable que le pont de Véja lui donna l'idée des ponts de son Enfer, dont le pont jeté sur le cahos par Milton, entre l'enfer et la terre, est une grande imitation. Premier type des ponts de l'enfer chrétien, machine nouvelle, et qui ne se trouve point dans les peintures du Tartare, le pont de Véja aurait ainsi, comme on voit, une rare importance poétique. Nous avons déjà remarqué, au sujet de Roméo et Juliette, la rencontre de Shakspeare à Vérone; Milton se retrouve aux environs. Singulière inspiration du génie des premiers poètes anglais, dont la source est au pied des Alpes, et dans une province d'Italie !

A côté du pont de Véja est une grotte souterraine, longue et haute caverne couverte de rochers. Si le Dante la visita jamais, et si les Cicérone qui le conduisirent eurent le même luxe de torches, et jetant une aussi noire fumée que les nôtres, il put trouver dans cette expédition comme une scène de démons pour son poëme; mais la mare bourbeuse de la grotte était bien loin de ce fleuve de l'Enfer formé des larmes de tous les malheureux.

Arcole est un de ces noms rendus magiques par la victoire, un de ces lieux qui témoignent des plus grands efforts du courage français. La méprise du général, si elle existe (*), est ici réparée et couverte par l'intrépidité du soldat. L'obélisque élevé sur le bord de l'Alpon, en mémoire de la bataille d'Arcole, est encore debout, mais il est dépouillé de ses inscriptions. La couronne de fer, l'N impérial, ont disparu, et leurs traces inspirent moins de regrets. C'est Buonaparte, c'est le général de l'armée d'Italie, que l'on cherche à Arcole; le capitaine est là bien au-dessus du prince; la couronne de chêne des triomphateurs de Rome aurait mieux été à ce monument, que la gothique couronne des rois Lombards.

A côté de l'obélisque mutilé est un arbre desséché qui semblait associer le deuil de la nature à celui de la gloire. Une troupe de moissonneuses travaillaient

(*) Napoléon paraît avoir répondu au reproche qui lui avait été adressé d'avoir mal choisi son point d'attaque, et de n'avoir point passé l'Alpon à son embouchure, le premier ou le second jour de la bataille, comme il le fit le troisième : l'armée française avait éprouvé des revers depuis huit jours, il ne pouvait s'exposer dans la plaine avec treize mille hommes contre trente mille, et l'équilibre ne fut un peu rétabli entre les deux armées le troisième jour, par les avantages obtenus successivement les deux premiers. *Mémoires pour servir à l'Histoire de France sous Napoléon, écrits à Sainte-Hélène, par les généraux qui ont partagé sa captivité.* T. Ier écrit par M. le général Montholon, p. 19.

7

dans les champs voisins; une d'elles, armée d'une faucille, voulait nous expliquer cette grande bataille de trois jours, livrée après la *Saint-Martin* (*), quand l'Alpon était bien plus enflé que nous ne le voyions, car ce torrent n'avait alors qu'un filet d'eau.

Le petit pont d'Arcole (qui n'a point les grandes proportions qu'on lui donne dans les estampes patriotiques) est resté de bois et sans parapet : il aurait pu être fait de pierre à l'occasion du monument qui, dans sa magnificence impériale et militaire, semble un peu égoïste. Un pont de village a son prix, même à côté de l'obélisque le plus glorieux et le plus mérité.

La vallée de *Ronca*, environ à quinze milles de Vérone, est célèbre en Europe par ses coquillages, ainsi que la carrière d'un schiste calcaire remplie de squelettes de poissons fossiles, appartenant à des mers lointaines, d'espèces ignorées ou perdues, et entassées au pied de la montagne *Purga di Bolca*, preuves certaines des révolutions de notre globe, victimes et débris de catastrophes reculées, monumens curieux, antiques de la nature, reconnus, expliqués de nos jours par de savans et ingénieux interprètes (**).

Nous nous arrêtâmes une nuit à *Montebello*, gîte affreux et gros village qu'encombraient alors un nombreux détachement d'infanterie autrichienne en pas-

---

(*) La bataille eut lieu du 15 au 17 novembre 1796.

(**) Voyez la dernière édition des *Recherches sur les ossemens fossiles* par M. le baron Cuvier. T. IV. p. 218 et suivantes, et la *Description géologique des environs de Paris*, par le même et par M. Alexandre Brongniart, insérée dans cette dernière édition, T. II. p. 426 et suivantes.

sage, mais qui nous rappelait une victoire, et l'un des nouveaux noms historiques de la France.

Vicence est célèbre par la naissance et les palais de Palladio, dont le goût, à l'époque même de la décadence, s'y est constamment transmis et maintenu. Mais la saleté de la ville, et les vilaines boutiques de la place, nuisent à la beauté de ses monumens. Une ordonnance de police serait là singulièrement utile à l'art.

Le palais public, appelé la Basilique, est une vaste et magnifique restauration, qui a commencé et étendu la réputation de Palladio : cette ancienne construction gothique, renouvelée sans disparaître par un si habile maître, est devenue un chef-d'œuvre plein de goût, de correction et de pureté.

Le théâtre olympique de Vicence, construit aussi sur les dessins de Palladio, après sa mort, est un monument noble, élégant, curieux; il a la forme d'un théâtre antique. Les membres de l'Académie olympique, qui le firent bâtir, y représentaient, dans le seizième siècle, les pièces de Sophocle et d'Euripide, traduites en vers italiens, imitations stériles qui, jusqu'au temps d'Alfiéri, devaient laisser l'Italie sans théâtre tragique. « L'inauguration du théâtre de Vicence, dit M. Daru, fut faite par l'académie olympique de cette ville, qui représenta l'Œdipe grec, traduit par Orsato Justiniani, noble vénitien » (*).

Au dehors de Vicence est le célèbre Casin Capra, chef-d'œuvre de Palladio, qu'un pair de la Grande-Bretagne, lord Burlington, admirateur de son génie et architecte lui-même, a fait imiter dans son parc de Chiswick.

(*) Histoire de Venise, liv. XL, VIII.

Peut-être cette légère rotonde, si en harmonie avec le ciel et la lumière brillante de l'Italie, ne va-t-elle pas aussi bien avec le ciel brumeux de l'Angleterre. Telle est l'habile et commode application de l'architecture de Palladio aux usages et aux besoins modernes, qu'il a trouvé comme une seconde patrie dans ce pays du *comfortable*, et que les premiers architectes anglais semblent y avoir naturalisé ses plans, par leurs nombreuses imitations. Des quatre façades du Casin, on a des vues d'une variété admirable, variété qui est comme le caractère de la nature en Italie.

Nous avons passé plusieurs jours à parcourir les célèbres *Sette Comuni*, véritables tribus de montagnards peu connues, espèces de batuecas d'Alpes, que plusieurs savans et quelques voyageurs ont voulu faire descendre des Teutons et des Cimbres. Il paraît que cette généalogie causa quelques embarras aux habitans de *Sette Comuni*, car ils chargèrent, vers le milieu du dernier siècle, un de leurs compatriotes de leur dire ce qu'il en était, et son ouvrage fut exécuté à leurs frais. L'historiographe de ces villages a fait un livre excellent, dont il n'a malheureusement paru que le premier volume ; il n'admet ni leur fameuse antiquité, ni le roman grammatical qui en est le prétexte, et il regarde toute cette population comme un mélange de diverses races allemandes, réfugiées dans ces rochers à diverses époques.

De Vicence à Marostica, l'on suit une route montante, à travers des champs de cailloux. De Marostica à Asiago, chef-lieu des Sept-Communes, le voyage est une véritable course de montagne, et des plus rudes, que l'on ne peut faire qu'à pied ou à mulet. Mais les vues de ces montagnes sont belles, et l'on y aperçoit et suit, en les gravissant, le cours de la Brenta. Une double forêt de pins, mêlée de rochers, précède Asiago, et son aspect sauvage est une pompe qui convient à une telle capitale. Sur la route, et à peu de distance, sont les ruines de l'ancienne maison de la régence des Sept-Communes, renversée par une avalanche, unique conspirateur de cet état, seul ennemi, seul barbare, qui soit venu jamais envahir et détruire un tel palais.

Asiago n'est pas sans une sorte de dignité rustique; elle est bien percée, elle a de nombreuses fontaines à robinets de bois; l'église est solidement bâtie; il y a des tombeaux d'anciennes familles du pays, couverts de larges plaques de marbre, et le clocher, dont l'horloge est du grand Ferrarino, s'élève noblement sur la cîme plate de cette montagne, qui n'a de végétation que l'herbe des champs.

Il paraît que les étrangers visitent peu les Sept-Communes, car notre arrivée dans leur capitale devint un événement : notre chambre d'auberge fut le soir rempli de curieux, et, à la manière italienne, on nous fit les premières visites. Le gendarme, dont l'empressement était moins flatteur, vint aussi nous demander l'éternel *passaporto;* ce militaire n'avait point encore là d'armes ni d'uniformes, et il ne portait que le gourdin de la police.

Sous le gouvernement de Venise, les habitans des Sept-Communes ne payaient point de tribut : ils avaient le droit d'élire leurs magistrats; ils se gouvernaient par leurs propres lois, et jouissaient aussi d'autres priviléges, parmi lesquels la contrebande n'était pas un des moindres; ils n'ont guère pu, dit-on, se résigner à la perte de celui-ci, et l'exercent encore le plus qu'il leur est possible.

Malgré l'affaiblissement universel du pittoresque de mœurs, quelques vieux usages subsistent encore dans cette contrée ; si, comme certains montagnards d'Auvergne, ces montagnards ne se marient plus seulement entre eux, s'ils ne fabriquent plus leur drap, si la joyeuse mousqueterie de leurs noces ne se fait plus entendre, enfin si leurs usages de plaisirs se sont à peu près perdus, ils s'assemblent encore, ainsi que les anciens allemands, pour pleurer sur la tombe de leurs morts, et ils portent le deuil pendant une année, enveloppés d'une lourde capote de drap noir qu'ils ne quittent point, quelle que soit la chaleur. A la procession des Rogations, qu'ils appellent un peu fastueusement *giro del mondo* (le tour du monde), ils font un repas à moitié chemin ; car il y a quelque chose de bachique et d'allemand dans la dévotion d'ailleurs très-fervente de ces montagnards ; et le dernier jour, les jeunes filles offrent aux garçons un, deux, ou trois œufs, selon le degré de leur tendresse.

De Vicence à Bassano, l'on passe à *Cittadella*, dont les fossés, les portes et les murailles crénelées, quoiqu'en ruine, sont d'un bel effet.

Ce côté, détourné de l'état de Venise, rappelle vivement son ancienne puissance et les vicissitudes de sa fortune : quelquefois vous apercevez au haut d'une montagne un vieux fort de brique rougeâtre, souvenir des Scaligers, ou de la ligue de Cambrai ; de cette ligue la plus formidable qui jamais eût été formée en Europe contre un peuple, depuis la chute de l'empire romain jusqu'aux coalitions contre la France ; mais dans sa dégradation et son abandon, ce débris conserve encore une sorte d'indépendance et de grandeur, et l'on n'y sent point, comme sur la place Saint-

Marc, à la vue du canon et de l'étendard autrichien, la marque du joug étranger.

Près de Bassano est Mazorf; bâtie par Palladio, peinte par Paul Veronèse, cette petite maison de campagne est devenue un véritable monument.

Quoique le nom de Bassano se lise au bas de quelques milliers de décrets, toutes ces signatures lui feront moins d'honneur dans la postérité, que son grand peintre le Bassan, émule à la fois du Titien et du Corrège, estimé, envié, admiré par Annibal Carrache, le Tintoret et Paul Véronèse, et que le scieur de bois, paysan de génie, qui a construit son pont (*).

ASOLO est dans une situation charmante, sur une montagne garnie de bois et que domine un vieux château : la vue en est vraiment d'une grandeur et d'une variété admirable. Une si belle nature devait inspirer des pensées un peu moins fades que celles des *Asolani* de *Bembo*.

Le palais Falier, à Asolo, possède un des ouvrages les plus célèbres de la première jeunesse de Canova, le groupe d'*Orphée* et d'*Eurydice*, qu'il fit à l'âge de seize ans, et qui fut regardé comme l'aurore de sa gloire.

A quelques lieues d'Asolo, sur un monticule, au fond d'une vallée que domine un triple rang de montagnes, est le temple élevé par Canova, près de Pos-

---

(*) « Barthélemi Ferracino, villageois du Bassan, dit M. Daru,
» devina plutôt qu'il n'apprit cette partie des mathématiques qui
» dirige l'emploi des forces motrices. La nature seule lui révéla son
» talent pour la mécanique....... Devenu l'un des plus habiles in-
» génieurs de son siècle, il construisit sur la Brenta un des plus
» beaux ponts que l'Italie offre à l'admiration des étrangers »
(Hist. de Venise, liv. XL, VI.)

sagno, petit village ou il est né. Le marbre est commun dans ces montagnes ; on dirait que c'est pour l'animer, que ce grand artiste a vu le jour à leur pied. L'apparition de ce pompeux monument de l'art, au sein de la nature sauvage, au milieu des bois et des rochers, est merveilleusement placé : le portique est celui du Parthénon, la coupole celle de la rotonde, et, comme dans les temples antiques, le jour n'y pénètre que par les portes et la voûte. Cette église, consacrée à la Trinité, a été bâtie sur les dessins de l'architecte vénitien Selva, mais qui ont été plus d'une fois rectifiés et changés par Canova. Lorsqu'on réfléchit à la destination de l'édifice, il est difficile de ne pas éprouver quelque émotion ; ce temple grec, dans un village des Alpes, ce monument consacré à Dieu par un seul homme, doit lui servir de tombeau, et il l'a érigé au lieu de sa naissance. La gloire de Canova est ici plus touchante ; ce sculpteur européen s'y montre seulement citoyen et chrétien, et le simple *Antonino*, le fils du tailleur de pierres de Possagno, y paraît bien valoir le marquis d'Ischia (*).

Aucun monument des villes ne sera jamais ni plus national ni plus populaire que le temple de ce hameau. Les habitans venaient d'eux-mêmes aider les deux à trois cents ouvriers, qui chaque jour y étaient employés ; les jours de fêtes, de grand matin, hommes, femmes, jeunes gens, vieillards, riches et pauvres, animés d'un même zèle, le curé en tête et tous

---

(*) Titre donné à Canova par le pape. Canova eut le bon goût de ne signer jamais que de son nom *Antonio Canova*. Le marquisat d'Ischia, situé entre Castro et Canino, produisait un revenu de 1,500 couronnes (environ 7,000 fr.) ; Canova en fit don à l'académie de Saint Luc, et le consacra à l'éducation et à l'encouragement des jeunes artistes.

chantant des hymnes sacrés, allaient dans la montagne voisine chercher le marbre destiné à la construction du temple, ils le traînaient en triomphe, et dans leur enthousiasme rustique ils avaient écrit sur leurs chariots les mots *religion*, *patrie*.

Quelques esprits chagrins ont blâmé l'érection d'un tel monument, dans un village si petit, si écarté; mais ce monument doit y attirer les étrangers; il lui donnera une route, des chemins, car jusqu'à présent on n'y arrivait que par des sentiers difficiles, ou le lit desséché des torrens : la fondation de l'église de Canova est comme une magnifique, une perpétuelle aumône, faite par lui à son obscure et pauvre patrie (*).

De Bassano à Trévise, on passe à *Castel-Franco*, lieu de naissance du Giorgione : l'église offre un bon et célèbre tableau de cet excellent peintre, mort à trente-quatre ans. Le palais Soranzo de San Michel, est regardé par Vasari comme une des plus grandes, des plus belles, et des plus commodes habitations de campagne que l'on puisse citer. Il n'y a vraiment que l'Italie pour offrir dans un simple bourg de tels chefs-d'œuvre.

L'église Saint-Nicolas est une belle église gothique dont l'auteur est ignoré, ainsi que les noms de bien d'autres architectes de vastes basiliques, d'immenses et superbes monumens de ce temps, caractéristique par sa force et la durée de ses ouvrages. Il y a quelque chose de triste dans l'admiration de cette gloire anonyme. C'est aussi en architecture que le moyen âge paraît véritablement, comme on l'a dit, l'époque des grands hommes inconnus.

(*) Un superbe pont, d'une seule arche, de cent dix pieds d'ouverture, vient d'être construit entre deux rochers, au-dessus d'un torrent, afin de faciliter aux voyageurs l'accès de Possagno.

Ce coin de la haute Italie a donné les noms de plusieurs de ses petites villes à quelques-uns des personnages importans de l'empire. Malgré les mérites divers des personnes, il est impossible, sur les lieux, de ne pas sourire un instant au souvenir de ces ducs dont personne n'a jamais ouï parler dans leurs duchés. Cette féodalité sans domaine, dont les titres mêmes quelquefois sont bizarres, n'a d'ailleurs ajouté aucune illustration aux noms véritablement dignes de célébrité; qu'importe que le plus vénérable des guerriers français ait joint à son nom celui du petit bourg de Conégliano? Ce nom, honoré par la vieillesse du père et la jeunesse du fils, parle assez de lui-même. La gloire militaire n'a jamais eu besoin de si longues qualifications : Bayard s'appelait simplement chevalier : qui se soucie que Turenne ait été prince de Bouillon? Catinat, duc ou prince, en serait-il plus grand? C'est surtout pour l'homme décoré du titre de maréchal de France, que les autres titres sont indifférens : celui-là fut toujours en France le premier de tous, puisqu'il rendait juge de l'honneur français.

Les bords de la Brenta, avant d'arriver à Padoue, nous ont paru un peu trop vantés : près du palais du vice-roi, ils sont gatés par une espèce de longue digue ou chemin de hallage soutenu par un petit mur de brique; dans d'autres parties les jardins qui les bordent, avec leurs petites charmilles, leurs arbres plats ou taillés, et leurs allées symétriques, sont de véritables jardins de curés. Il est vrai que plusieurs beaux palais ont déjà disparu, et que cette destruction qui gagne maintenant Venise, a depuis longtemps commencé sur les bords de la Brenta.

Padoue nous a semblé une longue et grande ville;

triste, déserte, quoiqu'elle profite chaque jour des pertes de Venise ; mais (sauf le brillant café Pedrochi) c'est une prospérité matérielle et sans éclat.

L'organisation de l'université de Padoue est la même que celle de l'université de Pavie, sauf la faculté de théologie qui n'existe point dans cette dernière.

Les diverses églises de Padoue sont ses premiers et ses plus intéressans monumens. Le dôme, achevé dans le siècle dernier, est d'une architecture médiocre. Le palais épiscopal, voisin du dôme, est intéressant sous le rapport de l'art.

Saint-Antoine, *Il santo*, ainsi que la vaste popularité de ce thaumaturge l'a fait surnommer depuis dix siècles, est la première et la plus ancienne de Padoue. L'architecture est de Nicolas de Pise.

Il Santo contient d'illustres mausolées de patriciens, de généraux, d'étrangers distingués, de professeurs. Le monument consacré par le patricien Querini a Bembo rappelle et semble réunir les premiers noms des lettres et des arts. Le mausolée en marbre d'Alexandre Contarini, procurateur de Saint-Marc, exécuté sous la direction de San Micheli, est grandiose. Un autre magnifique tombeau est celui du professeur Octave Ferrari : on voit par l'inscription, que ce professeur de Padoue avait une pension de Louis XIV, et était chevalier de l'ordre équestre de Christine. Cesarotti, plus illustre, aussi pensionné et décoré par Napoléon, n'a pour monument qu'une petite pierre rouge avec l'inscription à moitié effacée : *Ossa Melchioris Cesarotti Patavini*, anno 1808. Malgré le talent poétique de Cesarotti, sa traduction de l'Iliade, surpassée par celle de Monti, se ressent du faux goût, des habitudes frivoles, de l'imitation française et voltairienne des auteurs italiens du dernier siècle; la naïveté, la couleur antique y sont encore plus altérées que dans la traduction de Pope : c'est ainsi qu'il crut rendre plus agréable et plus décente la ceinture de Vénus en la transformant en collier. La traduction d'Ossian, le meilleur ouvrage poétique de Cesarotti, est fort supérieure à son Iliade, et, comme critique, Cesarotti a mérité de justes éloges. Un autre écrivain italien, philosophe et critique célèbre, le comte Gaspard Gozzi, frère aîné du bizarre et joyeux Charles Gozzi, enterré à Saint-Antoine, n'a même pas d'inscription. On a peine à s'expliquer une telle indifférence littéraire dans une ville comme Padoue, et à côté du faste de quelques-uns de ses mausolées.

Le trésor Saint-Antoine, immense amas de reliques, a été dépouillé d'une partie de ses richesses au moment de l'invasion française en 1797. — On y montre la langue encore vermeille du Saint, moins éloquente, mais qui a remué plus d'hommes que celle de l'orateur romain ; le recueil de ses sermons corrigés par lui, et dont l'écriture est lisible et même élégante.

Casanova rapporte qu'à Padoue l'on croit que saint Antoine fait trente miracles par jour : la quantité de ses messes ne doit pas surprendre ; elle est si considérable qu'il n'y a point assez d'autels pour les célébrer, ni de prêtres pour les dire, et qu'une bulle du pape autorisa le chapitre à dire, vers la fin de l'année, certaines messes (*messone* en vénitien), qui comptent pour mille, seul moyen de prévenir cette sorte d'arriéré.

Parmi les nombreux tombeaux du cloître Saint-Antoine, nous remarquâmes celui d'un petit neveu de l'Arioste, enfant de treize ans, illustre, dit l'inscription, par le nom de son aïeul (*adolescentulo nomine avito claro*); celui d'un français, Arminius d'Orbesan, baron de la Bastide, jeune guerrier mort en 1595, âgé de vingt-ans : à la suite d'une inscription latine touchante, est ce quatrain, qui ne manque ni d'harmonie ni de poésie :

> N'arrose de tes pleurs ma sépulcrale cendre,
> Puisque un jour éternel d'un plus beau ray me luit,
> Mais bénis le cercueil, où tu as à descendre ;
> Car il n'est si beau jour qui ne mène sa nuit.

La belle statue équestre de bronze par Donatello représentant le *Condottière* Gattamelata, sur la place de l'église Saint-Antoine, est la première qui ait été fondue en Italie et chez les modernes. Quelque habile qu'ait pu se montrer ce général, il ne paraît point qu'un chef de soldats mercenaires fut digne d'un tel honneur et d'un tel monument. Avec de pareils combattans la guerre semble perdre une partie de son héroïsme ; elle n'est qu'une nouvelle espèce de spéculation et de trafic. Ces *Condottieri* aux gages d'états divers, prenaient soin, comme on sait, de se ménager ; leurs manœuvres sur le champ de bataille n'étaient fort souvent que de simples évolutions, et leurs campagnes que de grandes parades. Le fait rapporté par Machiavel, de la bataille d'Anghiari gagnée par les bandes au service de Florence sur les bandes à la solde de Milan (*), quoique contredit par

---

(*) Ist. Fiorent. Lib. V. « Après quatre heures de mêlée, il n'y eut qu'un seul homme de tué, encore fut-ce d'une chute de cheval, et pour avoir été foulé aux pieds des chevaux par ces prétendus combattans. »

Scipion Ammirato (*), ne détruit point le raisonnement du publiciste florentin sur l'infériorité de pareilles troupes et sur leur impuissance à défendre leur patrie : les soldats français qui n'entendaient rien à ce genre d'exercice et d'arrangement, purent aisément venir à bout de tels ennemis, et conquérir l'Italie *col gesso*. (**) Peut-être doit-on attribuer à la terrible surprise qu'ils excitèrent chez des hommes aussi prudens, l'origine de la *furia francese*? Chose singulière! ces républiques si orageuses, si jalouses de leur liberté, Athènes, Carthage, Venise, Florence, finissent par charger des soldats étrangers et barbares de les défendre, tant cette sorte d'égoïsme social, produit par la fausse civilisation et le besoin des jouissances, est funeste au vrai patriotisme; tant les peuples riches, commerçans, raisonneurs, sont moins propres aux grands sacrifices que les nations pauvres, isolées, de mœurs antiques et de croyances religieuses.

L'architecture du palais di *del capitanio* de Falconetto, est majestueuse. Le salon, autrefois salle d'audience du palais de justice (*palazzo della ragione*), ne sert plus qu'au tirage de la loterie; c'est assurément le plus vaste temple qu'ait jamais eu la fortune, et il est loin d'avoir été surpassé par la bourse de Paris. Westminster, la salle du vieux palais de Florence, n'ont même point l'étendue de cette salle immense, la plus grande construction de ce genre qu'il y ait

---

(*) Vol. III., p. 102.

(**) *A la craie*; mot du pape Alexandre VI pour exprimer la rapidité de l'invasion de Charles VIII, qui semblait n'avoir rien eu de plus à faire qu'à marquer ses logemens comme un maréchal-des-logis.

en Europe, et dont la voûte célèbre atteste encore l'audacieux génie du frère Giovanni, religieux des *Eremitani* de saint Augustin, architecte habile du XIII° siècle, ingénieur de la commune de Padoue.

On a placé au salon, vers le milieu de 1828, le médaillon en plâtre de Belzoni, exécuté aux frais de la commune; il est au-dessus de deux belles statues égyptiennes de granit, à têtes de lion, données par lui à sa ville natale. Si les Italiens, avec la faiblesse politique causée par la division de leur patrie, ne peuvent plus conquérir le monde, ils le découvrent; les premiers navigateurs sont italiens : Marco Polo, Colomb, Vespuce, Jean et Sébastien Gabotto, Verazani, Pierre della Valle, Gemello, Carreri; de nos jours, Belzoni remontait le Niger, et M. Bettrami, se dirigeant vers la baie d'Hudson, découvrait les sources du Mississipi et la communication entre la mer Glaciale et le golfe du Mexique. Le génie italien, toujours aventureux, toujours intrépide, n'a fait que changer d'élément et de route.

Quoique nous nous occupions beaucoup plus des monumens du passé que de ceux du moment, il nous est impossible de ne point parler ici d'une construction qui s'élevait à Padoue lors de notre passage et qui doit être achevée maintenant. Cet élégant et vaste édifice, ouvrage de M. Joseph Japelli, architecte de la plus haute distinction, qui lui doit déjà ses nouvelles boucheries, autre construction excellente dans un genre différent, était exécuté pour le maître du café Pedrochi, qui compte y transférer son établissement; il est aussi destiné à servir de redoute et de casin, et sera certes un des plus magnifiques qu'il y ait au monde : toutes les colonnes, les murailles, le pavé sont en marbre; il n'y a même point de stuc, et si l'on n'était averti, un tel bâtiment semblerait bien plus devoir être un palais ou un temple qu'un café. La dépense sera de 150,000 francs; mais un architecte parisien ne s'en tirerait pas avec un million. Il est vrai que les travaux sont singulièrement dirigés : il n'y a là ni de M. le maître maçon, ni de M. l'entrepreneur en menuiserie, en serrurerie, ni d'autres puissances; il n'y a que l'architecte qui commande le matin et le maître qui paye le soir. Cette belle construction, dont les détails mêmes, dont les chapiteaux sont exécutés et finis avec tant de soin, sera terminée sans que l'on ait à régler un seul mémoire, prodige qui probablement ne s'était point vu depuis le temps

>   Qu'aux accords d'Amphion les pierres se mouvaient
>   Et sur les murs thébains en ordre s'élevaient.

Un temple antique s'est rencontré en creusant les fondations; une partie des marbres sert pour le pavé de cette boutique de limonadier, tant la vieille grandeur de l'Italie se retrouve aux lieux mêmes où on la cherche le moins.

Arqua, à quatre lieues de Padoue, est célèbre par le tombeau de Pétrarque. Sur la route est un grand manoir appelé le *Cataio*, et sur les créneaux duquel on s'attend presque à voir paraître le nain avec son cor, comme dans les romans de chevalerie. La situation d'Arqua au milieu des collines euganéennes, est délicieuse; Childe-Harold et ses notes offrent une description poétique et détaillée du site; mais en rappelant la beauté des vergers d'Arqua, de ses petits bois de mûriers et de saules entrelacés par les festons de la vigne, peut-être eût-il été juste de citer (au moins dans les notes) ses excellentes figues, qui jouissent dans le pays d'une grande réputation et la méritent (*).

La maison de Pétrarque est au bout du village; cette maison, où il recevait les fréquentes et familières visites de François Carrare, souverain de Padoue, est habitée par des paysans et fort délabrée.

Il y a dans cette maison un registre (*codice*) pour inscrire les noms de ceux qui la visitent, ou leurs pensées, s'ils pensent. Ce volume a même été imprimé; mais il est douteux que jamais l'intention d'avoir de l'enthousiasme ait moins heureusement inspiré. Les grenadiers et les voltigeurs français sont venus aussi tracer leurs noms sur ce livre; mais ceux-là ne sont ni sots ni ridicules. S'ils ne savent pas bien au juste ce que c'est que Pétrarque, on sent qu'il y a en eux une sorte d'instinct, d'entraînement pour la gloire même qu'ils ne comprennent pas; ce sentiment touche parce qu'il est vrai, et qu'il est le secret de leurs victoires.

Nous avouons d'ailleurs que nous ne sommes guère partisans de ces éternelles inscriptions auxquelles tant de voyageurs se croient obligés. Il semble que la multitude de noms vulgaires qui se pressent sur le tombeau d'un grand homme, ou sur les murs de sa demeure trouble le calme de sa tombe et le silence de la solitude où il vécut. C'est d'ailleurs à la médiocrité une sorte de manque de respect que de se familiariser ainsi avec le génie, et de s'introduire de la sorte dans son sanctuaire : de pareils hommages sont presque une offense et un sacrilége; dans ce culte, il faut que l'adorateur ne soit pas trop au-dessous de la divinité, et ne forme pas avec elle un

---

(*) C'est aussi *ai Colli Euganei* que *Ugo Foscolo* a placé la scène de ses lettres du *Jacopo Ortiz*.

trop frappant contraste. Que M. de Chateaubriand grave, ou même fasse graver par un autre, son nom sur les pyramides, il n'y a rien là de choquant; mais trouver sur un illustre tombeau, sur un splendide monument, sur une merveille de l'art, des noms obscurs ou d'une frivole renommée, il y a là une trop forte disparate, un indigne mélange de célébrité qui importune et blesse.

Cette vanité d'inscriptions, comme celle du monde, a son égoïsme et sa barbarie; les loges de Raphaël, les fresques de Jules Romain à Mantoue, et d'autres grands maîtres, déjà si dégradées par le temps, sont encore gâtées et flétries par la liste de tous ces noms propres.

Le tombeau de Pétrarque, que lui fit ériger son gendre Brossano, est de l'autre côté d'Arqua en face de l'église. Pétrarque est peut-être, avec Voltaire, l'homme des temps modernes qui ait eu la plus grande existence littéraire; courtisé par les rois et les républiques, les papes et les universités, ami des cardinaux, des grands seigneurs et du faux et chimérique tribun de la Rome moderne, il gouvernait absolument cet empire des lettres qu'il avait fondé, tandis que Voltaire l'étendait et le renouvelait. Si Pétrarque eut déjà les vanités et les faiblesses d'un littérateur proprement dit, il se relève par sa tendresse, par son enthousiasme pour sa patrie, par la piété profonde que lui inspirent ses malheurs, et par sa touchante amitié pour Boccace; Voltaire au contraire fut ennemi de Jean Jacques; il avait pris son pays en ridicule comme tout le reste et il se moquait de ses revers (*). Assez semblables par leur vie, tous deux

---

(*) « Toutes les fois que j'écris à Votre Majesté sur des affaires

hôtes d'un roi philosophe (Pétrarque du bon Robert de Naples, un peu plus facile à vivre que Fréderic), aimés des femmes illustres, tourmentés par l'amertume des critiques, entretenant avec leurs contemporains et même les plus célèbres une vaste correspondance qui fait de leurs lettres comme des espèces d'annales du temps où ils ont vécu, transportant leur renommée vagabonde en mille endroits divers, leur mort présente un singulier contraste : Voltaire expire au milieu de Paris, accablé de sa gloire, au sein des hommages de l'académie, au bruit des applaudissemens du théâtre, des acclamations du peuple ; Pétrarque meurt paisiblement dans l'asile d'Arqua que lui avait offert le tyran de Padoue, et qu'il préfère à la vie orageuse du citoyen de Florence.

Pétrarque, par ses travaux, ses découvertes, ses encouragemens, ses sacrifices, peut être regardé comme le véritable créateur des lettres en Europe. Lorsque nous contemplions sur la colline d'Arqua ce vaste tombeau de marbre rouge, soutenu par quatre colonnes, dans lequel ses restes reposent, il nous semblait moins y voir la dépouille d'un homme qu'un monument élevé aux arts de l'esprit et de la pensée, qu'un trophée attestant le triomphe de la civilisation et des lettres sur l'ignorance et la barbarie.

» un peu sérieuses, écrit-il à Frédéric, je tremble comme nos régi-
» mens à Rosbach. » Et ailleurs. « Ils ont fui comme les Français
» devant V. M. » ..... « Il me fallait, dit-il encore à Frédéric,
» le roi de Prusse pour maître et le peuple Anglais pour concitoyen.»
Et beaucoup d'autres traits pareils. *Correspond. du roi du Prusse*, lett. LIX. LXXXIII. CXIV. CXXII. CXXIX.

CHAPITRE VII.

VENISE.

Il serait difficile de peindre l'impression produite par l'apparition de Venise. Cette multitude de dômes, de clochers, de palais, de colonnes, s'élevant du sein des flots, offre de loin l'image d'une ville submergée, et cause un mouvement de surprise et d'effroi. On ne peut se figurer que c'est là qu'on se rend et que l'on doit habiter et vivre. Rotterdam, dit-on, n'est pas moins extraordinaire; mais nous ne croyons pas que la Hollande ait pu jamais ressembler à Venise : si le commerce était l'âme de ces deux états, dans l'un il était simple, grave, modeste, austère, économe; dans l'autre, brillant, fastueux, dissolu, et ami des plaisirs et des arts. La liberté de Venise était le privilége onéreux d'une classe de nobles; celle de la Hollande s'étendait à tout son peuple. Les tableaux du Canaletto ont tellement familiarisé avec le port, les places et les monumens de Venise, que lorsqu'on y pénètre il semble que déjà elle vous soit connue. Un peintre anglais, M. Bonington, a fait de nouvelles vues de Venise, dans lesquelles sont parfaitement empreintes les traces de sa désolation actuelle; comparées à celles du peintre Venitien, elles semblent comme un portrait de femme belle encore, mais flétrie par l'âge et le malheur. Toutes ces gondoles tendues de noir, espèces de petits sépulcres flottans,

semblent aujourd'hui porter le deuil de la ville ; et le
gondolier lui-même, au lieu de chanter les stances
de l'Arioste et du Tasse, n'est plus qu'une espèce de
marinier fort peu poétique, dont l'unique chant est
un *ah eh* sec et criard, au détour de chaque *calle* (*),
afin d'éviter le choc des gondoles voisines, qu'il ne
peut apercevoir.

Cet aspect de Venise a quelque chose de plus triste
que celui des ruines ordinaires : la nature vit encore
près de celles-là, et quelquefois elle les décore ; debout depuis des siècles, on sent qu'elles peuvent encore durer d'autres siècles, qu'elles verront passer
la puissance de leurs maîtres et d'autres empires ; ici
ces ruines nouvelles périront rapidement, et cette
Palmyre de la mer, reprise par l'élément vengeur
sur qui elle était une conquête, ne doit point laisser
de traces. Il faut donc se hâter de visiter Venise, et
d'aller y contempler ces tableaux du Titien, ces fresques de Tintoret et de Paul Véronèse ; ces statues,
ces palais, ces temples, ces mausolées de Sansovino
et de Palladio, prêts à disparaître.

Un plan hardi fut proposé, il y a quelques années,
par un zélé Vénitien, afin de prévenir la ruine de sa
ville natale (**) : c'était de la réunir au continent, projet déjà formé par un doge éclairé du dernier siècle,
Marc Foscarini, à l'époque qui précéda la chute de
la république. Une grande route devait être établie
sur le point le plus étroit de la Lagune, dont la lon-

(*) Les *calle* sont les rues, les passages de Venise.

(**) Voyez *Memoria sul commercio di Venezia, e sui mezzi d'impedirne
il decadimento*, letta al veneto Ateneo dal socio ordinario Luigi
Casarini, segretario dell' inclita congregazione centrale. Venezia
1823. in-8°.

gueur n'est environ que de deux milles et demi ; les matériaux de cette route, qui serait plantée d'arbres, garnie de trottoirs, bordée de deux canaux parallèles, et coupée de pont-levis pour la défense de la place, se trouveraient facilement dans la fange des marais et le gravier des rivières voisines : la dépense ne dépasserait pas un million et demi de florins.

La place Saint-Marc est unique au monde ; là sont comme en présence et rapprochés l'Orient et l'Occident : d'un côté le palais Ducal, avec l'architecture de dentelle, les balcons et les galeries des monumens arabes, l'église Saint-Marc dont la façade aiguë et les dômes couverts de plombs rappellent une mosquée de Constantinople ou du Caire ; de l'autre des arcades régulières et des boutiques comme au Palais-Royal. Le même contraste se retrouve parmi les hommes : là sont des Turcs, des Grecs, des Arméniens étendus, immobiles, prenant le café ou des sorbets sous de grandes toiles semblables, par l'éclat de leurs couleurs, à de véritables tentes, fumant des parfums dans leurs longues pipes de bois rose à bouts d'ambre ; automates majestueux, multitude indolente, que traversent précipitemment des Européens voyageurs, ou allant à leurs affaires.

Le nombre infini de colombes qui couvrent la place Saint-Marc, la coupole de la basilique et les toits du palais ducal ajoute encore à l'aspect oriental de ces monumens : dans un pays où l'autorité est à la fois si lente et si surveillante, on aimerait assez à confier ses lettres à de tels messagers. Ces pigeons remontent aux anciens temps de Venise. Alors il était d'usage, le jour des rameaux, de lâcher d'au-dessus de la porte principale de Saint-Marc un grand nombre d'oiseaux avec de petits rouleaux de papier attachés à la pate, qui les forçaient à tomber ; le peuple, malgré leurs efforts pour se soutenir en l'air, se les disputait aussitôt avec violence. C'était une distribution en nature un peu moins ignoble que les nôtres. Il arriva que quelques-uns de ces pigeons se délivrèrent de leurs entraves, et, *traînant la ficelle*, cherchèrent un asile sur les toits de Saint-Marc et du palais ducal, près de ces plombs redoutables où gémissaient, captifs, des humains bien plus malheureux ; ils s'y multiplièrent rapidement : et tel fut l'intérêt qu'inspirèrent ces réfugiés que, d'après le vœu général, un décret fut rendu portant qu'ils seraient non-seulement respectés, mais nourris aux frais de l'état. Venise a perdu sa liberté ; et ces oiseaux, toujours légers et gracieux, semblent avoir échappé à la conquête allemande.

Venise palpite encore à la place Saint-Marc ; ses quartiers éloignés, quelques-uns même de ses plus magnifiques palais sont abandonnés et s'écroulent : *ce cadavre de ville*, comme dirait l'ami de Cicéron, est déjà froid aux extrémités, il n'a plus de chaleur et de vie qu'au cœur.

Le café de Florian, sous les arcades *delle Procuratie Nuove*, était, dans les anciennes mœurs de Venise, une espèce d'institution ; il n'a point échappé à sa décadence. Ce café célèbre, comme les autres grands cafés de la place Saint-Marc, Quadri, Leoni, Sultil, est cependant ouvert toute la nuit et en toutes saisons, et il ne ferme jamais. Florian était autrefois l'homme de confiance, l'agent universel de la noblesse de Venise. Le vénitien qui descendait chez lui avait des nouvelles de ses amis et de ses connaissances : il savait l'époque de leur retour, et ce qu'en son absence ils étaient devenus ; il y trouvait ses lettres, ses cartes, et probablement aussi ses mémoires ; enfin tout ce qui le concernait avait été fait par Florian, avec soin, intelligence et discrétion. Canova n'oublia jamais les services plus essentiels qu'il avait reçus de Florian au commencement de sa carrière, lorsqu'il avait besoin d'être connu, et il resta son ami jusqu'à la fin de sa vie. Florian étant alors tourmenté de la goutte, qui se portait souvent aux pieds, Canova fit le modèle de sa jambe, afin que le cordonnier pût prendre sa mesure sans le faire souffrir. Cette jambe de limonadier ne paraît pas faire moins d'honneur à Canova, que son Thésée ; il est doux d'avoir estimé l'homme après avoir admiré l'artiste.

La description des mosaïques, des sculptures, des bas-reliefs, des arabesques de l'église Saint-Marc serait infinie. Là brillent confondus l'élégance grecque, le luxe byzantin et le talent des maîtres de l'école vénitienne. A la vue de ces brillans compartimens, de ces voûtes d'or, de ce pavé de jaspe et de porphyre, de ces cinq cents colonnes de marbre blanc, noir, veiné, de bronze, d'albâtre, de vert antique et de serpentine, on serait tenté de prendre ce temple chrétien, à la clarté près, car il est un peu sombre, pour un palais des *Mille et une Nuits*. La religion a conservé toutes ces richesses, qui peut-être eussent été dissipées dans les spéculations et les entreprises d'un peuple marchand et navigateur. Les débris de la magnificence de l'ancienne Rome décorent aujourd'hui les basiliques de la Rome nouvelle ; Saint-Marc a recueilli les dépouilles opulentes de Constantinople. L'Italie rassemble ainsi les ruines de ces deux villes maîtresses.

Si le peuple de Venise, léger, conquis, paraît avoir oublié son histoire, les pierres et les monumens s'en souviennent, et nulle part peut-être l'aspect historique des lieux n'est moins effacé. Un pavé de marbre rouge, sans inscription, près de la seizième arcade, rappelle les plus anciens souvenirs de Venise : c'était là que fut élevée par Narsès, après qu'il eut succédé à Bélisaire, l'antique église Saint-Géminien, détruite dans le XIIe siècle, lorsque le canal sur le bord duquel elle était construite eut été comblé. Chaque année, le sénat et le doge visitaient la nouvelle église Saint-Géminien, abattue en 1809, et ils étaient pompeusement reconduits jusqu'à cette même pierre, limite primitive de la place Saint-Marc. Non loin de là, dans une rue détournée, une petite pierre blanche indique l'endroit ou périt Boémond Tiepolo, Catilina de Venise, tué par un pot de fleurs qu'une vieille trop curieuse fit tomber de sa fenêtre, en s'avançant pour le voir passer, lorsqu'à la tête des conjurés, il allait s'emparer du palais Ducal et renverser le grand-conseil ; pot de fleurs qui ne sauva pas moins la liberté venitienne, que les *Catilinaires* Rome et le sénat. Aussitôt après la défaite du parti de Tiepolo, le conseil des Dix fut créé : institution redoutable, due encore au pot de fleurs de la vieille. Indépendamment des souvenirs de gloire et de conquête qui abondent à Saint-Marc, plusieurs carreaux de marbre rouge marquent encore la place de l'entrevue célèbre et de la réconciliation peu sincère d'Alexandre III et de l'empereur Frédéric Barberousse, ouvrage de la médiation des Venitiens vainqueurs.

Saint-Marc rassemble les plus antiques débris, monumens divers de la conquête et des révolutions. Devant la porte de l'église, à droite, près de la *Piazzetta*, deux piliers couverts de caractères cophtes et d'hiéroglyphes, proviennent, dit-on, du temple de Saint-Saba, à Saint-Jean-d'Acre. Le groupe de porphyre, à l'angle près la porte du palais ducal, représente, d'après les antiquaires, Harmodicus et Aristogiton, furieux assassins d'Hipparque, le tyran d'Athènes. Les quatre fameux chevaux de Corinthe ou du Carrousel ont repris leur ancienne place à la tribune, au-dessus de la grande porte. Jamais trophée de la victoire ne fut plus modestement ni plus mal exposé, car on les voit à peine. Conquis à Constantinople, ramenés de Paris, ces coursiers grecs ou romains rappellent maintenant les deux plus grandes prises de villes connues dans l'histoire.

Le lion de Saint-Marc, mutilé, est remonté sur sa colonne. Il n'aurait jamais dû la quitter : insignifiant sous le rapport de l'art, il était à Venise un emblême national et public de son ancienne puissance. Sacré sur la place Saint-Marc, à l'esplanade des Invalides il n'était qu'une marque superflue du courage français, moins noble que tous ces drapeaux déchirés pris sur le champ de bataille et suspendus aux voûtes de l'église. C'était d'ailleurs une chose singulièrement maladroite et odieuse à une république naissante que d'humilier et de dépouiller des souvenirs de leur gloire passée, de vieilles républiques comme Gênes et Venise. Le *Sacro Catino*, le lion de Saint-Marc, étaient là des monumens patriotiques dignes de respect : ailleurs ils ne devenaient plus que des curiosités de magasin ou de cabinet, proie violente de la conquête.

Le clocher de Saint-Marc est un ouvrage hardi, solide, commencé au X° siècle et fini au XVI°. On arrive au sommet par un chemin, par un véritable sentier, car l'escalier est uni, de brique et n'a point de degrés. La mer, Venise au sein de la mer, l'éclatante verdure des champs de Terre-Ferme; les cîmes blanchies des Alpes du Frioul, la multitude de petites îles groupées avec grâce autour de cette imposante cité, offrent un point de vue qui tient du prodige.

Le palais Ducal, par son architecture, par son aspect sévère et sombre, représente assez bien l'ancien gouvernement de Venise : il est comme le Capitole du pouvoir aristocratique; son origine même est formidable; le doge qui le commença, Marino Faliéro, eut la tête tranchée, et l'architecte Philippe Calendario fut pendu comme conspirateur. Le nom de quelques-unes de ses parties répond encore à l'impression qu'il produit : l'*escalier des Géants,* superbe construction, voyait couronner les doges, et le *pont des Soupirs* a la forme d'un large sarcophage suspendu au-dessus de la mer. Palais, prison, tribunal, on peut dire que si le mot *centralisation* n'était pas ridicule appliqué à de pareilles mœurs, le palais Ducal en aurait vu le premier et le plus terrible exemple.

On ne peut toutefois se dissimuler qu'il ne règne une singulière exagération dans tous les récits que l'on fait de l'ancienne tyrannie du gouvernement de Venise. C'est ainsi qu'un dernier voyageur, homme éclairé (*), prétend que le réservoir d'eau douce destiné à l'usage de la ville était placé dans l'enceinte du palais Ducal, et que leurs seigneuries s'étaient par là ménagé le moyen de faire mourir de soif des sujets rebelles. Il existe, en effet, deux belles citernes de bronze, ouvrage du XVI⁰ siècle, au milieu de la cour du palais; mais il y a d'autres citernes sur les places de Venise, et il n'est pas une seule maison qui ne

(*) M. Simond. *Voyage en Italie.* T. 1er, p. 54.

possède aussi la sienne. Les accusations contre le gouvernement vénitien, admiré par Comines (*), ont redoublé vers la fin de son existence, à l'époque où probablement elles étaient le moins méritées; il fut long-temps de mode de vanter sa constitution et la sagesse de ses lois, comme depuis on a écrit sur la constitution, les finances et le commerce de l'Angleterre.

La gloire et la splendeur passées de Venise éclatent de toute part au palais Ducal : d'immenses tableaux du Titien, du Tintoret, de Paul Véronèse et d'autres maîtres habiles rappellent les grandes actions de son histoire ; une sorte de patriotisme respire dans ces belles peintures : Venise y paraît toujours comme l'emblème de la force, de la grandeur et de la beauté; elle est une déesse puissante qui brise des chaînes, reçoit les hommages des villes soumises, elle est dans le ciel au milieu des saints et des saintes; on la voit assise entre la justice et la paix ; elle est entourée des vertus, couronnée par la victoire, ou elle apparaît dans les nues au milieu de la foule des divinités : l'allégorie perd là sa froideur ordinaire, puisqu'elle y devient l'expression d'un sentiment d'orgueil et d'amour de la cité.

La salle du Pregadi est dans l'état où elle était autrefois ; les stalles des sénateurs sont fort bien conservées. Le respect que devrait inspirer une si antique assemblée est singulièrement affaibli par l'ignominie de ses dernières séances, alors que les lois de Venise, impuissantes, ne corrigeaient plus les inconvéniens de l'aristocratie héréditaire, et que, selon la remarque prophétique de Montesquieu sur cette

---

(**) Mém. Liv VII, Ch. XVIII.

sorte de gouvernement; « on était tombé dans un esprit de nonchalance, de paresse, d'abandon, qui » faisait que l'état n'avait plus de force ni de ressort » (*). Chose étrange, ce sénat lettré, qui entendit et composa tant et de si longues harangues, est sans orateurs; quoique l'on voit encore Démosthène et Cicéron peints en camaieu dans le lieu de ses séances, par Dominique Tiépolo, le premier couronné et le second parlant. La liberté des républiques modernes ne paraît point inspirer l'éloquence; aristocratique à Venise, démocratique à Florence et à Sienne, cette liberté n'a produit aucun de ces hommes nombreux dans les anciennes républiques qui remuaient tout un peuple par leurs paroles. Il est vrai que la place publique manquait aux orateurs venitiens, et que c'est elle qui rend éloquent.

La salle du conseil des Dix n'offre aucune trace de son ancienne destination, elle doit devenir la galerie des tableaux de l'empereur; son plafond, peint en camaieu par Paul Véronèse et autres artistes venitiens, est peut-être le plus magnifique de l'Italie.

Les lambris de l'ancienne salle du grand conseil offrent une partie de la collection des portraits des doges peints par le Tintoret, Léandre Bassano et Jacques Palma : à la place où Marino Faliero aurait dû être peint, est l'inscription célèbre encadrée sur un fond noir : *Hic est locus Marini Falethri, decapitati pro criminibus*, menace sanglante faite au pouvoir jusque dans son palais. La suite de la collection est dans la salle du scrutin : le portrait du dernier doge, Manin, qui abdiqua, n'y est pas, car les portraits des doges n'étaient exécutés qu'après leur

(*) Esprit des lois. Liv. VIII. Chap. V.

mort. Malgré l'intention où l'on était d'y placer celui de Manin, il ne mérite point d'y être ; le chef de l'état qui le laisse périr par sa faiblesse, s'il n'est pas aussi coupable, est souvent plus funeste au pays que l'ambitieux qui aspire à le dominer. Il est vrai que dans la décadence générale de Venise, l'autorité du doge avait décliné comme tout le reste : le premier magistrat de la république n'était plus alors qu'un vain simulacre, qu'un fantôme docile, chargé de paraître et de représenter en pompeux habits, et dont la principale fonction, était, je crois, d'épouser la mer Adriatique.

Le doge Manin peut toutefois inspirer une sorte de compassion ; il s'évanouit au moment de prêter serment à l'Autriche, après la paix de Campo-Formio ; s'il manque de force d'âme, il fut du moins sensible à la perte de l'antique liberté de sa patrie, et il se releva par sa douleur.

La salle du grand conseil a reçu la bibliothèque Saint-Marc : ces livres sont, sans contredit, les plus magnifiquement logés qu'il y ait au monde ; mais la grandeur et la beauté des peintures qui les environnent, les statues antiques placées au milieu de la salle, leur font tort, et ils ne paraissent plus en quelque sorte qu'accessoires.

La perte de la liberté est le plus ancien et le plus grand des malheurs ; aussi les histoires des prisonniers sont les plus intéressantes. Le venitien Casanova, le prisonnier des *plombs*, est un des premiers héros de ces histoires, lui qui rejetait la lecture *de la Consolation*, de Boëce, pendant sa captivité, parce qu'il n'y trouvait indiqué aucun moyen d'évasion. On nous montra la fenêtre par laquelle il s'échappa avec une si rare audace, et qui était dans une chambre que remplissaient les gracieux pigeons de Saint-Marc, dont il a été parlé! Les prisons de Venise, sujet de tant de déclamations, étaient, vers la fin de la république, usées comme tout le reste. C'est à peu près ainsi qu'en France la Bastille n'était guère plus forte que la monarchie. Les *plombs* qui, créés postérieurement aux *puits* qui parurent·trop rigoureux, n'étaient que la partie plus élevée du palais Ducal, dont la couverture est de plomb, et dans laquelle les détenus faisaient leurs temps sans que jamais la santé d'un seul en ait été le moins du monde altérée, même après une détention de dix ans. Il y avait un courant d'air pour tempérer l'excès du chaud. Howard, juge compétent, avait déjà reconnu la salubrité des prisons de Venise (*); aucun prisonnier n'y fut jamais chargé de chaînes; sorte de privilége peut-être unique dans l'histoire des prisonniers : si plusieurs furent condamnés pour la vie, c'est que la peine de mort était plus rarement qu'ailleurs appliquée à Venise (**). Ces terribles *plombs* sont aujourd'ui des appartemens agréables et recherchés (en Italie, les appartemens d'en haut sont genéralement préférés), et un président du tribunal d'appel de Venise, le comte Hesenbergh, homme impartial et qui les avait occupés, a prétendu, dans un journal, qu'il souhaiterait à beaucoup de ses lecteurs de n'être pas plus mal logés.

Les *puits* formaient jadis plusieurs étages, dont deux subsistent encore; nous avons parcouru ces

---

(*) *Appendix to the state of prisons in England and Wales*, etc. Warington 1780, p. 37.

(**) A l'arrivée des Français, en 1797, le registre des condamnations pour crime d'Etat ayant été ouvert, leur nombre était de quatorze depuis le commencement du siècle.

anciens cachots (huit sont au niveau de la cour du palais Ducal, neuf à l'étage supérieur); la plupart sont encore garnis de planches que l'on y avait mises, afin de prévenir l'humidité, et l'ancien lit de bois, assez semblable aux couchettes des trapistes, est au milieu de quelques-uns. Ces cachots n'étaient point sous le canal, ainsi qu'on l'a cru et que l'a répété M. Nicolini dans les beaux vers de sa tragédie de Foscarini sur cette prison, et l'on n'a jamais navigué sur la tête des coupables Il est fort probable que les *puits* de Venise ne furent pas plus horribles que les autres cachots du même temps : chaque âge, chaque régime a ses prisons : elles participent de l'état des diverses civilisations ; mais les prisons impénétrables du despotisme (nous en savons quelque chose) sont toujours cruelles; les *forts* de l'empire ne le cédaient point aux donjons: aux époques de raison, de liberté et d'industrie, les prisons deviennent des espèces d'ateliers : inspectées, surveillées elles-mêmes, elles ne sont plus que l'instrument du magistrat impassible qui applique la loi.

La *Zecca* (Hôtel des monnaies) voisine de l'ancienne bibliothèque, est un chef-d'œuvre de Sansovino. Telle est son habile distribution, qu'après bientôt trois siècles elle est encore applicable aux besoins de la fabrication actuelle. Triste contraste, c'est une ville à l'aumône qui possède aujourd'hui le plus beau, le plus élégant hôtel des monnaies.

Le Grand-Canal, bordé de magnifiques palais de marbre, construits pendant dix siècles par les premiers architectes, serait, s'il était pavé, la plus belle rue de l'univers. Le lendemain du jour où nous arrivâmes à Venise, était la fête de sainte Marthe, fête populaire. Quelques barques illuminées chargées de musiciens, le parcouraient la nuit : quoique bien peu nombreuses, leur effet était véritablement enchanteur, et donnait l'idée des anciens plaisirs de cette ville déchue. La fête de sainte Marthe qui dura jusqu'au jour, se célébrait à une extrémité de la ville, dans un quartier qui en porte le nom. Des tables étaient dressées, on trinquait dans les barques et sur le rivage; c'était comme un Vaugirard, comme une Courtille en mer, moins les gendarmes. Malgré la joie si vive de cette multitude, il n'y avait ni rixes ni désordre. Telle est la douceur du peuple de Venise, qu'au temps même où sainte Marthe avait tout son éclat, le gouvernement vénitien n'y déploya jamais l'appareil de la police, et que la sûreté de chacun était sous la sauve-garde du plaisir de tous. Le caractère italien, dans ce qu'il a de bon, est déjà complet à Venise : gai, mobile, agité, insouciant, il semble encore plus aimable par la grâce, la douceur et l'originalité du dialecte.

C'est un plaisir doux et triste aujourd'hui que d'errer, que de voguer sur le Grand-Canal, au milieu de ces palais superbes, de ces anciennes demeures aristocratiques qui portent de si beaux noms, qui rappellent tant de puissance, tant de gloire, et sont maintenant désertes, délabrées, ou en ruine. Ces fenêtres moresques, ces balcons où la vénitienne, enfermée comme dans l'Orient, et légère comme en Europe, apparaissait à son amant, qui fuyait à regret sur sa gondole, sont maintenant dégradées, sans vitraux ou barrées grossièrement par des planches; quelques-unes en bon état, n'offrent plus que l'inscription de certaines autorités administratives et financières de l'Autriche, ou les armes de la puissance de quelque consul oisif.

L'abandon des palais de Venise avait commencé dès le dernier siècle avec la décadence de la république, alors que les patriciens dégénérés préféraient se loger dans un *casino* voisin de la place Saint-Marc, au lieu d'habiter les anciens palais de leurs pères, trop grands pour leur petitesse.

Le patriciat venitien pouvait être regardé comme le plus antique et le plus national de l'Europe, puisqu'il remontait aux fondateurs de la république, et qu'il précéda de plusieurs siècles les ancêtres des plus vieilles aristocraties. Mais ces patriciens superbes, qui laissaient prendre chez eux à tout le monde les titres qu'on voulait, n'en portaient eux-mêmes aucun pour la plupart, et je ne sais quel Français composa une dissertation, afin de prouver que décidément ils n'étaient point gentilshommes. On voit à l'église de la Chartreuse de Florence, dans le chœur, la tombe d'un patricien de Venise : l'inscription exprime le noble regret d'avoir été contraint d'échanger son titre contre un autre du grand duc de Toscane.

Après avoir visité une foule de ces somptueux palais, il est une habitation dont nous avons vivement regretté de ne point trouver de traces, c'est la maison d'Alde Manuce, qui était voisine du palais Molin. C'était là qu'il réunissait cette véritable académie typographique chargée d'examiner, de discuter le texte des ouvrages classiques, et composée des plus doctes personnages. De nouveaux bâtimens se sont élevés dans cette partie de la ville, sur les ruines des anciens. La presse d'Alde Manuce et de son fils serait aujourd'hui un véritable monument; ce fut l'unique trésor que laissa le premier de ces grands hommes au second, après avoir consacré sa fortune et ses bénéfices à la découverte,

à l'achat de vieux manuscrits grecs et latins, et sa vie entière à les déchiffrer, à les compléter, à les corriger et à les publier. On comprend très-bien l'enthousiasme presque poétique que devait inspirer l'apparition de cet art puissant à un homme aussi érudit qu'Alde l'Ancien, et aussi passionné pour cette antiquité renaissante, qu'il voyait ainsi devenir indestructible et universelle. L'inscription un peu bizarre, mise au-dessus de la porte de sa chambre, montre quelle était l'ardeur de ses travaux : *Quisquis es, rogat te Aldus agas, deindè actutum abeas : nisi tanquam Hercules, defesso Atlante : veneris suppositurus humeros. Semper enim erit: quod et tu agas ; et quot quot huc attulerint pedes.*
« Qui que tu sois, Alde te prie et te conjure que, si
» tu as à lui parler, tu finisses en peu de mots, et
» t'en ailles promptement ; à moins que tu ne viennes,
» comme Hercule, prêter l'épaule à Atlas fatigué.
» Alors toi et tous ceux qui viendront ici, vous aurez
» toujours quelque chose à faire. » L'imprimerie alors, au lieu d'être seulement une honorable fabrication, une production abondante, livrée à des consommateurs plus curieux, plus avides que délicats, était un art libéral, art admirable, si long à découvrir, mais qui semble n'avoir point eu d'enfance. La netteté du texte, la beauté de l'encre et du papier des premiers imprimeurs n'ont point été surpassées. Les imprimeries actuelles ne sont plus que des manufactures de livres, et l'on ne saurait espérer le même soin, la même égalité de tirage de l'ouvrier qui imprime par jour jusqu'à mille feuilles. Les éditions des Nicolas Jenson, des Wendelin de Spire, des Alde, étaient d'ailleurs tirées à un nombre bien moindre, et ils donnaient, à peu d'intervalle, de nouvelles éditions.

des mêmes ouvrages, qu'ils recomposaient de nouveau. Alde l'Ancien doit être mis au premier rang de ces heureux propagateurs de la pensée par la beauté, l'utilité de ses éditions; inventeur de l'in-octavo, il imprima le premier Virgile qu'on peut emporter dans les bois. Alde joignit à ses talens et à ses vastes connaissances le caractère le plus digne d'estime, bien différent de son contemporain. Thomas Junte de Florence, qui, selon Varchi, « n'était qu'un marchand » non moins avare que riche, plus occupé du gain » que de l'honneur de son imprimerie. »

L'académie des beaux arts est une belle création, due au zèle, aux lumières et au patriotisme du comte Cicognara. Elle est devenue un asile précieux au milieu de la dispersion et de la dégradation de tant de chefs-d'œuvre. Déjà elle a recueilli de nombreux ouvrages placés dans les couvens et les églises supprimées; elle doit être encore plus secourable dans la ruine actuelle de Venise. Cette riche collection de plus de quatre cents tableaux, est presque entièrement composée de tableaux des grands maîtres de l'école venitienne. École admirable, plutôt par le naturel et le vrai que par l'idéal, par l'éclat du coloris, par la hardiesse, le pittoresque, plutôt que par la pureté du dessin, que la jeune école française imite, de même que la jeune école poétique, lassée de la contemplation des anciens modèles, se tourne vers Shakspeare. Ces moyens de renouveler l'art semblent fort incertains, la méditation serait plus féconde et plus sure pour le talent. Siècle étrange, qui vise à l'originalité, à la *nationalité* dans les arts de l'esprit, et qui se fait anglais ou allemand au théâtre, et venitien en peinture.

Le modèle du Thésée vainqueur du Centaure, de

Canova, si éloquemment décrit par madame Albrizzi, et que Pindemonte a si bien chanté, se voit à l'académie des beaux-arts : la statue faite pour une place publique de Milan, aux frais du gouvernement italien, est aujourd'hui, par droit de conquête, dans un fossé de Vienne.

L'académie des beaux-arts est l'ancienne confrérie de la Charité. La voûte de la salle principale rappelle une anecdote singulière : le confrère Chérubin Ottale, qui s'était chargé de la dorer à ses frais, n'ayant pu obtenir des autres confrères qu'une inscription, mentionna qu'on lui devait cette magnificence, il fit placer au milieu de chaque carré un petit ange ayant huit ailes, de manière que son dit nom de Chérubin Ottale est ainsi répété plus de mille fois : un Français n'eut rien imaginé de mieux que cette ruse de la vanité du bourgeois venitien.

Le nombre des églises était considérable à Venise : la population ecclésiastique y était supérieure à celle des premiers états de la catholicité; ainsi, malgré les querelles du gouvernement et du clergé avec la cour de Rome, on sent que la dévotion du peuple a dû être un obstacle invincible à une rupture. Ce clergé opulent et populaire (le peuple élisait les curés) était exclu des conseils et des emplois de la république ; preuve nouvelle des utiles effets de la séparation de la vie politique et de la vie religieuse ; et, à un fort petit nombre d'exemples près, il se rangea toujours du côté de l'autorité civile contre la puissance spirituelle.

La tolérance dont Venise a été louée, et qu'elle dut sans doute à la position du clergé en dehors du gouvernement, paraît s'être affaiblie plus tard lors de la décadence de la république : le vertueux Maffei fut exilé pour quelques opinions de son livre sur l'usure ; et la même rigueur atteignit un patricien qui, dans ses voyages, avait visité Voltaire et Rousseau.

Les églises de Venise offrent le double intérêt de souvenirs historiques reculés, éclatans, et des merveilles de l'art dues aux grands maîtres venitiens.

Les premiers Venitiens, comme les Romains, attachaient une grande importance politique au mariage. Chaque année, le jour de la Purification, presque tous les mariages de la ville se célébraient à la fois et dans la même église : c'était celle de la petite île d'Olivolo, aujourd'hui Sainte-Marie-Formose. Lorsque la constitution eut été fixée, le dogat établi, et que la population et les richesses se furent accrues, on décréta que douze jeunes filles, choisies parmi les plus vertueuses et les plus belles, seraient dotées aux frais de l'état et conduites à l'autel par le doge, en costume, et suivi de son cortége : le gouvernement poussa la délicatesse et l'attention jusqu'à les parer d'or, de perles et de diamans, afin que l'amour-propre de ses rosières ne fût point humilié par la riche toilette des autres fiancées ; mais après la cérémonie elles devaient déposer *cet éclat emprunté* et ne garder que la dot. Une catastrophe arrivée en 944, vint encore ajouter par la suite à la solennité de cette fête. La veille, pendant la nuit, les pirates triestains, sans être aperçus, se mirent en embuscade derrière l'île d'Olivolo, et le matin, traversant avec rapidité le canal, ils s'élancent à terre le sabre à la main, pénétrèrent dans l'église au moment de la bénédiction nuptiale, saisissent les jeunes filles couvertes de leurs brillans habits et portant leur *dot*, les traînent à leurs barques, s'y jettent avec elles et fuient à toutes voiles. Cet enlèvement ne tourna point toutefois comme celui des Sabines, et le Romulus forban de l'Adriatique n'eut point le même succès que le fondateur de la ville éternelle. Les ravisseurs, atteints dans les lagunes de Caorlo par les époux venitiens, le doge à leur tête, lorsqu'ils se partageaient déjà les femmes et le butin, furent attaqués, défaits et tous jetés à la mer. Le petit port de la côte de Frioul où ils avaient été détruits, prit aussitôt le nom de *Porto delle Donzelle*, qu'il a conservé. La fête *delle Marie*, à laquelle donna lieu le retour des fiancées et leur aventureux hymen, s'est célébré continuellement à Sainte-Marie-Formose jusque dans les derniers temps de la république, mais il n'y avait plus de mariage : le doge se rendait simplement à l'église avec la seigneurie ; le curé allait à leur rencontre et leur offrait, au nom de ses paroissiens, des chapeaux de paille dorés, des flacons de vin de Malvoisie et des oranges (*). Les douze cuirasses d'or garnies de perles, qui jadis composaient la parure des fiancées dotées, n'existent plus ; elles furent vendues en 1797, afin de pourvoir

---

(*) L'origine de ces présens est une scène touchante du moyen âge : lors de l'enlèvement des fiancées, le corps des *Casselleri* (espèces de menuisiers), qui formait la principale population de la paroisse de Sainte-Marie-Formose, ayant fourni le plus grand nombre de barques, et particulièrement contribué au succès de la poursuite, on offrit à ces braves gens la récompense qu'ils pourraient désirer. Ils sollicitèrent seulement du doge l'honneur de le recevoir dans leur paroisse le jour de la fête qui venait d'être instituée. Le doge, frappé lui-même d'un tel désintéressement, et voulant leur donner occasion de demander davantage, feignit d'élever des difficultés sur la possibilité de sa visite, et avec la naïveté du temps, il leur dit : « Mais s'il venait à pleuvoir ? — Nous vous donnerons des » chapeaux pour vous couvrir. — Et si nous avons soif ? — Nous vous » donnerons à boire. »

aux besoins pressans de cette époque ; les perles gardées avec soin au trésor, pendant l'administration française, ont servi dernièrement à payer l'entretien de l'église Saint-Marc. Ainsi viennent de disparaître jusqu'aux dernières traces de la fête nationale *delle Marie*.

Le monument Colleoni, à côté de Saint-Jean et Paul, fut érigé avec l'argent qu'avait pour cela légué ce général. La commande de sa propre statue ne paraît pas très-noble de la part d'un si habile capitaine, qui avait pu la mériter par ses talens et ses services (*). L'inscription dissimule toutefois cette origine, puisqu'elle porte simplement que c'est *ob militare imperium optime gestum*, que la statue fut élevée. Le piédestal corinthien du monument Colléoni, ouvrage d'Alexandre Léopardo, est le premier qui existe pour l'élégance, le bon goût des ornemens ; les statues des princes sont inférieures en ce point à la statue du *Condottière*. Elle est l'ouvrage d'André da Verrocchio, florentin, un des premiers artistes de son temps, peintre, sculpteur, architecte, et maître du Perugin et de Léonard de Vinci. L'histoire de sa statue, racontée par Vasari, peint la passion, l'amour-propre jaloux, l'indépendance et l'activité des artistes de cette époque : comme Verocchio avait terminé le cheval, il apprit que la figure allait être accordé par faveur à Vellano de Padoue, le protégé de quelques patriciens. Indigné, il cassa la tête et les jam-

---

(*) Lord Byron, dans la préface de *Faliero*, parle de la statue actuelle de la place Saint-Jean et Paul comme de celle d'un *guerrier oublié* qu'il ne désigne même point : Colléoni, un des fondateurs de l'art de la guerre en Europe, ne méritait ni cet oubli ni ce mépris de poète.

bes de son cheval, il partit furtivement pour Florence.
Le sénat de Venise lui fit aussitôt signifier que s'il
osait jamais y reparaître, on lui trancherait la tête ;
il répondit qu'il s'en garderait bien, attendu qu'il ne
dépendait point de la seigneurie de lui remettre sa
tête si elle était coupée, comme il lui serait facile
de refaire celle du cheval qu'il avait brisée. Cette
réponse ne déplut point, et Verrocchio obtint la liberté de revenir ; il reprit ses travaux avec une telle
ardeur, qu'atteint d'une fluxion de poitrine il en
mourut, et qu'Alexandre Léopardo fut chargé du
nettoyage et de la fonte de la statue.

L'arsenal de Venise était une de ses merveilles ; il
fut son plus glorieux, son plus riche monument ; et
les flottes qu'il construisit, en combattant, en repoussant l'invasion permanente des Turcs, sauvèrent
la civilisation de l'Italie et du midi de l'Europe. Il
n'est aujourd'hui qu'un magnifique témoignage de la
décadence de Venise. Combien il diffère dans sa solitude de cet arsenal peint si admirablement par
le Dante, qui a fait entrer dans sa description les
termes techniques de la marine, et les a rendus harmonieux, poétiques, imitatifs, tant ce prodigieux
génie sait tout dire !

> Quale nell' arzanà dè Veneziani
> Bolle l'inverno la tenace pece
> A rimpalmar li legni lor non sani
> Che navicar non ponno ; e'n quella vece
> Chi fa suo legno nuovo, e chi ristoppa
> Le coste a quel che più viaggi face ;
> Chi ribatte da proda, e chi da poppa
> Altri fa remi, ed altri volge sarte,
> Chi terzeruolo ed artimon rintoppa. (*)

(*) *Inf.* Cant. XXI. Ces vers sont à peu près intraduisibles ; il

La population de l'arsenal, qui était alors de seize mille ouvriers, n'était plus au dix-septième siècle, que de trois mille, et vers la fin de la république, que de deux mille cinq cents, auxquels étaient adjoints, pour travaux extraordinaires, les artisans et *facchini* de la ville ; sous l'administration française, elle s'est élevée quelque temps jusqu'à trois mille cinq cents : elle n'est guère aujourd'hui que de douze cents.

A l'entrée sont deux lions colossals de marbre, enlevés d'Athènes par Morosini, mais qui, disent les savans, ne sont plus antiques ; lions qui seraient aujourd'hui plus libres s'ils fussent restés au Pyrée, et qu'Athènes eût fait partie de la Grèce.

Les souvenirs divers de Venise se retrouvent à l'arsenal : là est le prétendu casque d'Attila, et l'espèce de gros harnais de son cheval ; des casques véritables de croisés venitiens, compagnons de Dandolo ; des armes, de longs étendards de couleur éclatante, pris sur les Turcs à la bataille de Lépante, et d'affreux instrumens de torture employés par l'inquisition. Il y avait dans une des salles un petit modèle du Bucentaure, qui n'était point achevé ; celui-là, espèce de curiosité de galerie, exposé à la poussière ou destiné à être mis sous-verre, ne devait

---

faudrait pour les rendre un ingénieur de la marine grand poète, et M. Ch. Dupin n'a encore fait jusqu'ici que de la prose. Voici le sens des vers du Dante : « Tel, dans l'arsenal de Venise, bout, l'hiver,
» la poix tenace, afin de radouber les vaisseaux qui ne peuvent na-
» viguer ; ici l'on repare à neuf un vaisseau ; là on rapproche et
» l'on resserre les flancs de celui qui a fait plusieurs voyages :
» l'un va de la poupe à la proue et de la proue à la poupe ; d'autres
» fabriquent des rames, roulent des cordages, ou dressent l'artimon
» et les autres voiles.

point voguer pompeusement sur la mer, couverte de fleurs comme une épouse nouvelle, au bruit du canon, de la musique et de l'hymne d'hymen de l'Adriatique, vieille chanson vénitienne qui avait fini par n'être plus entendue de personne, mais dont les sons bizarres étaient régulièrement conservés. C'est ainsi que le patriotisme superstitieux de Rome avait respecté les vers saliens, qui n'étaient plus compris par Horace. Malgré ses ornemens et sa dorure, le Bucentaure était un triste navire, puisqu'il n'avait jamais vu d'ouragans, et que le chef de l'arsenal, qui remplissait à son bord les fonctions de capitaine, jurait que les flots seraient calmes pendant la cérémonie dont il était l'inerte et fastueux théâtre.

Mais un monument bien cher à un Français qui visite Venise, est l'armure d'Henri IV donnée par lui à la république : l'épée malheureusement y manque, cette épée, disait-il, dans sa lettre, au sénat, qu'il avait portée à la bataille d'Ivry ; elle disparut en 1799, au moment de la chute de la république, lorsque l'armure passa du palais Ducal à l'arsenal. Malgré d'opiniâtres recherches auprès des personnes les mieux instruites de l'histoire contemporaine de Venise, il a été impossible de retrouver aucune trace de cette noble épée. L'armure d'Henri IV, simple, solide, et qui rappelle le beau vers de *la Henriade* sur les armes de ses soldats :

Leur fer et leurs mousquets composaient leurs parures,

cette armure fut redemandée avec noblesse par le roi Louis XVIII, lorsque Venise lui refusa un asile. Ce prince ne put l'obtenir ; il partait alors pour l'armée de Condé ; l'épée du Béarnais, revenue dans les camps, eût mieux que l'étranger rendu la couronne de France à ses descendans.

Vis-à-vis de l'armure d'Henri IV est le monument érigé par le sénat de Venise au grand amiral Angelo Emo, mort en 1792, un des premiers et des bons ouvrages de Canova. Au milieu de l'affaiblissement général des mœurs de Venise, Emo s'était montré citoyen. C'est lui qui, après la destruction de la flotte par la tempête à Eléos, vint dire au sénat : « Souffrez » que tout mon bien soit employé à réparer les per- » tes que vient d'éprouver la république. » Ce grand homme eût probablement prévenu l'ignominie des derniers momens de la patrie; le courage et l'honneur éteints dans les conseils de la république, s'étaient conservés à l'arsenal; et comme si l'élément, premier refuge des fondateurs de Venise ne devait point cesser d'animer, d'exciter, de relever jusqu'à la fin leurs descendans, le dernier des Venitiens fut un marin.

Un écrivain d'une vive imagination a décrit poétiquement le *Lido* (*) et le petit archipel des îles environnantes; il serait peu sûr de risquer une autre description après la sienne que tout le monde a lue.

Le retour à Venise le soir par le clair de lune, est une des belles scènes de l'Italie. Le silence de Venise, l'aspect oriental de Saint-Marc et du palais Ducal, ont à cette heure quelque chose d'enchanté, de mystérieux, et la blanche clarté reflétée sur la mer et les palais de marbre contrastent avec la noire gondole qui glisse solitaire au milieu des flots. Ces palais ne sont plus comme jadis resplandissans de lumières, aux jours de plaisirs; des jeux de dissolu-

---

(*) M. Charles Nodier, *Jean Sbogar*.

tion de cette brillante cité, et la lune appelée par les artistes le soleil des ruines, convient particulièrement à la grande ruine de Venise.

De retour de nos excursions dans les îles environnantes, nous ne vîmes pas un seul vaisseau en quarantaine au Lazaret. Cette vaste enceinte déserte, que le commerce ou la guerre n'animait plus comme au temps de la république, rappelait les menaces des prophètes contre Tyr : « Comment avez-vous péri, » vous qui habitiez dans la mer? O ville superbe! » vous qui étiez si forte sur la mer... Les îles se» ront épouvantées en voyant que personne ne sort » de vos portes (*). »

Venise commença à Attila, et finit à Bonaparte : cette reine de l'Adriatique, dont l'empire fut de quatorze siècles, devait naître et mourir au milieu d'orages plus violens que ceux de la mer qui l'environne, et la terreur des deux conquérans produisit différemment son origine et sa chute.

(*) Ezéchiel, Cap. XXVI. 17. 18.

CHAPITRE VIII.

ANCONE. — LORETTE. — ROME.

Nous partîmes de Venise sur un bateau à vapeur anglais, qui venait de Trieste et qui se rendait à Ancône. Ce voyage maritime fut une véritable promenade sur l'Adriatique.

Ancône, d'un bel aspect au dehors, est laide au dedans. Le Bagne et le Ghetto, institutions assez analogue dans l'état romain, ajoutent encore à ce dégoût qu'inspire la ville. L'arc de triomphe de Trajan, resplendissant, et entièrement de marbre blanc, le plus beau qu'il y ait au monde, forme, avec tout le reste un vrai contraste. Ce seul monument suffirait pour faire juger de la grandeur romaine. Ancône possédait un vaste théâtre ou amphithéâtre, dont il existe d'importans débris, cachés sous les constructions modernes de la ville.

Un ancien temple de Vénus, sur une hauteur, est devenu la cathédrale dédiée à saint Cyriaque; elle n'a véritablement de remarquable que la vue, de belles colonnes antiques et un superbe sarcophage antique.

La bourse a un caractère qui n'est guère ordinaire aux bourses : sa façade est gothique, et à la voûte sont les superbes fresques de Thibaldi, *Hercule domptant les monstres*, habile et prudente imitation du grandiose terrible de Michel-Ange.

La garnison française qui occupe Ancône depuis cinq ou six ans ne paraît guère s'y plaire; les habitans eux-mêmes ne paraissent pas très-satisfaits de cette occupation qui n'a ni but, ni tendance.

Lorette et son église qu'ont à l'envi décorées, enrichies la dévotion, la politique ou la vanité, offrent un étrange contraste : un peuple de mendians, a demi nu, et des autels chargés d'or et de diamans; une grande rue commerçante, garnie de boutiques, dont l'étalage se compose uniquement de chapelets, d'*agnus*, de croix et de rosaires. Sur la place, la belle statue en bronze de Sixte-Quint est de Calcagni, sculpteur de Racanati du seizième siècle. La détestable façade de l'église élevée par ce pontife, en 1587, annonce la prochaine décadence du goût. Nous n'avons point partagé l'indignation philosophique de quelques voyageurs à la vue de ce pavé de marbre usé par les genoux des pélerins : la prière, quelle que soit son expression et sa forme, nous touche et nous attire, et le sillon qu'elle a tracé autour de la *Santa-Casa*, nous inspire un profond respect. Parmi les lampes nombreuses qui brûlent chaque jour devant la madone, il en est une donnée en 1824, par la belle comtesse Félicité Plater de Wilna, nom qui se trouve mêlé aux glorieux efforts de l'indépendance polonaise, et qui prouve que l'héroïsme et la dévotion peuvent très-bien s'allier. Jules II, à son passage par Lorette, consacra un boulet dont il fut préservé au siége de la Mirandole, par l'intercession de la Vierge: depuis il envoya de Rome une grosse croix d'argent doré avec l'inscription *In hoc signo vinces*, qui, de la part du belliqueux pontife, pourrait s'entendre autant du boulet que de la croix. C'était une femme, une Trivulce, Françoise, bâtarde du maréchal, qui défendait intrépidement la Mirandole qu'assiégeait au cœur de l'hiver ce vieillard presque septuagénaire, capitaine et soldat, impatient vainqueur, qui montait sur la brèche par une échelle et l'épée à la main. Les deux factionnaires, mis dans l'intérieur de l'église, à la porte de la *Sta-Casa*, afin de faire déposer les cannes, les parapluies et les paquets, ont un air moderne et de police qui ne va point à un tel lieu; et cette maison voyageuse, transporté par les anges au milieu des airs, semble assez singulièrement confiée à la garde de deux soldats de la ligne. La statue de la madone, indépendamment de ses voyages miraculeux, fut emmenée prisonnière à Paris en 1797, elle fut mise au cabinet des médailles de la grande bibliothèque au-dessus d'une momie; et, cependant, au sein même de ce sanctuaire savant et profane, on remarqua plus d'une fois que de pauvres femmes lui faisaient toucher à la dérobée du linge et des vêtemens. Bonaparte la rendit au pape en 1801; mais le commissaire pontifical, par une étrange exception, ne voulut point qu'elle fut portée sur un procès-verbal, afin de ne point paraître déroger à la manière aérienne et mystique de voyager dont cette statue avait l'habitude.

Le plafond de la grande salle du trésor, représentant divers sujets de l'histoire de la Vierge, ouvrage vanté du Pomarancio, n'est point irréprochable sous le rapport de la perspective. Les dons, les *ex voto* qui composent ce trésor sont enrichis, divers, bizarres. Des vases, des ornemens d'église furent offerts par les princes et princesses des anciennes dynasties. Une grosse perle naturelle, sur laquelle le chanoine, garde du trésor, prétend découvrir et faire apercevoir la Vierge assise au milieu des nuages avec son fils entre les bras, a, dit-on, été envoyée par un pêcheur d'Asie. Nous avons regretté de n'y point trouver la plume de Juste Lipse, qu'il avait consacré à Notre-Dame-de-Lorette; cette plume qui avait écrit à Montaigne, et lui avait adressé le surnom de *Thalès* français; appréciation remarquable, peut-être unique du philosophe français, de la part d'un savant du seizième siècle, et d'un écrivain devenu catholique et dévot. Le grand Condé avait offert une copie en argent du château de Vincennes, où Mazarin l'avait fait enfermer; et il ne prévoyait point qu'un autre italien, glorieux, puissant, maître aussi de la France, devait y détruire un jour son dernier rejeton.

L'habit, la veste et la culotte couleur de chair, laissés par le roi de Saxe au mois de juillet 1828, ressemblait plutôt à un costume de théâtre qu'à un hommage pieux. Le dépôt de ces habits brodés n'est qu'une tradition grotesque de l'usage antique de suspendre ses vêtemens après le naufrage. Le Tasse, au milieu de ses malheurs, était venu acquitter son vœu à Lorette : cet illustre pélerin n'a pu rien donner, car il manquait d'argent pour continuer sa route ; mais l'admirable *Canzone* qu'il y composa en l'honneur de la madone, *Ecco fra le tempeste, e i venti*, la plus belle hymne sans doute qu'elle ait jamais inspirée, est bien au-dessus de tous ces présens des grands, des riches et des puissans du monde.

Le nom seul de Rome est magique pour le voyageur qui arrive dans son enceinte : être à Rome paraît une sorte d'honneur, un des nobles événemens, un des futurs et grands souvenirs de notre vie. Cité victorieuse par ses armes, ou dominatrice par sa foi, Rome, pendant plus de vingt siècles, a régné sur l'univers, et l'imagination ne peut concevoir pour elle une dernière et plus haute destinée.

Si Rome est le premier but du voyageur en Italie, Saint-Pierre est la première merveille qu'il recherche et que ses yeux contemplent.

La fameuse colonnade, chef-d'œuvre de l'architecture théâtrale du Bernin, enveloppe la magnifique place ovale, et sert comme d'avant-scène au péristyle colossal de Saint-Pierre. Cette double colonnade semble simple et légère, vue d'un certain pavé de la place; et l'on rapporte qu'un anglais, voyageur consciencieux, qui, pendant son séjour à Rome, n'en avait pas été averti, se fit ramener par la poste à ce pavé, descendit de voiture, et, après un coup d'œil, repartit satisfait.

Au milieu de la place s'élève l'obélisque intact de granit rouge, qui, privé d'hiéroglyphes, ne doit être qu'une imitation romaine des obélisques égyptiens, transportée par Caligula. Cet obélisque, habilement relevé par Dominique Fontana, fut ainsi que la croix qui le domine, chanté deux fois par le Tasse. Les deux majestueuses fontaines qui s'élèvent de chaque côté de la place, complètent dignement sa décoration, soit qu'on les observe au soleil, dont les rayons y forment de brillans arcs-en-ciel, ou à la clarté de la lune, qui ajoute à la blancheur de leur onde écumante dont le perpétuel murmure inspire et nourrit la rêverie.

L'impression causée par la vue de l'intérieur de la basilique ne répond guère à l'idée que l'on se fait de son étendue, et elle paraît même moins grande qu'elle ne l'est en réalité. Cependant cette impression de mécompte s'efface lorsqu'on est retourné plusieurs fois à Saint-Pierre et que l'étude de ses diverses parties vous a convaincu de son immensité. Alors elle devient comme une véritable cité où l'on se plaît : sa lumière, quoique trop vive pour être religieuse, son climat, si on peut le dire, ont de la douceur; car on a remarqué qu'il y régnait une température toujours à peu près égale, et qu'une sorte d'agréable vapeur était répandue dans l'air. La population, les mœurs de cette ville, offrent d'ailleurs mille contrastes : de pauvres paysans, chargés de leurs bagages, se prosternent sur ce pavé de marbre, et devant ces autels brillans d'or et de pierreries; ils avaient en entrant baisé la porte sainte, que des Anglais ou d'autres voyageurs profanes et peu discrets couvrent de leurs noms : des gens du peuple causent de leurs affaires devant un confessionnal avec leur confesseur, qui y est entré, conférence familière qui précède la confession de chacun. Un pénitencier, armé d'une longue baguette, frappe légèrement sur la tête des fidèles, qui s'agenouillent devant lui, espèce de pénitence publique qui relève des péchés véniels. Les pénitenciers des diverses langues viennent recevoir à leur tribunal l'expression différente, mais au fond toujours la même, de notre fragilité et de notre misère; des confréries rangées avec ordre, ou d'autres religieux, font leurs stations aux divers autels, tandis qu'au loin retentissent les chants graves des prêtres célébrant l'office dans la chapelle du chœur, le bruit de l'orgue, ou que l'on entend la lente et harmonieuse sonnerie des cloches de Saint-Pierre. Quelquefois la basilique est un vaste et silencieux désert; les purs rayons du soleil viennent frapper quelque brillante mosaïque, copie impérissable d'un chef-d'œuvre de la peinture; tandis que quelque artiste ou quelque sage détrompé des choses de la vie, tel qu'on en trouve à Rome, se livre dans un endroit écarté à la rêverie, ou qu'un pauvre homme, plus indifférent encore, dort profondément étendu sur un banc.

L'intérieur de Saint-Pierre est plutôt riche, orné, magnifique que de bon goût, mais le mauvais, l'exagéré qui y abonde, ne laisse pas dans son ensemble de contribuer à l'effet et d'avoir une sorte de grandiose. On doit surtout éternellement regretter pour l'élégance et la majesté de l'édifice, que la croix grecque de Michel-Ange n'ait point été adopté de préférence à l'allongement de la croix latine choisie par Charles Maderne.

L'immortelle coupole avait été, dit-on, projetée par Bramante; mais le génie seul de Michel-Ange pouvait l'exécuter : émule des grands artistes de l'antiquité comme peintre et comme sculpteur, il les a surpassé comme architecte. A l'aspect de cette superbe création, on sent une noble fierté de la puissance de l'homme, et la reconnaissance se mêle à l'admiration pour celui qui sut l'élever si haut.

Il faut monter à la coupole pour juger véritablement l'étendue de Saint-Pierre, et admirer complètement Michel-Ange; il avait quatre-vingt-sept ans lorsqu'il posa la calotte de cette coupole. C'est là qu'il est tout entier et que sa belle conception n'a pas été altérée. L'estime pour l'homme ajoute encore à l'enthousiasme pour l'artiste. Michel-Ange, habitué à travailler pour la gloire ou pour les amis, refusa les six cents écus d'appointemens que le pape Paul III lui avait alloués, et pendant dix-sept ans il dirigea gratuitement une entreprise qui avait enrichi les premiers architectes. Cette expédition de la coupole est une sorte de voyage. Une population d'ouvriers toujours occupés de réparations, habite le sommet du temple, qui semble une place publique en l'air. Un escalier conduit sur l'entablement intérieur près de la magnifique promesse faite au premier apôtre, inscrite en caractères de dix pieds : *Tu es Petrus, et super hanc petram œdificabo ecclesiam meam, et tibi dabo claves regni cœlorum.* De la fameuse boule de bronze, qui peut contenir jusqu'à seize personnes assises, on jouit du plus magnifique aspect de la ville et de la campagne de Rome.

Le Vatican représente la nouvelle et religieuse grandeur de Rome actuelle, comme le capitole représentait la grandeur belliqueuse et triomphante de l'ancienne Rome. Mais ce palais, jadis fameux par ses onze mille salles, cette cour pontificale, longtemps si fastueuse, respirent maintenant la simplicité, et la dépense du pape ne dépasse guère le traitement d'un président. Le Vatican ne tonne plus ; il n'est de nos jours que le plus vaste des musées, et un monument curieux des talens, comme architectes, de Bramante, de Raphaël, de San Gallo, de Pirro Ligorio, de Fontana, de Charles Maderne et du Bernin.

La chapelle Sixtine fut commandée par Sixte IV, pontife peu connaisseur en peinture, mais qui savait et aimait la gloire que les arts peuvent donner. Le *Jugement dernier* était un sujet singulièrement adopté au génie vaste et hardi de Michel-Ange, à sa science du dessin et à son habileté des raccourcis. Il s'y était, à ce qu'il paraît, préparé de lui-même, et le pape Paul III, informé des études qu'il avait faites, se rendit chez lui à la tête de dix cardinaux pour l'inviter à traiter ce sujet, et presque l'en prier : honneur unique dans les fastes de la peinture, et qui prouve quelle était l'importance, la considération de l'artiste! Mais, indépendamment du grandiose du style et de l'inspiration du Dante, on sent que la terrible fresque, terminée après le sac de Rome, porte l'empreinte de la désolation du temps et de la sombre mélancolie du peintre. Les élus y paraissent presque aussi furieux que les damnés. La sublime fresque de la Sixtine, qui a souffert du temps, de l'humidité, de la négligence des conservateurs, et de l'explosion de la poudrière du château Saint-Ange en 1797, faillit être détruite sous Paul IV à cause de ses nudités, et Michel-Ange a représenté sous les traits de Minos, Messer Biaggio, le maître des cérémonies du pape, qui les avait sottement dénoncées. La réponse de Michel-Ange à l'homme qui lui annonçait la vandale résolution du pontife fut sévère : « Dites au pape que » cela est peu de chose et se peut facilement corri- » ger, qu'il corrige le monde, et je corrigerai aussi- » tôt mes peintures (*). » Daniel de Volterre se chargea de voiler ses damnés, opération ridicule qui lui valut le nom de *Brachettone* (**), et lui attira des vers piquans de Salvator Rosa. Cette fresque extraordinaire a produit, comme plus d'un grand chef-d'œuvre, une multitude de malheureux imitateurs et, plus d'une fois on entendit son immortel auteur dire de ceux qu'il trouvait dessinant dans la chapelle Sixtine : « Oh! de combien de gens mon ouvrage fera pa- » raître la maladresse (***)! » Raphaël toutefois sut si

---

(*) *Dite al papa, che questa è piccola faccenda, e che facilmente può acconciare, che acconci egli il mondo, che le pitture si acconciano presto.*

(**) Culottier.

(***) *O quanti quest' opera mia ne vuol ingoffiu!*

bien échapper à ce danger et mettre à profit les beautés du faire de *Michel-Ange*, lorsqu'introduit furtivement en son absence par Bramante dans la chapelle, il put les observer avant qu'elles ne fussent découvertes.

Nous avons assisté plusieurs fois aux offices de la chapelle Sixtine, spectacle imposant par la présence du pape et des cardinaux, dont la toilette toutefois est négligée. L'aspect de ce sénat chrétien, auquel ont manqué François de Sales, Bossuet et Fénélon, montre la force, la majesté et l'indépendance de l'église, impérissable société qui a vaincu le monde antique, civilisé le monde moderne, et qui faillirait à sa destinée en s'opposant aux lumières et à l'amélioration de la race humaine.

Les loges de Raphaël, si elles ne sont pas toutes de sa main, furent exécutées sous sa direction et par ses élèves. Jamais ce prince de l'école romaine ne se rendait au Vatican qu'à la tête de cinquante peintres, vassaux de son génie, et attirés, fixés auprès de lui par le charme de son caractère. Cette féodalité dans les arts, si favorable aux arts, aux grands ouvrages, tenait à d'autres mœurs qui ne peuvent renaître. Les prétentions, l'indépendance des artistes actuels, la dignité académique, ne permettent plus l'obéissance, la subordination, auxquelles on doit les vastes et beaux travaux qui maintenant nous étonnent.

Le musée du Vatican, le plus beau, le plus riche des musées, fut commencé il y a cinquante ans dans une cour et un jardin. On ne sait ce que l'on doit plus admirer, soit du zèle des derniers pontifes, soit de la singulière fécondité d'une terre qui en si peu de temps a produit tant de chefs-d'œuvre. L'abbé Barthélemy avait calculé que malgré les ravages des siècles et les mutilations des barbares, le nombre des statues exhumées jusqu'à nos jours du sol de Rome, dépassait soixante-dix mille. Si l'on considère également le grand nombre des colonnes détruites ou passées à l'étranger, quelle quantité considérable d'édifices ne doit-il pas faire supposer, et quel ne devait pas être l'éclat de la ville éternelle, quand elle était peuplée par cette multitude de figures intactes et nouvelles, placées dans ces mêmes somptueux édifices? On éprouve une vive impression non-seulement à la vue de ce grand nombre de personnages connus, mais encore de ceux que l'on ne connaît point, de ces noms, de ces pierres, de ces inscriptions qui sont comme une apparition, comme une résurrection de l'antiquité.

La galerie du Vatican n'a pas cinquante tableaux, et trois ou quatre de ces tableaux la rendent la première galerie du monde. La *Transfiguration*, ce chef-d'œuvre de la peinture, louée, admirée, célébrée depuis trois siècles, fut payé à Raphaël un peu plus de mille écus de la monnaie actuelle, et il était destiné à une petite ville de France, Narbonne, dont le cardinal Jules de Médicis, qui l'avait commandé était 'archevêque. On sait que cet immortel ouvrage fut la plus belle décoration des funérailles de Raphaël, mort à trente-sept ans : que n'eût-il point fait s'il eut vécu les quatre-vingt-dix-neuf ans du Titien ou les quatre-vingt-dix de Michel? Mais qui sait si sa destinée unique n'était point complète; s'il n'a point été retiré à temps par la Providence, et si après avoir atteint à la perfection, incapable lui-même de se surpasser, il n'a point été heureux jusque dans sa mort? Quelques savans juges ont reproché à la *Transfiguration* de manquer d'unité, mais sa double action, conforme à la narration évangélique, se tient et marche de front. On peut même dire que dans cette magnifique composition, le ciel, la terre et l'enfer servent allégoriquement à reconnaître l'Homme-Dieu. Cette dernière figure rend véritablement la divinité visible. La partie supérieure est superbe ; le côté des apôtres très-pathétique ; la femme à genoux et le possédé sont d'une moins désespérante perfection, et ils pourraient bien avoir été terminés par Jules Romain.

L'expression céleste de résignation donnée par le Dominiquin à son *saint Jérôme* a presque fait à l'irascible et impétueux docteur de l'église latine une réputation de douceur que ses écrits et ses combats démentent. Les arts ont une puissance morale et immense à laquelle le génie de l'éloquence ou de la poésie ne saurait même atteindre. S'il est des talens précurseurs du grand et du bon goût, il en est d'autres non moins admirables qui lui survivent : Masaccio et le Dominiquin, modèles également classiques à des époques éloignées, sont les prodiges différens de ces phases de la peinture.

Le Colysée représente la Rome ancienne, comme Saint-Pierre la Rome nouvelle et chrétienne : il n'est en aucun lieu du monde des monumens qui parlent différemment et plus vivement à l'âme. L'histoire du Colysée montre les changemens divers de la société depuis près de dix-huit siècles : Cirque magnifique de gladiateurs sous Titus, arène des martyrs sous Dioclétien, il devient au moyen âge un poste militaire, une espèce de redoute que se disputent les familles rivales des Frangipani et des Annibaldi ; à la fin du XIVe siècle, époque de sa principale destruction, car il fut moins maltraité par les barbares que par la science et la civilisation renaissantes, n'est plus qu'une carrière de pierre, qui sert, jusqu'au milieu du siècle suivant, à la construction de plusieurs grands palais de Rome. Sixte-Quint voulut y établir une filature de laine, et mettre des boutiques sous les arcades, projet que sa mort fit abandonner, quoique l'habile architecte Fontana eût donné le plan de cette vulgaire transformation. Dans le dernier siècle, un voyageur spirituel et instruit, mais qui n'a point échappé au mauvais goût du temps, proposait d'abattre la moitié du Colysée, afin de raccommoder l'autre, et d'avoir ainsi un demi-Colysée en bon état, plutôt que de l'avoir entier tout en guenilles (*). Le caractère de ruine est au contraire une des beautés du Colysée, et nous avouons même que tel qu'il est maintenant il nous a paru trop refait, trop réparé, trop rajeuni.

L'impression des ruines varie selon l'âge dans lequel on les contemple : elles plaisent dans la jeunesse, parce qu'elles contrastent avec la vie, l'ardeur et les espérances que l'on sent en soi; mais dans un âge plus avancé, lorsque cette disposition a changé, et que soi-même on n'est plus bientôt qu'une autre sorte de ruine, elles attristent, et toutes ces grandeurs évanouies ne font que vous rappeler que vous devez passer comme elles. Les ruines, quoi qu'en dise le poète, ne se consolent guère entre elles, et cette grande image, peut-être applicable aux revers momentanés de la fortune, ne l'est point aux outrages irréparables du temps.

L'effet du Colysée, lorsque l'on monte et parcourt ses divers étages, est merveilleux : la vanité des vues

---

(1) Lettres de Desbrosses. T. III. p. 115.

se renouvelle à chaque arcade, et offre mille détails de ruines qui ne sauraient se rendre.

Fatigués d'une longue course, sous l'impression de la pompe de ces ruines, nous nous assîmes sur un tronçon de colonne, et Bion se mit à réciter l'improvisation de Corinne.

« Italie, empire du soleil ; Italie, maîtresse du monde, Italie ber-
» ceau des lettres, je te salue. Combien de fois la race humaine te
» fut soumise, tributaire de tes armes, de tes beaux arts et de ton
» ciel !

» Un Dieu quitta l'Olympe pour se réfugier en Ausonie : l'aspect
» de ce pays fit rêver les vertus de l'âge d'or, et l'homme parut
» trop heureux pour s'y supposer coupable.

» Rome conquit l'univers par son génie et fut reine par la liber-
» té. Le caractère romain s'imprima sur le monde ; et l'invasion des
» barbares, en détruisant l'Italie, obscurcit l'univers entier.

» L'Italie reparut avec les divins trésors que les Grecs fugitifs
» rapportèrent dans son sein ; le ciel lui révéla ses lois ; l'audace de
» ses enfants découvrit un nouvel hémisphère : elle fut reine en-
» core par le sceptre de la pensée ; mais ce sceptre de lauriers ne
» fit que des ingrats.

» L'imagination lui rendit l'univers qu'elle avait perdu. Les pein-
» tres, les poètes enfantèrent pour elle une terre, un olympe, des
» enfers et des cieux ; et le feu qui l'anime, mieux gardé par son
» génie que par le dieu des païens, ne trouva point dans l'Europe
» un Prométhée qui le ravit.

. . . .
. . . .
. . . .

. . . . » Le Dante, l'Homère des temps modernes,
» poète sacré de nos mystères religieux, héros de la pensée, plon-
» gea son génie dans le Styx, pour aborder à l'enfer : et son âme
» fut profonde comme les abîmes qu'il a décrits.

« L'Italie au temps de sa puissance revit tout entière dans le
» Dante. Animé par l'esprit des républiques, guerrier aussi bien

» que poète, il souffle la flamme des actions parmi les morts : et
» ses ombres ont une vie plus forte que les vivans d'aujourd'hui.

» Les souvenirs de la terre les poursuivent encore : leurs pas-
» sions sans but s'acharnent à leur cœur ; elles s'agitent sur le
» passé, qui leur semble encore moins irrévocable que leur éter-
» nel avenir.

» On dirait que le Dante, banni de son pays, a transporté dans
» les régions imaginaires les peines qui le dévoraient. Ses ombres
» demandent sans cesse des nouvelles de l'existence, comme le poète
» lui-même s'informe de sa patrie ; et l'enfer s'offre à lui sous les
» couleurs de l'exil.

» Tout à ses yeux se revêt du costume de Florence. Les morts
» antiques qu'il évoque semblent renaître aussi Toscans que lui, ce
» ne sont point les bornes de son esprit ; c'est la force de son âme
» qui fait entrer l'univers dans le cercle de sa pensée.

» Un enchaînement mystique de cercles et de sphères le conduit
» de l'enfer au purgatoire, du purgatoire au paradis : historien
» fidèle de sa vision, il inonde de clartés les régions les plus obscu-
» res : et le monde qu'il crée dans son triple poëme est complet,
» animé, brillant comme une planète nouvelle, aperçue dans le
» firmament.

» A sa voix, tout sur la terre se change en poésie : les objets,
» les idées, les lois, les phénomènes, semblent un nouvel olympe de
» nouvelles divinités : mais cette mythologie de l'imagination s'a-
» néantit, comme le paganisme, à l'aspect du paradis, de cet océan
» de lumières, étincelant de rayons et d'étoiles, de vertus et
» d'amour.

» Les magiques paroles de notre plus grand poète sont le prisme
» de l'Univers ; toutes ses merveilles s'y réfléchissent, s'y divisent,
» s'y recomposent ; les sons imitent les couleurs, les couleurs se
» fondent en harmonie ; la rime, sonore ou byzarre, rapide ou
» prolongée, est inspirée par cette divination poétique, beauté su-
» prême de l'art, triomphe du génie, qui découvre dans la nature
» tous les secrets en relation avec le cœur de l'homme.

» Le Dante espérait de son poème la fin de son exil : il comptait
» sur la renommée pour médiateur, mais il mourut trop tôt pour
» recueillir les palmes de la patrie. Souvent la vie passagère de

» l'homme s'use dans les revers, et si la gloire triomphe, si
» l'on aborde enfin sur une plage plus heureuse, la tombe s'ouvre
» derrière le port, et le destin aux mille formes annonce souvent la
» fin de la vie par le retour du bonheur.

» Ainsi le Tasse infortuné, que vos hommages, Romains, de-
» vaient consoler de tant d'injustice, beau, sensible, chevaleres-
» que, rêvant les exploits, éprouvant l'amour qu'il chantait, s'ap-
» procha de ces murs, comme ses héros de Jérusalem, avec res-
» pect et reconnaissance. Mais la veille du jour choisi pour le
» couronner, la mort l'a réclamé pour sa terrible fête : le ciel
» est jaloux de la terre, et rappelle ses favoris des rives trompeu-
» ses du temps.

» Dans un siècle plus fier et plus libre que celui du Tasse, Pé-
» trarque fut aussi, comme le Dante, le poète valeureux de l'indé-
» pendance italienne. Ailleurs on ne connaît de lui que ses amours :
» ici des souvenirs plus sévères honorent à jamais son nom : et la pa-
» trie l'inspira mieux que Laure elle-même.

» Il ranima l'antiquité par ses veilles ; et loin que son imagination
» mit obstacle aux études les plus profondes, cette puissance créa-
» trice, en lui soumettant l'avenir, lui révéla les secrets des siè-
» cles passés. Il éprouva que connaître sert beaucoup pour inven-
» ter; et son génie fut d'autant plus original, que, semblable aux
» forces éternelles, il sut être présent à tous les temps.

» Notre air serein, notre climat riant, ont inspiré l'Arioste : c'est
» l'arc-en-ciel qui parut après nos longues guerres : brillant et va-
» rié comme ce messager du beau temps, il semble se jouer familiè-
» rement avec la vie; et sa gaîté légère et douce est le sourire de
» la nature, et non pas l'ironie de l'homme.

» Michel-Ange, Raphaël, Pergolèse, Galilée, et vous, intrépides
» voyageurs, avides de nouvelles contrées, bien que la nature ne
» pût vous offrir rien de plus beau que la vôtre, joignez aussi votre
» gloire à celle des poètes! Artistes, savans, philosophes, vous êtes
» comme eux enfants de ce soleil qui tour à tour développe l'ima-
» gination, anime la pensée, excite le courage, endort dans le bon-
» heur, et semble tout promettre et tout faire oublier.

» Connaissez-vous cette terre, où les orangers fleurissent, que
» les rayons des cieux fécondent avec amour? Avez-vous entendu

» les sons mélodieux qui célèbrent la douceur des nuits? avez-vous
» respiré ces parfums, luxe de l'air si pur et si doux? Répondez,
» étrangers, la nature est-elle chez vous belle et bienfaisante?

» Ailleurs, quand des calamités sociales affligent un pays, les peu-
» ples doivent s'y croire abandonnés par la divinité : mais ici nous
» sentons toujours la protection du ciel ; nous voyons qu'il s'inté-
» resse à l'homme, et qu'il a daigné le traiter comme une noble
» créature.

» Ce n'est pas seulement de pampres et d'épis que notre nature
» est parée ; mais elle prodigue sous les pas de l'homme, com-
» me à la fête d'un souverain, une abondance de fleurs et de plantes
» inutiles qui, destinées à plaire, ne s'abaissent point à servir.

» Les plaisirs délicats, soignés par la nature, sont goûtés par
» une nation digne de les sentir ; les mets les plus simples lui suffi-
» sent : elle ne s'enivre point aux fontaines de vin que l'abondance
» lui prépare : elle aime son soleil, ses beaux arts, ses monuments,
» sa contrée tout à la fois antique et printanière ; les plaisirs raffi-
» nés d'une société brillante, les plaisirs grossiers d'un peuple avi-
» de, ne sont pas faits pour elle.

» Ici les sensations se confondent avec les idées ; la vie se puise
» tout entière à la même source, et l'âme, comme l'air, occupe les
» confins de la terre et du ciel. Ici le génie se sent à l'aise, parce
» que la rêverie y est douce ; s'il agite elle calme ; s'il regrette un
» but, elle lui fait don de mille chimères ; si les hommes l'oppri-
» ment, la nature est là pour l'accueillir.

» Ainsi toujours elle répare, et sa main secourable guérit toutes
» les blessures. Ici l'on se console des peines même du cœur, en ad-
» mirant un Dieu de bonté, en pénétrant le secret de son amour :
» les revers passagers de notre vie éphémère se perdent dans le sein
» fécond et majestueux de l'immortel univers.

» Il est des peines cependant que notre ciel consolateur ne sau-
» rait effacer ; mais dans quel séjour les regrets peuvent-ils porter
» à l'âme une impression plus douce et plus noble que dans ces
» lieux !

» Ailleurs, les vivants trouvent à peine assez de place pour leurs
» rapides courses et leurs ardents désirs : ici les ruines, les dé-
» serts, les palais inhabités, laissent aux ombres un vaste espace.
» Rome maintenant n'est-elle pas la patrie des tombeaux !

» Le Colysée, les obélisques, toutes les merveilles qui, du fond
» de l'Egypte et de la Grèce, de l'extrémité des siècles, depuis Ro-
» mulus jusqu'à Léon X, se sont réunies ici, comme si la grandeur
» attirait la grandeur, et qu'un même lieu dût renfermer tout ce que
» l'homme a pu mettre à l'abri du temps ; toutes ces merveilles sont
» consacrées aux monuments funèbres. Notre indolente vie est à
» peine aperçue ; le silence des vivants est un hommage pour les
» morts : ils durent et nous passons.

» Eux seuls sont honorés, eux seuls sont encore célèbres : nos
» destinées obscures relèvent l'éclat de nos ancêtres ; notre exis-
» tence actuelle ne laisse debout que le passé ; il ne se fait aucun
» bruit autour des souvenirs. Tous nos chefs-d'œuvre sont l'ouvrage
» de ceux qui ne sont plus ; et le génie lui-même est compté parmi
» les illustres morts.

» Peut-être un des charmes secrets de Rome est-il de réconcilier
» l'imagination avec le long sommeil. On s'y résigne pour soi ; l'on
» en souffre moins pour ce qu'on aime. Les peuples du midi se re-
» présentent la fin de la vie sous des couleurs moins sombres que
» les habitans du Nord. Le soleil, comme la gloire, réchauffe même
» la tombe.

» Le froid et l'isolement du sépulcre sous ce beau ciel, à côté
» de tant d'urnes funéraires, poursuivent moins les esprits ef-
» frayés. On se croit attendu par la foule des ombres ; et, de notre
» ville solitaire à la ville souterraine, la transition semble assez
» douce.

» Ainsi la pointe de la douleur est émoussée, non que le cœur
» soit blasé, non que l'âme soit aride ; mais une harmonie plus
» parfaite, un air plus odoriférant, se mêlent à l'existence. On
» s'abandonne à la nature avec moins de crainte, à cette nature dont
» le créateur a dit : Les lis ne travaillent ni ne filent ; et cependant
» quels vêtemens de rois pourraient égaler la magnificence dont j'ai
» revêtu ces fleurs ?

Ces images poétiques s'affaiblissent cependant un peu, en visitant Rome dans tous ses détails.

Le Forum, par exemple, le plus illustre lieu de l'univers, était devenu l'ignoble *Campo-Vaccino* ;

les antiquaires lui ont rendu son noble nom sans changer sa destinée : les bœufs mugissent où retentissait la magnifique parole de l'orateur romain, et, à l'innocence des mœurs près, on peut encore dire comme au temps d'Evandre :

> . . . . . Passimque armenta videbat
> Romanoque foro, et lautis mugire carinis.

Les Rostres étaient au centre, jusqu'à ce que César les eût fait transporter à l'angle vers le Vélabrium. Les travaux du Forum, commencés par l'administration française, qui a déblayé les principaux monumens, ont été repris depuis quelques années avec intelligence et activité, et tandis que les autres capitales s'accroissent par des édifices et des bâtimens nouveaux, Rome s'étend, s'embellit par la découverte de ses ruines antiques.

Le temple d'Antonin et de Faustine, élevé par le sénat, montre quelle était la magnificence et la distribution des temples antiques. On regarde comme des modèles classiques d'élégance et de goût les ornemens de l'architrave de six belles colonnes de cipolin, les plus hautes qu'il y ait de ce marbre brillant.

Le temple de Romulus et de Rémus, élégant, est encore remarquable par sa porte de bronze, indiquant jusqu'à la fermeture, monument curieux de serrurerie antique.

Le temple de Vénus et Rome était du dessin d'Adrien, César architecte, encore plus jaloux de l'architecte Apollodore, qu'il fit périr, que de l'empereur Trajan.

L'arc de Titus lui fut érigé après sa mort par le

sénat et le peuple. Les deux principaux bas-reliefs sont des meilleurs ouvrages romains que l'on connaisse : l'un représente Titus sur un char de triomphe conduit par la figure allégorique de Rome ; l'autre les soldats juifs emmenés prisonniers, la table, le chandelier d'or à sept branches, et les autres dépouilles du temple de Jérusalem. Lorsqu'on se rappelle que cette ville fut rasée de fond en comble par Titus, il semble bien peu digne de son surnom des délices du genre humain, qu'il n'eût point obtenu à une époque vraiment civilisée. Chose remarquable ! argument oublié ! les monumens les moins détruits de Rome, le Colysée, l'arc de Titus, sont les monumens qui se rattachent aux souvenirs, et à l'histoire de notre religion.

Le Palatin, la plus célèbre des sept collines, à la fois le berceau et le trône de Rome, n'offre plus que quelques ruines incertaines, parmi lesquelles poussent au hasard le chêne-vert, le laurier, le lierre et le cyprès. Le palais des Césars fut plusieurs fois démoli, rebâti, agrandi ou diminué par ses divers maîtres, empereurs maçons, comme tous les Italiens. Les premières constructions remontent à Auguste : Tibère et Caligula l'étendirent. Vint ensuite Néron avec son immense maison dorée, dans laquelle il se trouvait enfin presque logé comme un homme, maison qui déborda le Palatin, et se répandit presque sur l'Esquilin. Vespasien et Titus supprimèrent les accroissemens de Néron, dont ils bâtirent le Colysée et les Thermes, qui portent le nom du dernier empereur. Domitien, sans dépasser le Palatin, augmenta et décora le palais ; il brûla sous Commode. Malgré les dévastations qu'il subit des Barbares, il existait en grande partie au commencement du VIIIe siècle, et l'empereur Héraclius y fut couronné. Il paraît avoir fini vers le milieu du IXe siècle. Paul III (Farnèse) fit construire sur son emplacement, et avec une partie de ses débris immenses, une délicieuse villa, du dessin de Vignole, qui, abandonnée à la négligence napolitaine, n'est elle-même aujourd'hui qu'une espèce de ruine moderne. Ses jardins, devenus marais, mal cultivés, gardés par quelques gens à l'air sinistre et malade, contenaient une partie de la demeure d'Auguste, la fameuse bibliothèque fondée par lui, et le temple d'Apollon y attenant, une autre partie du palais de Tibère, de Caligula et de la maison dorée.

Mais une habitation charmante, et qui contraste véritablement avec l'aspect dégradé des jardins Farnèse, est la *Vigna Palatina*, située au sommet de la colline, et qui après avoir été la villa Spada et ensuite la villa Magnani, est maintenant occupée par un anglais, M. Charles Mills, qui en fait les honneurs avec infiniment de politesse. La vue est une des plus remarquables de Rome. Le casin offre un portique peint par Raphaël ou Jules Romain, et restauré avec soin par M. Camuccini. Le jardin est couvert de roses; et si Néron revenait dans ces lieux, il pourrait dire encore avec Victor Hugo :

...... Esclave, apporte-moi des roses,
Le parfum des roses est doux (*).

On descend par un escalier commode dans les trois grandes et curieuses salles de la maison d'Auguste. L'apparition, au-dessus du palais des Césars, de cette maison anglaise, de cet agréable *cottage*,

(*) *Un chant de fête de Néron.*

aux gazons et aux visages si frais, semble un monument, un trophée de la civilisation moderne à côté de la barbarie superbe et despotique des anciens maîtres du monde, et de la faible et débonnaire barbarie de la Rome actuelle.

Le Capitole et le Palatin, les plus illustres collines de l'univers, semblent presque des monumens historiques qui montrent et rapprochent le double contraste de la Rome républicaine et de la Rome impériale, de la liberté et de la servitude.

Nous avons monté à la tour du Capitole surmontée de la statue de Rome chrétienne, et dont la cloche, la célèbre *Patarina*, prise aux Viterbois (car les cloches et les portes des villes étaient des trophées au moyen âge), annonce ordinairement la mort des Papes et l'ouverture du carnaval. La vue est la plus belle et la plus intéressante de Rome : de cette hauteur, la masse immense du Colysée, semble élégante et légère. Les sept fameuses collines ne sont pas aujourd'hui très-faciles à reconnaître tant les aspérités du sol se sont altérées, et la roche Tarpéienne, dans sa plus grande hauteur, ne paraît pas avoir plus de cinquante pieds ; la contemplation de Rome produit l'effet d'une vaste et solide lecture ; mais cette étude n'est point triste, pénible, renfermée comme sous les climats du nord : là elle est dans l'air qu'on respire ; le livre de l'antiquité est toujours ouvert, et il suffit de regarder pour s'instruire. Chacun des grands souvenirs de cette ville, toujours et différemment maîtresse du monde, a comme choisi son quartier : la Rome des rois s'étend sur l'Aventin ; la Rome républicaine occupe le Capitole : celle des empereurs domine sur le Palatin, et la Rome chrétienne, écartée, solitaire, règne au Vatican.

La place de Saint-Jean-de-Latran offre le plus colossal et le plus beau des obélisques connus, élevé à Thèbes par l'illustre Thoutmoris II, le même que le roi Mœris, le hardi créateur du lac, obélisque respecté par Cambyse, qui mutila et renversa tous les autres; enlevé par Constantin, et déterré brisé des ruines du cirque majeur par Sixte-Quint, sous la direction de Fontana, qui l'a rétabli. Ce superbe obélisque monolithe de granit rouge, couvert d'hiéroglyphes d'une sculpture si parfaite, a été aussi chanté par le Tasse, tant l'apparition nouvelle de ces vieux et mystérieux monumens inspirait l'imagination du poète. Toute l'histoire se retrouve à Rome, depuis l'Egypte jusqu'aux derniers temps, depuis les Pharaons jusqu'aux rois et princes de la famille Napoléon. Cette admirable ville rassemble les mystiques monumens égyptiens, les poétiques chefs-d'œuvre des Grecs et ses propres et grands monumens.

La place du Panthéon est un marché avec une fontaine abondante, surmontée d'un petit obélisque de granit égyptien couvert d'hiéroglyphes. Le Panthéon d'Agrippa, le plus élégant édifice de Rome ancienne et le mieux conservé des monumens antiques, est encore aujourd'hui le plus beau de Rome moderne. Le simple et noble portique, dont les superbes colonnes sont de marbre d'Egypte, ce chef-d'œuvre de l'architecture grecque et romaine, qui prouve de connaissances de statique prodigieuses, offre des festons, des candélabres, des patères et autres bas-reliefs sacrés, d'une parfaite exécution. La grande porte de bronze est antique ainsi que la grille placée au-dessus. De chaque côté, dans des niches, étaient les statues colossales d'Agrippa et d'Auguste; car celui-ci n'avait point voulu être placé dans l'intérieur du temple dont il avait refusé la dédicace, qui fut alors consacré par son ami, son ministre et son gendre, à Jupiter vengeur. Le majestueux intérieur, qui conserve en grande partie ses revêtemens de marbres précieux, par une disposition bien plus habile qu'à Saint-Pierre, paraît beaucoup plus vaste qu'il ne l'est réellement. Le pavé de granit, de porphyre, le plus beau des pavés de temples et le seul qui nous soit resté, suffirait à donner l'idée de la magnificence romaine, et de la beauté, de la solidité des matières qui étaient alors employées. Cet admirable monument de dix-huit siècles n'a point été *vaincu par le temps*, et il n'a souffert que des hommes, qui ont arraché de sa voûte ses brillans ornemens d'argent et de bronze doré, comme l'était toujours celui des anciens. Il est intéressant de monter à l'ouverture extérieure de la coupole, afin de juger complètement de son aspect. On lit dans une relation manuscrite du sac de Rome, conservée à la Vaticane, que Charles-Quint étant venu dans cette ville en 1536, voulut se faire conduire à l'ouverture de la coupole. Un jeune gentilhomme romain, Crescenzi, qui avait été chargé de l'accompagner, avouant à son père qu'il avait eu alors la pensée de le pousser dans l'intérieur afin de venger sa patrie du sac de 1527 : « Mon fils, dit le » vieil italien, ce sont là des choses qu'on fait et qu'on ne dit point. » L'effet du clair de lune à travers la lanterne de la coupole, et des nuages légers qui fuient dans le ciel et passent devant la surface argentée de l'astre, est un effet curieux et digne d'être observé.

Derrière le Panthéon sont des restes des splendides thermes d'Agrippa, les premiers qui aient été établis à Rome, et qu'à sa mort il légua, ainsi que ses jardins, au peuple romain.

La place d'Espagne, sans la grande et noble construction de l'escalier de la Trinité-du-Mont, paraîtrait, avec ses nombreux hôtels, propres, neufs, sans caractère, une véritable place de ville de province. Tout ce qu'il y a de grand ou de distingué passe à Rome. Mme de Staël avait spirituellement surnommé cette admirable ville le salon de l'Europe ; et si ses monumens rappellent tous les temps, les étrangers qu'on y rencontre rassemblent tous les pays. La simple contemplation et le séjour prolongé de Rome peuvent tenir lieu de longues études et de beaucoup de voyages. On doit ajouter que ces étrangers viennent pour voir, connaître ou se reposer, et qu'ils sont pris et observés dans leur bon moment. Aussi Rome avec ses ruines, ses souvenirs, et les personnages importans qu'elle reçoit, est le lieu de la terre où l'on s'étonne le moins; il serait inutile et maladroit de chercher à produire de l'effet, et bien des gens d'esprit, non prévenus, en ont été pour leurs frais de dissertations, de pensées et de bons mots.

La belle villa Médicis, élevée vers 1550 par le cardinal Jean Ricci de Montepulciano, sur le dessin d'Annibal Lippi, à l'exception de l'élégante façade intérieure attribuée sans preuve à Michel-Ange, est devenue l'académie de France. Cette institution, fondée par Louis XIV en 1666, a été attaquée par des raisons assez spécieuses; Girodet fut un moment d'avis de laisser voyager les jeunes gens où ils voudraient. Quoique depuis sa spirituelle lettre, dictée par l'ennui qu'un élève si impatient et si plein d'ardeur éprouvait à l'académie, où toutefois il a fait son plus bel ouvrage, le régime de l'établissement ait été amélioré, il peut encore laisser à désirer ; c'est ainsi que les pensionnaires, animés d'ailleurs d'un si vif désir de célébrité, vivent trop à part et entre eux, qu'ils restent trop parisiens et n'étudient point assez l'Italie. Mais si l'on peut réviser les réglemens de l'académie, lui donner plus d'indépendance, et la mettre en harmonie avec la marche du temps, selon le vœu de M. Horace Vernet, son dernier directeur, il serait à jamais déplorable de supprimer un moyen si puissant d'émulation pour les élèves, qui les fixe pendant plusieurs années à l'étude du beau, au lieu de les jeter dans le gain du métier, et de détruire l'un des plus magnifiques encouragemens qui aient été accordés aux arts. Que cette gloire de Louis XIV, exilée de la France, soit au moins respectée à Rome; elle ne saurait trouver un asile plus digne d'elle. Au lieu de renverser le monument du grand siècle, il serait à désirer qu'il reçût un accroissement convenable et nouveau. Le voyage d'Italie est singulièrement utile au développement des facultés littéraires, pourquoi le gouvernement n'enverrait-il point dans cette terre classique les lauréats des prix de poésie et d'éloquence couronnés par l'académie? Le séjour de la villa avec ses vastes jardins, son admirable vue offrant d'un côté l'aspect complet de Rome, Saint-Pierre, le Vatican, et de l'autre la solitude et les pins de la villa Borghèse, ce mélancolique séjour inspirerait les jeunes poètes. Les artistes profiteraient à leur tour d'un tel voisinage, et l'on verrait se renouveler ces liaisons, ces amitiés entre eux et les écrivains, fréquentes aux XV° et XVI° siècles, qui contribuèrent réciproquement au goût et à la perfection de leurs ouvrages. Les hommes de lettres, les érudits, les peintres, les sculpteurs, les architectes, les musiciens, tous les voyageurs distingués par les travaux de l'esprit pourraient encore, à leur passage, être reçus à l'académie, qui deviendrait ainsi comme l'hôtel de la France artiste et littéraire en Italie.

Les villa, ces splendides demeures, sont le lien qui unit, si l'on peut le dire, les anciens romains aux modernes. Le palais actuel de Rome diffère du palais antique; la villa de nos jours se rapproche beaucoup de l'antique villa, et dans ses parties principales elle en rappelle presque la majestueuse disposition. Le goût national d'une même magnificence s'est perpétué malgré le contraste des sociétés. Ces maisons de plaisances sont ordinairement tournées vers Rome, horizon superbe, en harmonie avec la pompe de leur architecture, et le marbre, les statues, les colonnes, les vases, les fontaines qui les décorent. Les jardins, plantés avec une noble régularité, et si au-dessus des zigzags de la manière anglaise, n'offrent point cette prétention bizarre de créer des sites que l'on trouve en dehors tout faits par la nature, mais ils sont destinés à la promenade d'amis puissans des arts qui cherchent, dans leur repos, à en contempler les chefs-d'œuvre. Trop souvent déserte, dégradée, la villa romaine n'a point perdu son premier caractère, et sa tristesse même semble ajouter à sa grandeur.

CHAPITRE IX.

VOYAGE DE ROME A NAPLES. — NAPLES.

En partant de Rome on traverse la campagne d'Albano, lieu où l'on montre encore ce qu'on croit être le tombeau des Horaces et des Curiaces : on passe près du lac Némi et des bois sacrés qui l'entourent. On dit qu'Hyppolite fut ressuscité par Diane dans ces lieux : elle ne permettait pas aux chevaux d'en approcher, et perpétuait par cette défense le souvenir du malheur de son jeune favori. C'est ainsi qu'en Italie, presque à chaque pas, la poésie et l'histoire viennent se retracer à l'esprit ; et les sites charma qui les rapellent, adoucissent tout ce qu'il y a de mélancolique dans le passé, et semblent lui conserver une jeunesse éternelle.

On traverse ensuite les marais Pontins, campagne fertile et pestilentielle tout à la fois, où l'on ne voit pas une seule habitation, quoique la nature y semble féconde. Quelques hommes malades y attellent vos chevaux, et vous recommandent de ne pas vous endormir en passant les marais : car le sommeil est là le véritable avant-coureur de la mort. Des buffles d'une physionomie tout à la fois commune et féroce traînent la charrue, que d'imprudens cultivateurs conduisent encore quelquefois sur cette terre fatale ; et le plus brillant soleil éclaire ce triste spectacle. Les lieux marécageux et malsains, dans le nord, sont annoncés par leur effrayant aspect; mais dans les contrées les plus funestes du midi, la nature conserve une sérénité dont la douceur trompeuse fait illusion aux voyageurs. Mais enfin, après cette route longue, morne, silencieuse, pestilentielle, on arrive à Terracine, sur le bord de la mer, aux confins du royaume de Naples.

C'est là que commence véritablement le midi ; c'est là qu'il accueille les voyageurs avec toute sa magnificence. Cette terre de Naples, *cette campagne heureuse*, est comme séparée du reste de l'Europe, et par la mer qui l'entoure, et par cette contrée dangereuse qu'il faut traverser pour y arriver. On dirait que la nature s'est réservé le secret de ce séjour de délices, et qu'elle a voulu que les abords en fussent périlleux. Rome n'est point encore le midi ; on en pressent les douceurs ; mais son enchantement ne commence véritablement que sur le territoire de Naples. Non loin de Terracine est le promontoire choisi par les poètes comme la demeure de Circé ; et derrière Terracine s'élève le mont Anxur, où Théodoric, roi des Goths, avait placé l'un des châteaux-forts dont les guerriers du nord couvrirent la terre. Il y a peu de traces de l'invasion des barbares en Italie, ou du moins là où ces traces consistent en destructions elles se confondent avec l'effet du temps. Les nations septentrionales n'ont point donné à l'Italie cet aspect guerrier que l'Allemagne a conservé. Il semble que la molle terre de l'Ausonie n'ait pu garder les fortifications et les citadelles dont les pays du nord sont hérissés. Rarement un édifice gothique, un château féodal, s'y rencontre encore ; et les souvenirs des antiques romains règnent seuls à travers les siècles, malgré les peuples qui les ont vaincus.

Toute la montagne qui domine Terracine est couverte d'orangers et de citronniers, qui embaument l'air d'une manière délicieuse. Rien ne ressemble dans nos climats, au parfum méridional des citronniers en pleine terre : il produit sur l'imagination presque le même effet qu'une musique mélodieuse; il donne une disposition poétique, excite le talent et l'enivre de la nature. Les aloës, les cactus à larges feuilles, ont une physionomie particulière, qui rappelle ce que l'on sait des redoutables productions de l'Afrique. Ces plantes causent une sorte d'effroi; elles ont l'air d'appartenir à une nature violente et dominatrice. Tout l'aspect du pays est étranger ; on se sent dans un autre monde, dans un monde qu'on n'a connu que par les descriptions des poëtes de l'antiquité, qui ont tout à la fois, dans leurs peintures, tant d'imagination et d'exactitude. On voyait, on entendait, à côté de ces riants tableaux, la mer dont les vagues se brisaient avec fureur. Ce n'était point l'orage qui l'agitait, mais les rochers, obstacle habituel qui s'opposait à ses flots, et dont sa grandeur était irritée.

E non udite ancor come risuona
Il roco ed alto fremito marino (*)?

Ce mouvement sans but, cette force sans objet, qui se renouvelle pendant l'éternité, sans que nous puissions connaître ni sa cause ni sa fin, nous attire sur le rivage où ce grand spectacle s'offre à nos regards; et l'on éprouve comme un besoin, mêlé de

(*) *Et n'entendez-vous pas encore comme retentit le frémissement rauque et profond de la mer?*

10.

terreur, de s'approcher des vagues, et d'étourdir sa pensée par le tumulte.

Vers le soir tout se calma. C'était un véritable délice de se promener dans cette campagne. Chaque pas en pressant les fleurs, faisait sortir des parfums de leur sein. Les rossignols venaient se reposer plus volontiers sur les arbustes qui portaient les roses. Ainsi les chants les plus purs se réunissaient odeurs les plus suaves; tous les charmes de la nature s'attiraient mutuellement : mais ce qui est surtout ravissant et inexprimable, c'est la douceur de l'air qu'on respire. Quand on contemple un beau site dans le nord, le climat, qui se fait sentir, trouble toujours un peu le plaisir qu'on pourrait goûter. C'est comme un son faux dans un concert, que ces petites sensations de froid et d'humidité qui détournent plus ou moins votre attention de ce que vous voyez : mais en approchant de Naples, vous éprouvez un bien être si parfait, une si grande amitié de la nature pour vous, que rien n'altère les sensations agréables qu'elle vous cause. Tous les rapports de l'homme dans nos climats sont avec la société. La nature, dans les pays chauds, nous met en relation avec les objets extérieurs; et les sentimens s'y répandent doucement au-dehors. Ce n'est pas que le midi n'ait aussi sa mélancolie : dans quels lieux la destinée de l'homme ne produit-elle pas cette impression ! mais il n'y a, dans cette mélancolie, ni mécontentement, ni anxiété, ni regret. Ailleurs c'est la vie qui, telle qu'elle est, ne suffit pas aux facultés de l'âme : ici ce sont les facultés de l'âme qui ne suffisent pas à la vie, et la surabondance des sensations inspire une rêveuse indolence, dont on se rend à peine compte en l'éprouvant.

Pendant la nuit, des mouches luisantes se montraient dans les airs; on eut dit que la montagne étincelait, et que la terre brûlante laissait échapper quelques-unes de ses flammes. Ces mouches volaient à travers les arbres, se reposaient quelquefois sur les feuilles; et le vent balançait ces petites étoiles, et variait de mille manières leurs lumières incertaines. Le sable aussi contenait un grand nombre de petites pierres ferrugineuses qui brillaient de toutes parts; c'était la terre du feu, conservant encore dans son sein les traces du soleil, dont les derniers rayons venaient de l'échauffer. Il y a tout à la fois dans cette nature une vie et un repos qui satisfont en entier les vœux divers de l'existence.

Nous arrivâmes à Naples de jour, au milieu de cette immense population qui est animée et si oisive tout à la fois. Le peuple napolitain, à quelques égards, n'est point du tout civilisé; mais il n'est point vulgaire à la manière des autres peuples; sa grossièreté même frappe l'imagination. La rive africaine, qui borde la mer de l'autre côté, se fait presque déjà sentir; il y a je ne sais quoi de numide dans les cris sauvages que l'on entend de toutes parts. Ces visages brunis, ces vêtemens formés de quelques morceaux d'étoffe rouge ou violette, dont la couleur foncée attire les regards: ces lambeaux d'habillemens que ce peuple artiste drape encore avec art, donnent quelque chose de pittoresque à la populace, tandis qu'ailleurs l'on ne peut voir en elle que les misères de la civilisation. Un certain goût pour la parure et les décorations se trouve souvent à Naples, a côté du manque absolu des choses nécessaires ou commodes. Les boutiques sont ornées agréablement avec des fleurs et des fruits. Quelques-unes ont un air de fête qui ne tient ni à l'abondance, ni à la félicité publique, mais seulement à la vivacité de l'imagination ; on veut réjouir les yeux avant tout.

La douceur du climat permet aux ouvriers en tout genre de travailler dans la rue. Les tailleurs y font leurs habits, les traiteurs leurs repas; et les occupations de la maison, se passant ainsi au dehors, multiplient le mouvement de mille manières. Les chants, les danses, des jeux bruyans accompagnent assez bien tout ce spectacle; et il n'y a point de pays où l'on sente plus clairement la différence de l'amusement au bonheur : enfin l'on sort de l'intérieur de la ville pour arriver sur les quais, d'où l'on voit et la mer et le Vésuve, et l'on oublie alors tout ce que l'on sait des hommes.

Ce ne fut que quelques jours après notre arrivée à Naples, lorsque nos sens et notre imagination furent un peu calmés, qu'il nous fut loisible de visiter en détail les monumens de cette grande ville : et, par une heureuse circonstance, nous nous y trouvions au mois de septembre, époque annuelle du miracle du sang de saint Janvier. Les fioles contenant le sang sont renfermées dans une armoire, derrière un autel de la cathédrale; il n'y a que deux clefs, une entre les mains des députés de la ville, l'autre de l'archevêque. Quelque temps avant la cérémonie, les femmes du peuple vinrent se placer près de la balustrade comme à une place d'honneur; plusieurs figures de vieilles étaient singulièrement caractéristiques. Ces femmes sont appelées les *parentes de saint Janvier*; elles se prétendent de sa famille, et même lorsque le Saint fait trop attendre la liquéfaction, elles se croient en droit de ne le point ménager et de lui dire des injures. Elles récitèrent d'une voix rauque des *Pater*, des *Ave*, des *Credo*. Sans la chapelle il eût été difficile de prendre cet affreux ramage pour des prières, et nous crûmes même un instant que les injures avaient commencé : c'était un autre *femineo ululatu*, bien moins pathétique que celui de Virgile. Vers dix heures, les fioles furent tirées de l'armoire ; l'une ressemble à un petit flacon d'odeur, mais ne contient qu'une sorte de teinture de sang ; l'autre est un peu plus grosse : toutes deux sont sous verre dans une espèce de lanterne de cabriolet. Elles furent montrées aux personnes admises en-dessus de la balustrade, et de grandes Anglaises blondes s'avançaient jusque sur l'autel, et se penchaient curieusement, afin de les examiner avec leurs lorgnons. Il est arrivé, lorsque le miracle tarde trop à se faire, que le peuple s'en prend aux étrangers qu'il suppose Anglais ou hérétiques, et qu'il regarde comme un obstacle au miracle. On rapporte qu'à la fin du dernier siècle, le prince S. et le comte C. furent obligés de sortir de l'église, et poursuivis à coups de pierres. Cette situation doit être cruelle : il est triste d'être martyr sans foi ; ce qui, de nos jours, dans certaines circonstances politiques, n'a pas été impossible. Le miracle se fit à midi, ainsi qu'il nous avait été à peu près prédit lorsque nous fûmes invités à repasser, et le bruit du canon annonça cette heureuse nouvelle. Si la vie de saint Janvier est presque inconnue, il n'y a pas de saint plus populaire. Voltaire lui même parle avec considération de saint Janvier, et il l'a sagement défendu contre Adisson et les écrivains protestans. « Tous ces auteurs, dit-il, pouvaient observer que ces institutions ne nuisent point aux mœurs, qui doivent être le principal » objet de la police civile et ecclésiastique : que » probablement les imaginations ardentes des cli-

» mats chauds ont besoin de signes visibles qui les
» mettent continuellement sous la main de la divi-
» nité ; et qu'enfin ces signes ne pouvaient être
» abolis que quand ils seraient méprisés du même
» peuple qui les révère » (*). Le culte de saint Janvier n'a produit aucun des excès du fanatisme; il a souvent prévenu de grands malheurs, et il fut constamment respecté par les divers maîtres de Naples.

On se trouve en plein moyen-âge à l'église Saint-Dominique-Majeur, et, malgré les changemens qu'elle a subis depuis environ six siècles, son architecture porte encore l'empreinte de ce grandiose gothique, de ce caractère de force et de durée commun à tous les bâtimens de l'ordre de Saint-Dominique. La sacristie de cette église est à elle seule un des premiers monumens de Naples, bien moins par ses stucs dorés, son pavé de marbres précieux, ses armoires en racine, sa longue fresque au plafond, de Solimène, son *Annonciation* vraiment très-belle, d'André de Salerne, que par ses tombeaux, parmi lesquels sont les douze tombeaux des princes aragonais.

Le monastère Saint-Dominique fut pendant plusieurs siècles un de ces grands gimnases du moyen âge dont les maîtres, dont les doctrines avaient tant d'empire. Saint Thomas-d'Aquin y composa plusieurs de ses ouvrages ; il y enseigna pendant quinze mois la théologie ; et plus tard le roi Alphonse Ier d'Aragon, le grand homme de sa dynastie, s'y rendait souvent à cheval, afin d'assister aux leçons des professeurs. Si, comme nous le pensons, les hommes doivent être jugés par l'ascendant qu'ils ont exercé sur leur siècle, saint Thomas, mort à quarante-huit ans,

---

(*) Essai sur les mœurs et l'esprit des nations, chap. CLXXXIII.

peut être regardé comme un des plus rares génies qui aient paru dans le monde : « c'était Descartes, » a dit Fontenelle, dans un autre siècle et dans d'au- » tres circonstances ». Ses idées politiques ne seraient point désavouées par les plus chauds partisans des libertés populaires, et par les plus inflexibles logiciens de ces mêmes opinions : il est surprenant qu'un usurpateur violent tel que Charles d'Anjou n'en ait point été offensé, quoique Le Dante lui fasse, je crois, empoisonner saint Thomas. Les pensées religieuses de saint Thomas sont plus sûres : « Dieu n'est point auteur du mal qui souille, dit-il » quelque part, mais du mal qui purifie » : il est difficile de définir la superstition avec plus de sens que ce premier écrivain de la scolastique lorsqu'il l'appelle un « vice opposé par excès à la religion ». (*) Malgré l'opinion de quelques philosophes, les disputes de la scolastique n'ont peut-être pas été un obstacle à la renaissance et au progrès des lumières. Ces querelles donnèrent aux intelligences la force, l'adresse, la rapidité qu'elles développèrent plus tard sur d'autres sujets ; ce rude exercice fut enfin, si l'on peut le dire, la salle d'armes de l'esprit humain.

L'église Sainte-Marie *del Carmine*, la plus fréquentée, la plus populaire des églises de Naples, rappelle une des plus tragiques catastrophes de l'histoire, et le premier exemple du régicide en Europe ; on y conserve les restes du jeune Conradin et de son cousin Frédéric, déposé obscurément derrière le grand autel : l'inscription ne peut se lire

(*) *Superstitio, vitium per excessum religioni oppositum.* 2. 2. 9. 92 art. 1.

qu'à la lueur d'une lampe, et cette sorte de mystère ajoute encore à l'émotion. Conradin sur l'échafaud n'avait fait entendre que ce cri : « O ma mère ! quelle » douleur te causera la nouvelle qu'on va te porter » de moi ! » Cette mère, l'impératrice Marguerite, accourait du fond de l'Allemagne pour racheter sa vie ; arrivée trop tard, elle consacra le prix de l'inutile rançon à fonder le monastère *del Carmine*, dans lequel sa statue la représente une bourse à la main. On ne sait si Marguerite fut reçue de Charles d'Anjou, et si elle réclama le corps de son fils : mais alors une telle entrevue surpasserait en pathétique la scène de Priam aux pieds d'Achille. Une chapelle sous l'invocation de la croix fut élevée au lieu de l'exécution, à l'angle des maisons du côté de l'église *del Carmine*, où se trouve maintenant un café. On voit en face, dans la nouvelle église Sainte-Croix *del Mercato*, la petite colonne de porphyre qui indiquait la place du meurtre ; elle est à terre, exposée à toutes les saletés d'une sacristie napolitaine, et l'on y lit encore l'affreux quolibet en caractères lombards :

> *Asturis ungue leo pullum rapiens aquilinum*
> *Hic deplumavit, acephalumque dedit.*

Un fait remarqué prouve toutefois quel était alors le prestige de la royauté : quand le bourreau eut fait tomber la tête de Conradin, un autre bourreau qui se tenait prêt, tua le premier d'un coup de poignard, afin, dit l'historien, qu'on ne laissât pas en vie le vil ministre qui avait versé le sang d'un roi.

La vaste place du marché fut le théâtre du soulèvement de Masaniello, véritable tribun napolitain, et non de Rome, qui avait préludé à son insurrection en allant avec les *gamins* du temps montrer son derrière sous les croisées du *vice-roi*. Le peuple de Naples, malgré nos prétentions nouvelles, doit être regardé comme le premier peuple de la terre pour l'émeute : Il existe un livre italien intitulé : *Relation de la vingt-septième révolte de la* TRÈS-FIDÈLE *ville de Naples*. Mais ces hommes mutins, emportés, ne sont ni cruels, ni furieux, et, malgré la vivacité du climat qui les brûle, leur histoire n'offre aucun de ces grands massacres populaires dont l'histoire des nations plus civilisées n'a que trop d'exemples ; les hommes de la révolution de 1779 vinrent de Nelson et de sa cour ; de vrais Napolitains n'auraient jamais destitué saint Janvier, comme Jacobin et protecteur des Jacobins, pour le remplacer, comme on fit, par saint Antoine. Les diverses dominations étrangères, qui ont occupé ce pays successivement grec, arabe, normand, espagnol, autrichien, français, produisirent sans doute chez les habitans leur habitude perpétuelle, leur facilité d'imitation : on retrouve jusque dans les mœurs actuelles beaucoup de traces des mœurs espagnoles, telles que l'exagération, la jactance, le goût des cérémonies, et, depuis vingt ans, le militaire a singé tour-à-tour les Français, les Anglais et les Autrichiens, en prenant toujours, comme il arrive à ces sortes de copistes, ce qu'il y a de pis dans leurs modèles. Si la nature du Napolitain est peu élevée, son instinct est bon, compatissant, et quoique ignorant, inappliqué, il a de l'imagination et une vive intelligence, très-susceptible de culture ; son langage est pittoresque, figuré, quelquefois éloquent. Lorsque S. M. l'archiduchesse Marie-Louise vint à Naples, en 1824, on la montrait de loin à un homme du peuple, en lui disant que c'était la *vedova di Napoleone* (la veuve de Napoléon). *Che la vedova?* repartit le Lazzarone, *é il suo sepolcro* (ce n'est pas sa veuve, c'est son tombeau). Les chansons populaires que nous avons souvent écoutées le soir dans les rues n'avaient point le caractère bouffon ou licencieux que nous nous attendions à y trouver; plusieurs couplets offraient une suite de préceptes moraux sur la conduite de la vie et la fragilité des choses d'ici bas; ils étaient comme une paraphrase du *linquenda tellus et domus;* le rhytme en était grave et mélancolique, et notre compagnon napolitain, homme d'esprit et musicien fort exercé, nous fit remarquer que ce rhytme avait servi de modèle à Rossini pour un des chœurs du *Mosè*. Ces chansons populaires napolitaines se renouvellent de temps à autre, sans que l'on en connaisse les auteurs. Voici une des strophes qui se chantaient alors à Naples :

Che bella cosa è de morire acciso
Nnanze a la porta de la mmammorata,
L'anema se ne saglie mparadiso,
E lo corpo lo chiagne la scasata (*).

Les poésies en dialecte napolitain sont très-nombreuses (**). Capasso, littérateur distingué du dix huitième siècle, a traduit dans ce dialecte les sept premiers livres de l'*Iliade;* l'*Enéide* a été traduite

---

(*) « La belle chose que de mourir frappé à la porte de celle
» qu'on aime! Tandis que l'on vole au Paradis, la maîtresse, pri-
» vée de son jeune époux, pleure sur le corps ».

(**) La collection des poëmes en langue napolitaine, publiée par Porcelli, de 1785 à 1789, forme vingt-huit volumes.

entièrement par un auteur inconnu : la plus estimée de ces traductions d'épopées est celle de la *Jérusalem*, par le célèbre poète napolitain Gabriel Fasano, cité par Redi (*Bacco in Toscana*). On lisait encore, il y a une vingtaine d'années, sur un cabaret du Pausilype, la jolie inscription suivante, composée par Nicolas Valletta, et que l'on a fait disparaître depuis comme trop épicurienne :

> Amici, allicgre magnammo et bevimmo
> Fin che n'ei stace noglio a la lucerna :
> Chi sa s'a l'autro munno n'ei vedimmo ?
> Chi sa s'a l'autro munno n'iè taverna? (*)

La grotte du Pausilype, route sombre, voûtée, mal éclairée, semble placée là comme pour rendre plus sensible et plus vif l'éclat de la lumière de Naples. Cette grotte célèbre est beaucoup trop admirée, car la montagne est de tuf et non de roc, a été fort bien décrite par Senèque, peintre chagrin, assez convenable au tableau, lorsqu'il l'appelle une longue prison, un obscur coridor, et qu'il disserte à son sujet sur la force involontaire de nos impressions.

Au sortir de la grotte on éprouve une vive sensation de plaisir en retrouvant le jour et la nature : et quelle nature que celle qui s'offre aux regards !

(*) « Amis, mangeons et buvons joyeusement, tant qu'il y a » de l'huile dans la lampe : qui sait si dans l'autre monde nous » nous reverrons ? Qui sait si l'autre monde a une taverne ? » Valletta, mort à Naples à la fin du dernier siècle, est auteur du petit et spirituel ouvrage intitulé : *Cicalata sul fascino, volgarmente detto Jettatura*, dans lequel il prétend prouver que la faculté de jeter un sort par des paroles ou un regard comme on le croit à Naples, est une chose réelle et qui remonte à la plus haute antiquité.

Ce qui manque souvent à la campagne d'Italie ce sont les arbres ; l'on en voit dans ce lieu en abondance. La terre d'ailleurs y est couverte de tant de fleurs, que c'est le pays où l'on peut le mieux se passer de ces forêts, qui sont la plus grande beauté de la nature dans toute autre contrée. La chaleur est si grande à Naples qu'il est impossible de se promener même à l'ombre pendant le jour : mais le soir, ce pays ouvert, entouré par la mer et le ciel, s'offre en entier à la vue, et l'on respire la fraîcheur de toutes parts. La transparence de l'air, la variété des sites, les formes pittoresques des montagnes, caractérisent si bien l'aspect du royaume de Naples, que les peintres en dessinent les paysages de préférence. La nature a dans ce pays une puissance et une originalité que l'on ne peut expliquer par aucun des charmes que l'on recherche ailleurs.

Près de là sont des débris du *Columbarium* appelé le tombeau de Virgile, ruine assez pittoresque, mêlée de verdure, et que surmonte un chêne vert dont les racines plongent dans la partie élevée du roc qui l'avoisine. Malgré l'incertitude du monument, il paraît toujours vénérable par la multitude de grands hommes qui l'ont visité ; il est comme un témoignage perpétuel des hommages offerts à la mémoire et au nom seul du poète. Pétrarque a planté un laurier sur ce tombeau : et Pétrarque n'est plus et le laurier se meurt. Les étrangers qui sont venus en foule honorer la mémoire de Virgile, ont écrit leurs noms sur les murs qui environnent l'urne. On est importuné par ces noms obscurs, qui semblent là seulement pour troubler la paisible idée de solitude que ce séjour fait naître. Il n'y a que Pétrarque qui fut digne de laisser une trace durable sur le tombeau de Virgile.

On redescend de cet asile funéraire de la gloire : on se rappelle et les pensées et les images que le talent du poète a consacrés pour toujours. Admirable entretien avec les races futures, entretien que l'art d'écrire perpétue et renouvelle !

Après avoir parcouru toute cette riante colline de Pausilype, qu'ombragent et décorent les festons de la vigne et le gracieux pin ombellifère, on se trouve sur la plage de la Mergellina, lieu charmant, si heureusement abrité qu'il n'est privé de feuillage qu'un seul mois de l'année, et que Sannazar, qui l'habita, a chanté et regretté d'une manière si touchante. Les pêcheurs de la Mergellina, remarquables par la beauté de leurs formes antiques, sont encore intéressans par leur vie laborieuse, paisible, leur existence domestique, leur aisance bien acquise : ils semblent les vertueux Troglodytes du peuple napolitain.

CAPO DE MONTE, quoique situé à la porte de Naples, et résidence royale, était autrefois à peu près inaccessible ; le pont jeté par les Français entre les deux collines est un de ces travaux grands et utiles qui honorent leur passage, comme les ouvrages des Romains ont illustré leur domination. Ces deux peuples peuvent être encore rapprochés sur ce point, comme ils le sont par la gloire des armes.

Le palais de Capo di Monte, mal construit dans l'origine, inachevé, à peu de magnificence, et, depuis que son superbe musée est passé aux Study, il n'a guère de réputation que pour la pureté de l'air, la vue, son bois et la chasse.

Le collége des Chinois de Capo di Monte, unique en Europe, fut fondé, en 1726, par D. Matthieu Ripa, missionnaire napolitain, à son retour de la Chine, où son talent de peintre lui avait obtenu la faveur de l'empereur et de la cour. La dépense est supportée moitié par l'établissement, dont le revenu s'élève à 6,000 ducats, moitié par la Propagande de Rome. Les élèves sont envoyés de la Chine vers l'âge de treize à quatorze ans, et ils y retournent comme missionnaires dans leur maturité.

Quarante ont été déjà instruits dans cette maison : on y voit leurs portraits avec des inscriptions indiquant leur nom, la date de leur naissance, leur province, l'année de leur arrivée à Naples, de leur départ pour la Chine et de leur mort, lorsque cette dernière est connue, ainsi que les persécutions ou le martyre que plusieurs ont subis. Cet intéressant séminaire pourrait servir à l'étude d'un peuple et d'une littérature cultivée de nos jours avec succès, si les élèves étaient pris moins jeunes et partaient de Macao plus instruits; mais il paraît aujourd'hui décliner, et l'on n'y compte plus que six Chinois. Le petit musée se compose de curiosités chinoises, telles que porcelaines, vêtemens de soie, peintures, etc., et une grande carte du *céleste empire*.

Sur le point le plus élevé de Capo di Monte est l'observatoire, élégant édifice de M. Etienne Gasde. L'astronomie a été très-anciennement étudiée à Naples depuis les moines des onzième et douzième siècles, Pandolphe et Pierre Diacre, et Flavio Gioja, l'inventeur de la boussole, jusqu'à Fontana dans le dix-septième siècle, et à l'illustre P. Piazzi, mort il y a peu d'années, directeur général des observatoires du royaume, qui avait été précédemment directeur de celui de Palerne, et auquel on doit la découverte de la planète la Cérès.

Les Catacombes de Saint-Janvier, moins illustres que celles de Rome, nous ont, dans leur genre, paru fort supérieures. Les tombeaux antiques, les inscriptions grecques que l'on y a découverts prouvent l'ancienne civilisation de cette contrée; mais ces palais de la mort s'écroulent comme les demeures des hommes, et l'on est bien loin d'y trouver libre aujourd'hui un espace aussi étendu que celui qui fut parcouru par D. Mabillon.

L'institut, dit du Miracle, fondé par la reine Caroline Murat, dans l'ancien couvent de ce nom, à l'instar de la maison d'éducation de Saint-Denis, a mérité le suffrage des juges les plus sévères et les plus exercés. L'ancienne directrice française avait été justement maintenue (*).

Les maisons analogues de Milan et de Florence étaient également dirigées par des françaises. Les dames salésiennes de Venise sont des religieuses françaises émigrées. L'influence française sur l'Italie, interrompue par la politique, s'exerce encore par les mœurs et les manières. Les grâces et la raison des femmes de France entées sur l'imagination italienne s'allient très-bien, et ont déjà produit plus d'un aimable modèle.

Au-delà est la belle avenue qui conduisait à l'ancien Champ-de-Mars créé par les Français, qui convenait si bien à une grande capitale souvent agitée, et que l'on a si malencontreusement réduit, sous le prétexte de rendre des terres à l'agriculture, comme s'il en manquait dans un tel pays.

(*) Cette dame remplacée récemment, a été appelée à Madrid par la reine, princesse de Naples, et mise à la tête d'un établissement pareil.

C'est de ce côté qu'est la colline de Sainte-Marie *del Pianto*, appelée aussi le *Mont de Lautrec*, parce que ce général y était campé. Les historiens font périr l'armée française par les privations, l'excès de la chaleur et la contagion, sans indiquer les exhalaisons du sol, qui peut-être y contribuèrent davantage, si l'on en juge par un fait contemporain. Le soldat français qui s'assit sur le trône de Naples, brave compatriote de Lautrec, et qui eut avec lui assez de ressemblance (*), après avoir passé une revue de ce côté, fut si charmé de la situation, qu'il voulut y camper une nuit avec sa troupe; le lendemain, il fut fort indisposé, ainsi que ses soldats dont plusieurs moururent. On montre encore la grotte de Lautrec, où il fut enterré obscurément en 1528, jusqu'au moment où le duc de Sessa, ayant retrouvé son corps, lui érigea, en 1556, un noble mausolée à l'église de *Santa Maria la Nova*.

Entre la colline de Capo di Monte et celle de Capo di Chino est un secret vallon dans lequel apparaît, sur un coteau et au milieu de pins, le pittoresque couvent de Sainte-Marie *de Monti*, avec son dôme oriental. Mais le principal ornement de ce vallon est ce qui reste du superbe acqueduc rongé par le temps, et appelé de sa couleur, *Ponti Rossi* (ponts rouges), ouvrage d'Auguste, qui conduisait les eaux du Sebeto à trente cinq milles de Naples jusqu'au port de Misène, que les tremblemens de terre ont ébranlé, que la végétation presse, domine, enveloppe, dont le chevrier et son troupeau parcourent les arcades, et qui attestent encore la puissance du peuple roi.

(*) » Lautrec, dit Brantôme, était brave, hardi, vaillant, et ex-
» cellent pour combattre en guerre et frapper comme un sourd;
» mais pour gouverner un état il n'y était bon. »

Le Fomero que l'on traverse pour monter aux Camaldules, paraît le cratère d'un ancien volcan dans lequel s'élèvent plusieurs monticules couverts de la végétation la plus forte, la plus variée, la plus confuse, et qui sont d'un aspect ravissant, singulier. Le couvent des Camaldules offre une des belles vues de l'univers; on découvre les deux golfes de Naples et de Pouzzole et leurs îles, les cratères éteints de la Solfatare et de l'Astrumi, le lac d'Agnago, le cap Misène, le château de Baïes et la mer immense.

Il n'est point de lieu plus propre à la vie contemplative, et les religieux avec leur longue barbe, leur robe et leur capuchon de laine blanche, sont eux-mêmes très-pittoresques.

Le lac d'Agnano n'a de curieux que son site triste et sauvage; car le phénomène de son eau bouillante sans chaleur, image assez juste de certains enthousiasmes, n'existe plus.

Nous avons, comme tout le monde, été voir la célèbre grotte de Chini : il est dans les voyages une partie obligée, quoique sans beaucoup d'intérêt. Cette grotte, bien moins curieuse que les étuves voisines de S. Germano et que les grottes nombreuses et bien plus vastes, de la même espèce qui se trouvent à Latère, dans l'état romain, n'est plus comme autrefois, ouverte; elle a été adjugée à un paysan qui en trafique et en a la clef : il s'y rend ordinairement avec le chien destiné à l'expérience. La vie de ce pauvre animal se passe ainsi en évanouissemens perpétuels, mais ceux-là du moins ne sont point joués, avantage qu'il a sur d'autres évanouissemens plus distingués.

La Solfatare est une belle et antique ruine de volcan. Cette plaine de soufre, blanche, chaude, fumante, creuse et sonore, offre un aspect extraordinaire; on serait tenté de percer sa croûte si mince, si fragile, pour sonder l'abîme de feu qu'elle doit recouvrir. Parmi les fêtes célébrées à Naples par la magnificence d'Alphonse, à l'arrivée de l'empereur Frédéric III (1452), dit M. de Sismondi, la plus surprenante fut une chasse aux flambeaux dans l'enceinte de la Solfatare, où la disposition des lumières, dans ce cirque formé par la nature, le nombre des animaux, la musique et les brillans costumes des chasseurs, semblaient réaliser les prodiges de la magie.

Pouzzolo, avec sa languissante population, est le seul point habité de cette côte, autrefois couverte de brillantes villa, de somptueux édifices; et que Cicéron appelait *Puteolana et Cumana regna*. Alors Rome entière courait aux bains de Pouzzole qui était le Spa, le Baden de l'antiquité. Il ne reste aujourd'hui de tant de splendeur qu'un petit nombre de ruines.

L'ancien monument consacré à Auguste par le chevalier romain Calpurnius, monument de l'opulence et de la bassesse romaine, et dont il ne subsiste que l'inscription et quelques colonnes, est la cathédrale dédiée à saint Procul, compagnon de saint Janvier.

Sur la place, un beau piedestal de marbre blanc, orné de quatorze figures représentant les villes de l'Asie mineure renversées par un tremblement de terre, et rebâties par Tibère, paraît avoir supporté une statue de l'empereur, restée enfouie sous les constructions de la ville moderne. Une autre statue 'un sénateur, encore sur son piedestal, a conservé son inscription.

Le port de Pouzzole était un des plus magnifiques de l'Italie : son môle, dont il n'y a plus que treize arches de vingt-cinq, fut restauré par Adrien et Antanin le Pieux. Le pont, ouvrage insensé de Caligula, qui imitait la voie Appienne, et sur lequel il se rendit triomphant de Pouzzole à Baïes, tenait à ce môle.

Le palais du vice-roi, Pierre de Tolède, qui continua à repeupler Pouzzole presque abandonnée après l'affreux tremblement de terre de 1538, est une caserne.

Les belles colonnes et le pavé du temple de Sérapis sont inondés. Ce mélange d'eau et de ruines, assez pittoresque, est fort insalubre, et s'oppose aux recherches archéologiques. Les coquillages incrustés dans quelques-unes des colonnes de marbre cipollin restées debout, prouvent que la mer s'est élevée sur ce point à vingt-deux palmes au-dessus de son niveau actuel; elle aurait ainsi couvert presque toute la ville et tout le pays même, au-delà du golfe de Pausilype; fait peu vraisemblable, phénomène qu'ont diversement expliqué les savans. M. Ricollini, président de la société *Borbonica* de Naples, chargé, en 1828, du desséchement de ce petit marais, indique une cause assez probable de la trace des eaux à une telle hauteur : il croit que lors du tremblement de terre de 1538, qui combla une partie du lac Lucrin, engloutit le village de Tripergole, et enfanta en trois jours le *Montenuovo*, une partie des eaux du lac fut expulsée, et dut quelque temps séjourner sur le terrain du temple de Sérapis. Ce culte mystique et populaire, qui, plusieurs fois banni de Rome, faillit un moment, au temps même de Cicéron, à usurper les honneurs du Capitole, véritable panthéisme, fut le dernier des cultes à tenir tête au christianisme.

L'amphithéâtre dit Colysée, quoique ruiné par les tremblemens de terre et encombré d'une végétation verdoyante et pittoresque, n'a pas tout-à-fait perdu son ancienne forme ; il pouvait contenir quarante mille personnes.

Auguste y assista aux jeux célébrés en son honneur. Le *labyrinthe*, vaste édifice souterrain, servait peut-être de réservoir pour l'eau des naumachies données à l'amphithéâtre.

Au nord de Pouzzole, sur la superbe voie Campanienne, sont d'antiques tombeaux assez bien conservés et qui s'étendent à plus de deux milles. Ils nous furent montrés par des gens si misérables, qu'on aurait pu les prendre pour des spectres habitans de ces tombeaux et qui devaient bientôt y rentrer.

La maison de Cicéron, bâtie sur le plan de l'académie d'Athènes, vantée dans ses lettres, et à laquelle il avait donné le nom d'*Académie*, était alors sur le bord de la mer : et l'orateur romain pouvait, de sa terrasse, pêcher à la ligne, en méditant sans doute sur ses *académiques*. Adrien, mort à Baïes, fut enseveli dans cette maison ; et son successeur, le pieux Antonin, voulut que cette maison devînt un temple.

Les lacs Lucrin et Averne, réunis à la mer par Jules César, furent bouleversés par le tremblement de terre de 1538 ; il a fort attiré l'aspect mytologique et virgilien de ces lieux, dont les noms cependant subsistent encore, mais qui sont bien déchus de leur fabuleuse destination : Les Champs-Élysées sont aujourd'hui un bon vignoble, et l'*Avare Acheron*, sous le nom peu harmonieux de Fusaro, sert à rouir le chanvre, et fournit d'excellentes huîtres. L'Averne, le Styx, l'Acheron, existaient aussi en Egypte et en Grèce : il semble que les anciens transportaient avec eux leurs machines poétiques comme leurs institutions et leurs lois.

Au couchant du lac Lucrin et au midi de celui d'Averne était l'autre villa de Cicéron, dite de Cumes, dans laquelle il avait commencé sa *République*, dont quelques précieux lambeaux ont reparu de nos jours; villa différente de celle qu'il possédait à Pouzzole, et toutes deux si agréables qu'il ne savait à laquelle donner la préférence.

La prétendue grotte de la Sibylle est peu agréable à visiter; il faut se pourvoir de torches et se plonger, sur le dos d'un guide, dans un souterrain long, noir et marécageux. L'usage de ces cavaux semble incertain, quoiqu'on le retrouve dans la plupart des édifices de l'antiquité; et l'examen des lieux ne donne pas là-dessus beaucoup de lumières. Peut-être ces galeries d'architecture romaine, ornées de bas-reliefs noircis par la torche du Cicérone, servaient-elles de retraite, de bains pendant la grande chaleur?

Les ruines des trois édifices appelés les temples de Vénus *Génitrix*, de Mercure et de Diane Lucifère, paraissent bien plus raisonnablement avoir dû appartenir à quelques-uns des thermes dont la magnificence et la volupté romaine avaient couvert ces rivages.

Les bains de Néron ont plus de vraisemblance. Ces bains ont inspiré à M. Casimir Delavigne quelques-uns de ses plus beaux vers :

> Ces temples du plaisir par la mort habités,
> Ces portiques, ces bains prolongés sous les ondes,
> Ont vu Néron, caché sous leurs grottes profondes,
> Condamner Agrippine, au sein des voluptés.
> Au bruit des flots roulant sur cette voûte humide,
> Il veillait, agité d'un espoir parricide;
> Il jetait à Narcisse un regard satisfait,
> Quand, muet d'épouvante et tremblant de colère,

> Il apprit que ces flots, instrumens du forfait,
> Se soulevant d'horreur, lui rejetait sa mère (*).

Ces grottes brûlantes sont encore des étuves d'un effet extraordinaire. Le Cicérone, sans que nul de nous s'en doutât, s'y plongea nu, et il en sortit peu de temps après tout en feu, ruisselant de sueur e poussant une espèce de gémissement qui nous donnait de l'inquiétude : il reprit heureusement bientôt tout son sang-froid pour réclamer le prix de son expérience accoutumée.

La colonie de Cumes, conduite par Hippocles Cumacus, de Chalcis dans l'île d'Eubée, était, selon Strabon, le plus ancien monument du passage des Grecs en Italie. Virgile lui donne la même origine : la Géographie et l'Histoire sont ici d'accord avec la poésie. Le dernier roi de Rome, Tarquin, chassé par une révolution aristocratique, selon un spirituel écrivain napolitain (**), finit ses jours à Cumes, après avoir fait ou fait faire pendant vingt années la guerre au peuple romain.

La célèbre Sibylle, dont le souvenir est le premier de Cumes, avait probablement sa grotte dans l'excavation tortueuse, pittoresque, encombrée de fragmens de rochers et d'un accès difficile. Cette Sibylle qui, après avoir brûlé plusieurs exemplaires du livre des Oracles, exigeait du même roi un prix égal à celui qu'elle avait demandé pour plusieurs, pressentait déjà les manies des bibliomanes, des amateurs de médailles, etc., et même elle aurait dû demander davantage. C'est à Cumes que Pétrone, arrêté, se fit

---

(*) La Sibylle. Messénienne.

(**) Delfico, Pensieri su l'istoria. p. 171.

ouvrir les veines, qu'il disserta sur le plaisir avec ses amis jusqu'à sa dernière heure, et qu'il plaça l'impure demeure de son Trimalcion, dans lequel Voltaire, par de très-bonnes raisons, ne peut reconnaître un homme de l'esprit, de l'âge et du rang de Néron.

Nous arrivâmes enfin sur le cap Misène. La lune se levait à l'horizon ; mais les derniers rayons du jour rendaient encore sa lumière très-pâle. Du haut de la petite colline qui s'avance dans la mer et forme le cap Misène, on découvrait parfaitement le Vésuve, le golfe de Naples, les îles dont il est parsemé, et la campagne qui s'étend depuis Naples jusqu'à Gaëte : enfin la contrée de l'univers où les volcans, l'histoire et la poésie, ont laissé le plus d traces.

La magnificence de ce lieu, la beauté de la soirée, le silence de la mer, tout nous rappelait l'improvisation de Corinne.

« La nature, la poésie et l'histoire rivalisent ici de grandeur : ici
» l'on peut embrasser d'un coup d'œil tous les temps et tous les
» prodiges.

» J'aperçois le lac d'Averne, volcan éteint dont les ondes inspi-
» raient jadis la terreur : l'Achéron, le Phlégéton, qu'une flamme
» souterraine fait bouillonner, sont les fleuves de cet enfer visité
» par Enée.

» Le feu de cette vie dévorante qui crée le monde et le con-
» sume, épouvantait d'autant plus que ces lois étaient moins con-
» nues. La nature jadis ne révélait ses secrets qu'à la poésie.

» La ville de Cumes, l'antre de la Sibylle, le temple d'Apollon,
» étaient sur cette hauteur. Voici le bois où fut cueilli le rameau
» d'or. La terre de l'Enéide vous entoure ; et les fictions consacrées
» par le génie sont devenues des souvenirs dont on cherche en-
» core les traces.

11

» Un Triton a plongé dans ces flots le Troyen téméraire qui osa
» défier les divinités de la mer par ses chants : ces rochers creux
» et sonores sont tels que Virgile les a décrits. L'imagination est
» fidèle quand elle est toute-puissante. Le génie de l'homme est
» créateur, quand il sent la nature : imitateur quand il croit l'inventer.

» Au milieu de ces masses terribles, l'on voit une montagne nouvelle
» que le volcan a fait naître. Ici la terre est orageuse comme la mer,
» et ne rentre pas comme elle paisiblement dans ses bornes. Le
» lourd élément, soulevé par les tremblemens de l'abîme, creuse
» les vallées, élève des monts; et ses vagues pétrifiées attestent les
» tempêtes qui déchirent son sein.

» Si vous frappez sur ce sol, la voûte souterraine retentit : on di-
» rait que le monde habité n'est plus qu'une surface prête à s'en-
» tr'ouvrir. La campagne de Naples est l'image des passions humai-
» nes : sulfureuse et féconde, ses dangers et ses plaisirs semblent
» naître de ces volcans enflammés qui donnent à l'air tant de charmes,
» et font gronder la foudre sous nos pas.

» Pline étudiait la nature pour mieux admirer l'Italie; il vantait
» son pays comme la plus belle des contrées, quand il ne pouvait
» plus l'honorer à d'autres titres. Cherchant la science comme un
» guerrier les conquêtes, il partit de ce promontoire même pour
» observer le Vésuve à travers les flammes; et ces flammes l'ont
» consumé.

» O souvenir, noble puissance, ton empire est dans ces lieux !
» de siècle en siècle, bizarre destinée ! l'homme se plaint de ce qu'il
» a perdu. L'on dirait que les temps écoulés sont tous dépositaires
» à leur tour d'un bonheur qui n'est plus ; et tandis que la pensée
» s'enorgueillit de ses progrès, s'élance dans l'avenir, notre âme
» semble regretter une ancienne patrie dont le passé la rapproche.

» Les Romains dont nous envions la splendeur, n'enviaient-ils
» pas le sort de leurs ancêtres? Jadis ils méprisaient cette contrée
» voluptueuse : et ses délices ne domptèrent que leurs ennemis.
» Voyez dans le lointain Capoue : elle a vaincu le guerrier dont
» l'âme inflexible résista plus long-temps qu'à l'univers.

» Les Romains à leur tour habitèrent ces lieux : quand la force
» de l'âme servait seulement à mieux sentir la honte et la douleur,
» ils s'amolirent sans remords. A Baïes, on les a vus conquérir sur

» la mer un rivage pour leurs palais. Les monts furent creusés pour
» en arracher des colonnes : et les maîtres du monde, esclaves à
» leur tour, asservirent la nature pour se consoler d'être asservis.

» Cicéron a perdu la vie près du promontoire de Gaëte qui s'offre
» à nos regards. Les triumvirs, sans respect pour la postérité, la
» dépouillèrent des pensées que ce grand homme aurait conçues.
» **Le crime des triumvirs dure encore : c'est contre nous encore que**
» **leur forfait est commis.**

» Cicéron succomba sous le poignard des tyrans. Scipion, plus
» malheureux, fut banni par son pays encore libre : il ter-
» mina ses jours non loin de cette rive; et les ruines de son tom-
» beau sont appelées *les Tours de la patrie* : touchante allusion au
» souvenir dont sa grande âme fut occupée !

» Marius s'est réfugié dans ces marais de Minturnes, près de la
» demeure de Scipion. Ainsi, dans tous les temps, les nations ont
» persécuté leurs grands hommes : mais ils sont consolés par l'a-
» pothéose; et le ciel où les Romains croyaient commander encore
» reçoit parmi ses étoiles Romulus, Numa, César : astres nouveaux,
» qui confondent à nos regards les rayons de la gloire et la lumière
» céleste.

» Ce n'est pas assez des malheurs : la trace de tous les crimes es
» ici. Voyez, à l'extrémité du golfe, l'île de Caprée, où la vieillesse
» a désarmé Tibère, où cette âme à la fois cruelle et voluptueuse,
» violente et fatiguée, s'ennuya même du crime et voulut se plonger
» dans les plaisirs les plus bas, comme si la tyrannie ne l'avait pas
» encore assez dégradée.

» Le tombeau d'Agrippine est sur ces bords, en face l'île de Ca-
» prée; il ne fut élevé qu'après la mort de Néron : l'assassin de sa
» mère proscrivit aussi ses cendres. Il habita long-temps Bayes, au
» milieu des souvenirs de son forfait. Quels monstres le hasard ras-
» semble sous nos yeux ! Tibère et Néron se regardent.

» Les îles que les volcans ont fait sortir de la mer servirent, pres-
» que en naissant, aux crimes du vieux monde : les malheureux re-
» légués sur ces rochers solitaires, au milieu des flots, contemplaien
» de loin leur patrie, tâchaient de respirer ses parfums dans est
» airs ; et quelquefois, après un long exil, un arrêt de mort leur
» apprenait que leurs ennemis du moins ne les avaient pas oubliés.

» O terre ! toute baignée de sang et de larmes, tu n'as jamais
» cessé de produire et des fruits et des fleurs ! es-tu donc sans pitié
» pour l'homme ? et sa poussière retourne-t-elle dans ton sein ma-
» ternel sans le faire tressaillir ?

. . . .
. . . .

» Quelques souvenirs du cœur, quelques noms de femmes, ré-
» clament aussi vos pleurs. C'est à Misène, dans le lieu-même où
» nous sommes, que la veuve de Pompée, Cornélie, conserva jus-
» qu'à la mort son noble deuil. Agrippine pleura long-temps Ger-
» manicus sur ces bords : un jour, le même assassin qui lui ravit
» son époux la trouva digne de le suivre. L'île de Nida fut témoin
» des adieux de Brutus et de Porcie.

» Ainsi, les femmes amies des héros ont vu périr l'objet qu'elles
» avaient adoré. C'est en vain que pendant long-temps elles suivi-
» rent ses traces ; un jour vint qu'il fallut le quitter. Porcie se
» donne la mort ; Cornélie presse contre son sein l'urne sacrée qu
» ne répond plus à ses cris. Agrippine, pendant plusieurs années,
» irrite en vain le meurtrier de son époux ; et ces créatures infor-
» tunées, errant comme des ombres sur les plages dévastées du
» fleuve éternel, soupirent pour aborder à l'autre rive ; dans leur
» longue solitude, elles interrogent le silence, et demandent à la
» nature entière, à ce ciel étoilé comme à cette mer profonde, un
» son d'une voix chérie, un accent qu'elles n'entendront plus !.....

. . . .
. . . .

» Devant vous est Sorrente ; là demeurait la sœur du Tasse,
» quand il vint, en pélerin, demander à cette obscure amie un asile
» contre l'injustice des princes : ses longues douleurs avaient pres-
» que égaré sa raison ; il ne lui restait plus que du génie : il ne lui
» restait que la connaissance des choses divines ; toutes les images
» de la terre étaient troublées. Ainsi le talent, épouvanté du désert
» qui l'environne, parcourt l'univers sans trouver rien qui lui res-
» semble. La nature pour lui n'a plus d'écho ; et le vulgaire prend
» pour de la folie ce malaise d'une âme qui ne respire pas dans ce
» monde assez d'air, assez d'enthousiasme, assez d'espoir.

. . . .
. . . .

CHAPITRE X.

ENVIRONS DE NAPLES.

Notre voyage à Ischia n'a été qu'un passage d'un jour, fait par le bateau à vapeur; mais nous avons pu respirer l'air délicieux de cette île, et contempler son merveilleux panorama, regardé comme un des plus beaux de l'Italie, et même de toutes les côtes et îles de la Méditerranée. Le diapason des habitans nous a paru encore plus éclatant que celui du peuple napolitain. A l'approche des barques, ils se jetèrent dans l'eau, enlevèrent les voyageurs sur leurs épaules, afin de leur louer des ânes qu'ils conduisaient par derrière avec des cris et une agilité incroyables.

Le superbe *Epomée*, volcan éteint, plus ancien, dit-on, que le Vésuve, paraît une aiguille des Alpes, frappée par les rayons du soleil de Naples. Sa base est sillonnée de ravins profonds, romantiques, ombragés de hauts châtaigniers : et sur les coteaux inférieurs qui s'abaissent jusqu'à la mer croissent ces vignes auxquelles on doit l'excellent vin blanc d'Ischia. Sur la colline de la *Sentinella*, un des plus ravissans points de vue de l'île, était une jolie maison louée à des dames étrangères, qui reçoivent les étrangers avec la plus aimable hospitalité. Cette maison appartenait au frère du premier médecin des bains *del Monte de la misericordia*, établissement thermal important ; car les eaux d'Ischia sont très-salutaires, particulièrement pour les blessures. Le costume national des paysannes est riche et assez élégant; les dames même ne l'ont point quitté : il varie selon chaque endroit; mais le mouchoir de soie de couleurs brillantes, et roulé en forme de turban, est à peu près universel. Nous avions passé devant l'île de Procida, dont les filles ne mettent plus leurs fameux habits grecs que les dimanches et fêtes, comme les *higlanders* écossais, leur soi-disant costume romain. Ces filles étaient accourues sur le rivage pour voir le bateau à vapeur, instrument du commerce et de l'industrie moderne, qui formait un vrai contraste avec les costumes poétiques de l'antiquité.

Ischia, dans les temps modernes, devint la retraite d'une digne romaine, Victoria Colonna, marquise de Pescaire, la veuve inconsolable du vainqueur de Pavie, femme illustre par ses vertus, sa beauté, la supériorité de ses talens poétiques, et qui devint comme la muse sainte de Michel-Ange et la béatrice de ce Dante des arts.

La côte vivante, industrieuse et peuplée de PORTICI, espèce de quai bruyant, poudreux, bordé de jolis casins et résidence royale, forme un vrai contraste avec la plage déserte de Pouzzole. Le palais, admirablement situé, n'a plus son célèbre musée passé aux Studi ; mais il possède quelques ouvrages des meilleurs peintres français de l'école moderne, des portraits de Gérard, d'excellens capucins de Granet, et d'élégans tabeaux de M. de Forbin. Les mosaïques antiques, qui forment le parquet de quelques pièces, rendent moins insipide la visite ordinaire de appartemens. Les jardins sont agréables : de beaux chênes du jardin anglais ont pris racine dans la lave, et semblent l'image de deux âmes fortes qui, lorsqu'elles s'entendent, sont indestructibles et inséparables.

Le petit fort du *Granatello*, presque en face du palais, mérite d'être visité pour sa vue de mer et l'aspect que de là présente le Vésuve.

A Resine est le palais de la Favorite, appartenant au prince de Salerne : ses jardins, avec leurs grosses treilles, nous ont paru beaucoup trop vantés. Sa véritable merveille est le plancher de la salle ovale provenant du palais de Tibère à Caprée. On ne sait si l'idéal de l'antiquité s'étend jusque sur son vice ; mais la mosaïque de Caprée, au lieu de causer du dégoût, n'inspire que de la curiosité. Madame de Genlis a peint vivement l'impression désagréable qu'elle ressentit lorsque, au moment de son entrée au Palais-Royal, elle se trouva occuper momentanément les petits appartemens du régent qui avaient encore leur alcove à glaces, et toute leur ancienne munificence de boudoir : le pavé de Caprée est encore plus souillée, et cependant, en voyant les marbres de diverses couleurs dont il se compose, on ne peut qu'admirer la beauté d'un pareil ouvrage. Le même genre de travail, si splendide, si convenable aux palais, se conserve encore en Italie ; et l'on voyait à l'hôtel de l'ambassade de France à Naples une habile et récente imitation du plancher de la Favorite.

Les appartemens ont plusieurs *vues*, des meilleures du célèbre paysagiste Philippe Hackert, mort il y a environ une quinzaine d'années. Il était peintre du roi de Naples, qui lui payait ses tableaux six ducats, pour chaque pied carré : aussi l'artiste intéressé a-t-il fait les ciels deux ou trois fois plus étendus qu'ils ne devraient l'être ; et c'est le défaut de tous les ouvrages qui lui ont été commandés à ces bizarres conditions (*).

Enfin nous nous dirigeâmes vers le Vésuve : le terrain qu'il nous fallut traverser avant d'y arriver, fuyait sous nos pas, et semblait nous repousser loin d'un séjour ennemi de tout ce qui a vie : la nature n'est plus dans ces lieux en relation avec l'homme. Il ne peut plus s'en croire le dominateur ; elle échappe à son tyran par la mort. Le feu du torrent est d'une couleur funèbre : néanmoins quand il brûle les vignes ou les arbres, on en voit sortir une flamme claire et brillante. Mais sa lave même est sombre, tel qu'on se représente un fleuve de l'enfer ; elle roule lentement comme un sable noir de jour, et rouge la nuit. On entend, quand elle approche, un petit bruit d'étincelles qui fait d'autant plus de peur qu'il est léger, et que la ruse semble se joindre à la force : le tigre oyal arrive ainsi secrètement, à pas comptés. Cette ave avance sans jamais se hâter, et sans perdre un instant : si elle rencontre un mur élevé, un édifice quelconque qui s'oppose à son passage, elle s'arrête, elle amoncèle devant l'obstacle les torrens noirs et bitumineux, et l'ensevelit enfin sous ses vagues brûlantes.

(*) C'est à ce même artiste qu'Alexis Orloff avait commandé, d'après l'ordre de Catherine, quatre tableaux représentant les faits principaux de la guerre de Morée, et particulièrement l'incendie de la flotte turque à Tchesmé. Hackert ayant déclaré ne savoir comment rendre un vaisseau sautant en l'air, Orloff fit sauter le plus beau de sa flotte, au risque de détruire les bâtimens nombreux et richement chargés qui se trouvaient dans la rade de Livourne. Ces quatre tableaux se voient dans la salle d'audience de Peterstroff ; ils sont, dit-on, médiocres.

Sa marche n'est point assez rapide pour que les hommes ne puissent pas fuir devant elle, mais elle atteint, comme le temps, les imprudens et les vieillards qui, la voyant venir lourdement et silencieusement, s'imaginent qu'il est aisé de lui échapper. Son éclat est si ardent, que la terre se réfléchit dans le ciel, et lui donne l'apparence d'un éclair continuel : ce ciel, à son tour, se répète dans la mer ; et la nature est embrasée par cette triple image de feu.

Le vent se fait entendre et se fait voir par des tourbillons de flamme, dans le gouffre d'où sort la lave. On a peur de ce qui se passe au sein de la terre ; et l'on sent que d'étranges fureurs la font trembler sous nos pas. Les rochers qui entourent la source de la lave sont couverts de soufre, de bitume, dont les couleurs ont quelque chose d'infernal. Un vert livide, un jaune brun, un rouge sombre, forment comme une dissonnance pour les yeux, et tourmentent la vue, comme l'ouïe serait déchiré par ces sons aigus que faisaient entendre les sorcières quand elles appelaient, la nuit, la lune sur la terre.

La cendre que le Vésuve lance produit des fruits excellens et le joli vin de *Lacryma Christi*, si spirituellement chanté par Chiabrera. Une nombreuse population vit du Vésuve ; il est comme une immense usine créée par la nature au bord de la mer, et qui a celle-ci pour moteur : aussi *la montagne*, comme on dit à Naples, est-elle plus aimée que redoutée du Napolitain : elle fait son orgueil et sa gloire ; elle est la plus majestueuse décoration de son amphitéâtre ; il la regretterait si elle pouvait disparaître, et les habitans de Resine, de *la Torre-del-Greco* et de la *Nunziata* ont rebâti leurs maisons aux mêmes places où elles avaient été renversées. Enfin le Vé-

suve, au milieu même de ses plus grandes fur : l'
ne semble avoir englouti Pompeia que pour la conserver miraculeusement à la curiosité et à l'admiration de la postérité.

HERCULANUM, quoique sur la route de Pompeia,
ne doit être visité qu'après : comme on ne peut l'examiner qu'aux flambeaux, puisqu'elle est enfouie à
plus de soixante pieds, sous une lave très-dure, on
ne comprendrait guère, sans cette précaution, la
forme des galeries de son théâtre, le plus intact
qui nous reste de l'antiquité, ainsi que les distribu-
tions de sa magnifique villa.

Ce fut un prince d'Elbeuf, Emmanuel de Lorraine,
marié à Naples et établi à Portici, qui découvrit,
en 1711, Herculanum.

L'antiquité à POMPEIA n'est plus cette antiquité
vague, reculée, incertaine, cette antiquité des livres,
des commentateurs, des antiquaires; c'est l'antiquité
réelle vivante en personne, si l'on peut le dire : on
la sent, on la voit, on la touche. La nouvelle et savante barbarie des musées est ici plus choquante
et plus funeste que partout ailleurs : si les objets découverts étaient laissés en place avec les précautions
nécessaires et faciles à prendre pour leur conserva-
tion; ils seraient, comme l'a remarqué M. de Châ-
teaubriant, le plus merveilleux musée de la terre. On
peut ajouter qu'un cinquième seulement de la ville
est déblayé, et qu'il faudra, si les enlèvemens con-
tinuent, bâtir une autre ville pour déménager Pompeia. Il est vrai qu'au train dont vont les fouilles, on
a du temps devant soi : d'après les calculs les plus
exacts, l'exhumation complète donnerait lieu à une
dépense de 694,589 ducats (2,894,080 francs); et il
n'y a d'alloué chaque année, pour les travaux et ré-

parations que 6000 ducats (25,000 francs). On voit que s'il a fallu cent vingt ans pour parvenir à la découverte du cinquième que nous possédons, il faudra encore quatre cent quatre-vingts ans afin de jouir de l'aspect entier de Pompeia.

Lorsque Sulpicius, cherchant à consoler Cicéron de la mort de sa fille Tullia par l'exemple des vicissitudes humaines, lui parle de ces cadavres de cités qu'il apercevait à son retour d'Asie, il ne s'attendait pas que cette expression figurée dût s'appliquer un jour aussi fidèlement à la ville qui faisait les délices de son ami, *Tusculanum et Pompejanum valdè me delectant*, dont la maison, malgré la bonne volonté de l'abbé Romanelli, n'a point été découverte.

La maison de campagne, ou de Diomède, dans le faubourg, la plus belle de Pompeia, montre cette double vie publique et privée des Romains. La partie publique se composait du vestibule et de l'*atrium*, qui renfermait dans un ordre presque toujours pareil le *cavædium* (cour), le *tablinum* (sale d'audience), les ailes, les corridors (*fauces*). La partie privée contenait les chambres à coucher (CUBICULA), la salle à manger (*triclinium*), les salles (*œci*), la galerie de tableaux (*Pinacothecu*), la bibliothèque, les bains, l'exèdre ou salon, le xiste ou paterre garni de fleurs et d'arbustes; toutes ces pièces étaient distribuées autour du péristyle.

On voit par l'incommodité de ces pièces que la vie des Romains était surtout extérieure et publique, et qu'à l'exception de la nuit et de leur principal repas, qu'ils faisaient vers le soir, ils passaient presque toute la journée au Forum, ou sous les portiques. L'*atrium* même du logis était une espèce de forum intérieur dans lequel ils recevaient leurs hôtes, leurs chiens, leurs amis, et dans lequel ils continuaient de vivre à l'air. Il n'y a jamais eu chez eux comme chez les Italiens actuels, qui n'ont pourtant pas de vie publique, le *home* des Anglais, ou notre *coin de feu*.

La maison de Diomède avait trois étages, chose rare ; car la plupart des autres maisons n'en avaient que deux, surmontés d'une terrasse ornée d'une espèce de treille. Comme dans l'Orient l'appartement des femmes donne sur le jardin.

La voie des tombeaux, garnie de trotoirs, bordée de chaque côté de hauts mausolées, occupés par des familles entières et leur suite, est une véritable rue. Les morts, dans le polythéisme, semblent à peine quitter la terre : ils habitent dans les lieux les plus fréquentés, le long des chemins publics, et ils paraissent moins mourir que changer de logis.

Les plus remarquables de ces tombeaux sont le monument élevé par la prêtresse de Cérès, Alléja Decimilla, à son époux Marcus-Alléjus-Lucius Libella et à son fils, sur un emplacement accordé par le peuple. Celui que Nevoleja Tyche a consacré à son mari Caïus Munatius, à elle-même et à leurs affranchis et affranchies ; elle y fit sculpter son propre portrait ; le *bisellium*, siége d'honneur (*), que les décurions et le peuple avaient décerné à Munatius, une cérémonie funèbre et une barque qui gagne le port, peut-être emblême du repos de la tombe après les orages de notre vie ; le cénotaphe de C. Calvenius Quietus, que sa munificence fit honorer aussi du *bisellium*, regardé comme le plus élégant et le mieux

---

(*) Le *bisellium* était une espèce de banc, couvert de coussins, orné de franges, et sur lequel on s'asseyait seul dans le Forum et dans les spectacles publics, quoiqu'il y eut place pour deux.

conservé des monumens funèbres de l'antiquité ; le tombeau de Scaurus, curieux par ses bas-reliefs en stuc, représentant des chasses, des combats de gladiateurs, dont la visière du casque est baissée, et qui sont couverts de cuissards et de brassards comme les anciens chevaliers, ainsi que par ses inscriptions explicatives tracées au pinceau.

Les remparts de Pompeia, découverts de 1812 à 1814, et que l'on peut aujourd'hui parcourir en entier, ont fait connaître l'étendue et le plan de la ville : ces remparts, construits en grande partie avec d'énormes blocs de pierre, avaient affronté la fortune de Sylla, qui soumit Pompeia sans l'attaquer.

Les rues de Pompeia sont étroites et assez mal alignées ; mais les chars, dont l'empreinte des roues se voit encore, n'ayant que quatre pieds de voie, une grande largeur n'était pas nécessaire. Les anciens s'imaginaient, d'ailleurs, que les rues étroites et tortueuses étaient plus salubres, parce que l'action du soleil s'y faisait moins sentir.

L'auberge publique de Julius Polybe offre un vaste souterrain, la plus belle cave de Pompeia.

La maison dite des *Vestales*, brillante de peintures et de mosaïques, a presque la forme d'un temple ; les bizarres chapiteaux des colonnes sont bien éloignés de la pureté grecque.

La maison des danseuses a conservé son air de fête, par la variété, la grâce et la volupté de ses figures.

La maison dite de *Salluste* ou d'*Actéon*, est une des plus élégantes et des plus recherchées de la ville ; son atrium passe pour le mieux conservé. Un four semblable aux nôtres, paraît tout neuf et pourrait encore servir. Une boutique communiquait à l'appartement de Salluste : on voit par cet exemple et par beaucoup d'autres, que les plus riches patriciens ne dédaignaient point de vendre en détail le vin, l'huile et les denrées de leurs terres, ou les produits de leur industrie, usage qui existe encore dans quelques provinces d'Italie, et que pratiquent les économes Florentins. Les boutiques étaient une propriété lucrative; Cicéron savait tirer partie des siennes comme un entrepreneur de nouveau passage, et l'on voit encore à Pompeia, près de l'amphitéâtre, un écriteau par lequel Julia Félix, fille de Spurnius, riche propriétaire, offre à bail pour cinq ans un vaste édifice contenant un bain et *neuf cents* boutiques avec leurs dépendances. Le luxe de nos magasins à la mode existait dans ces boutiques, qui formaient toujours le devant des habitations; leur pavé était de mosaïque; elles avaient aussi leur musée en plein vent : un bœuf était peint sur la boutique d'un boucher, et le groupe de vendangeurs représenté sur celle d'un marchand de vin, a été imité par Le Poussin.

La maison dite de *Modeste*, était celle d'un marchand de liqueurs. L'enseigne représentait assez poétiquement Ulysse repoussant les perfides breuvages que lui présentait Circé.

La maison du boulanger est fort décente et bien distribuée. Le four, les moulins sont curieux. Les deux seuls poètes comiques latins, Plaute et Terence, avaient été, pendant leur esclavage, condamnés, comme les ânes, à tourner la meule de ces petits moulins de pierre dont la forme ressemble à celle de moulins à café. Caton vante les habiles meuniers de Pompeia.

L'habitation de l'édile Pansa est la plus grande et

la plus régulière de Pompeia. Pansa louait aussi une grande quantité de boutiques et un four. Au-dessus de ce dernier est l'inscription célèbre : *Hic habitat felicitas*.

La petite maison du poète dramatique, avec sa médiocre et célèbre mosaïque du gros chien à l'attache, et l'inscription *Cave canem*, est un des plus jolis monumens particuliers de l'antiquité : elle a de nombreuses figures de *Génies*, de *Victoires*, des arabesques et des mosaïques de meilleur goût. La belle mosaïque de sept figures, dite le *concert d'une représentation dramatique*, est un tableau curieux d'une répétion et des coulisses de l'antiquité.

Les thermes, d'une élégante simplicité, ne pouvaient guère contenir qu'une vingtaine de personnes; ils n'étaient probablement pas les seuls à Pompeia. Le côté des dames est le plus orné. La première servait à se déshabiller; dans le fond est un petit cabinet ovale (*frigidarium*), dans lequel se trouve le bassin rond creusé dans le pavé (*piscina*), destiné au bain froid; de là on passait dans la salle tiède (*tepidarium*); puis, dans la troisième et dernière salle, l'étuve, au bout de laquelle est un long bassin (*baptisterium*) où se prenait le bain chaud. Ces trois sont pavées en mosaïque, et les voûtes, chose unique au milieu de ces décombres, sont très-bien conservées.

Les thermes, chez les anciens, sont de véritables monumens publics dont l'inauguration se fait avec solennité : l'inscription à peu près effacée des thermes de Pompeia portait qu'à l'occasion de leur ouverture il y aurait des combats de gladiateurs, chasse des animaux, athlètes, et qu'on répandrait des parfums et dresserait des tentes dans l'amphitéâtre.

Le Forum civil était le lieu d'affaires et comme la bourse et le palais de Pompeia : au milieu se voyaient les statues en marbre ou en bronze avec des inscriptions honorifiques de Rufus, de Saluste, de Pansa, de Scaurus, de Gellianus et autres illustres personnages de la colonie ; statues érigées sur des piedestaux qui sont encore en place. Un tel édifice surprend avec la petitesse de la ville ; il est un monument de l'importance et de cette espèce de pompe qui s'attachait à la vie politique des anciens.

Le trésor public appelé le temple de Jupiter, était dans le beau quartier. Les caisses publiques, chez les anciens, se déposaient dans les temples. A Rome le trésor de la république était dans le temple de Saturne ; l'hôtel des Monnaies dans celui de Junon, et la caisse générale de la nation dans celui de Castor et Pollux. César, dit Montesquieu, avait amassé pour son expédition contre les Parthes, des sommes immenses qu'il avait mises dans le temple d'Ops (*). Ce genre de dépôt, dont les formes de l'administration et de la comptabilité modernes ne s'accomoderaient guère, ne surprendra point si l'on songe que les dignités d'augure et de grand pontife étaient chez les Romains des magistratures, et que ceux qui en étaient revêtus faisaient partie du Sénat ; il y avait là une intime union entre le pouvoir et le sacerdoce.

La vue de Pompeia montre bien mieux que toutes les dissertations quelle était l'existence municipale, la prospérité et l'éclat des colonies romaines. Cette petite ville de troisième ordre, dont un cinquième seulement nous est connu, que l'on peut parcourir en moins d'une demi heure, possède un Forum,

---

(*) *Grandeur et décadence des Romains*, Chap. xii.

huit temples, une basilique, trois places publiques, des thermes, deux théâtres et un superbe amphithéâtre.

La Cava est une vallée suisse avec des oliviers, la mer et le soleil de Naples. La force et la beauté des femmes, l'industrie des habitans, un écrivain politique, Filangieri, l'auteur de la *Science de la législation*, composé en partie à la Cava, publiciste moins éloquent que Jean-Jacques, mais partisan comme lui des principes populaires, ajoutent encore à cette ressemblance. Parmi la multitude de détails que présente ce délicieux paysage, entremêlé de vieux châteaux en ruine et de belles maisons de campagne, on ne doit pas négliger la superbe grotte de Dunéga.

Salerne, citée par les écrivains de l'antiquité, brille surtout par ses souvenirs du moyen âge; capitale des états de Robert Guiscard, école célèbre de médecine et de droit, elle rappelle la science barbare et la chevalerie aventureuse de cette époque. Son port, d'après l'inscription, fut commencé par le fameux conspirateur des Vêpres Siciliennes, Jean de Procida, noble et médecin de Salerne, *ami intime et compagnon* de Manfred, le poétique bâtard de l'empereur Frédéric II, fondateur de la célèbre foire de septembre. A l'exception du dôme construit d'antiquités et de six curieuses colonnes romaines cachées dans l'écurie de l'archevêque. L'aspect de la ville est aujourd'hui assez moderne; elle a un lycée destiné à l'étude des sciences exactes, une maison d'orphelin, un théâtre nouveau; et son intendance, bâtie il y a vingt ans, passe pour la plus belle du royaume.

L'origine phénicienne, étrusque, grecque dorienne, grecque sybarite de *Pœstum* dépend tout-à-fait du choix, de l'inclination, des érudits, car il y a des étymologies pour toutes ces origines. L'origine grecque sybarite paraît toutefois la plus généralement adoptée. Ces champs de roses que Virgile voulait chanter *biferique rosaria Pœsti*, et qu'ont célébrés depuis tous les poètes anciens, n'offrent plus qu'une plaine insalubre et désolée qui n'a pas perdu toute sa fécondité ; car si les roses n'y fleurissent plus deux fois l'an, elle produit encore, moins poétiquement il est vrai, une double récolte de pommes, de poires et de cerises. Une grande métairie, garnie d'antiquités, est voisine des temples ; sans la dégradation et l'horrible misère des gens qui l'habitent (*), elle ne formerait pas avec eux un choquant contraste : le travail des champs est noble, et des pâtres, des laboureurs, ne sont point de trop indignes successeurs des prêtres, des guerriers et de tous les pompeux personnages de l'antiquité qui ont figuré sous ces portiques.

Les ruines de Pœstum se composent des murs de deux temples, le plus grand, dit-on, consacré à Neptune, et le plus petit à Cérès ; d'une basilique qui pourrait bien aussi avoir été un temple, et d'un amphitéâtre appartenant à l'enfance de ce genre de

(*) La déplorable condition du paysan napolitain provient de ce qu'il ne possède pas, et n'est que le fermier de propriétaires qui ne résident point et dont il ne connaît souvent que le régisseur. Les *Villegiature* des Napolitains se bornent à changer d'air, à jouer plus gros jeu et à avoir plus de monde qu'à la ville. C'est tout à-fait la vie de la campagne en France sous Louis XV. L'énormité des impôts oblige ces propriétaires à élever le prix de leurs baux ; le malheureux cultivateur demeure ainsi sans ressource, et si vous lui demandez ce qu'il gagne, pour toute réponse, il dit : *Si campa*, (ou vit).

constructions, mais qui ne peut être que du temps des Romains.

Lorsque l'on contemple les imposans débris des monumens publics de Pœstum, sans qu'il soit depuis long-temps question d'aucune trace de ses habitations, on est de nouveau frappé de l'importance que les anciens attachaient aux premiers, et de l'infériorité, du peu de solidité des maisons particulières.

Quoique les Sarrasins aient saccagé Pœstum, il est probable que son principal dévastateur fut Robert Guiscard, lorsqu'il la dépouilla de ses colonnes, de ses sculptures et de ses ornemens de vert antique, afin d'en décorer l'église Saint-Matthieu, qu'il bâtissait à Salerne : la dévotion du guerrier normand dut être plus fatale aux temples antiques que le pillage des infidèles.

Ces temples, presque de front sur le bord de la mer, sont encore au dehors, et de loin, d'un effet singulièrement majestueux : il est impossible de n'être pas frappé de la solidité de ces massives colonnes qui, depuis des siècles, se soutiennent par un équilibre secret ; car on ne voit ni ciment, ni barres de fer, ni toute cette partie mécanique des arts modernes. Mais l'intérieur, encombré de grosses colonnes, est fort étroit ; ces temples sont plutôt une enceinte sacrée, une espèce de sanctuaire qui devait être rempli par les prêtres et les statues, et le peuple était obligé de se tenir dehors. Les basiliques chrétiennes ont bien surpassé en étendue les temples du polythéisme. On sent que les croyances nouvelles avaient besoin d'un plus vaste espace pour un plus grand Dieu.

Le temple romain, découvert en 1830, et situé entre le temple de Neptune et de Cérès, n'offre plus que quelques débris qui attestent son ancienne magnificence.

La barque napolitaine qui, pour dix grains (moins de dix sous), vous mène à Sorrente, est une espèce de barque turque pour le grand nombre de rameurs, la confusion et l'inexpérience de la manœuvre; et cependant, quelque temps qu'il fasse (et la mer de ce golfe est quelquefois très-mauvaise), la barque part tous les jours à midi : à force de cris, de sauts, de gestes et de grimaces, elle arrive pour repartir le lendemain matin, chargée d'oranges portées au marché : l'ignorance de ces hommes surmonte l'obstacle sans le mesurer, et ils possèdent une intelligence, une industrie d'instinct qui supplée à l'instruction. Il est d'usage de faire une quête à bord, afin de dire des messes pour les âmes du Purgatoire; la petite boîte qui sert de bourse est peinte de flammes. Sans entrer dans la question théologique sur l'efficacité de ces prières, il est difficile de n'être pas touché d'un si pieux usage, nouvelle preuve de la commisération naturelle du peuple napolitain.

La maison du Tasse est aujourd'hui un palais bien situé, au-dessus d'un rocher élevé, décoré de verdure, et baigné par la mer. Le propriétaire était encore, il y a quelques années, M. Gaëtan Spasiano, descendant de la sœur aînée du poète, Cornelia, qui l'avait reçu si tendrement, quoique, avec cette défiance particulière à l'infortune, il eût cru devoir, après une si longue absence, ne se présenter à elle que sous les habits d'un vieux pâtre dont il s'était revêtu dans le voisinage ; scène touchante de reconnaissance racontée par lui et son ami Manso, et que l'on croirait empruntée d'Homère.

Ce palais moderne, bien meublé, venait d'être

loué, lorsque nous le visitâmes, à une famille anglaise. On montre dans un enclos d'orangers et de lauriers, l'emplacement de la maison où naquit le Tasse. Mais si ses traces matérielles sont incertaines ou effacées, la beauté, l'éclat, la magie, cette sorte de jeunesse du site de Sorrente et de son délicieux *Piano*, ne sont point altérés ; et l'on comprend très-bien quelles premières et durables impressions elles durent produire sur un tel génie.

Le jour que nous passâmes à Sorrente était un dimanche; les paysannes portaient leurs riches et pittoresques habits ; il est vrai qu'avec des corsets et coutures d'or, des chaînes. des bagues, des boucles d'oreilles et des épingles dans les cheveux, quelques-unes allaient pieds nus. La *corbeille* est ici ruineuse pour le jeune villageois qui se marie : il doit fournir toute cette parure, et le schal de cachemire de rigueur ne cause pas plus de gêne à un époux parisien de la moyenne propriété.

Sorrente, ville ancienne, et dont Stace a chanté la magnifique villa qu'y possédait son ami Pollius Félix, ainsi que le temple d'Hercule qu'il avait agrandi, possède plusieurs débris des monumens antiques ; tels sont les ruines de ce temple d'Hercule et des temples de Neptune et de Diane, ainsi que la vaste piscine restaurée par Antonin le Pieux, qui sert encore.

Au milieu de ces îles et de ces rivages déchirés, calcinés par les volcans, il n'y en a pas de traces à *Caprée;* elle offre de jolis coquillages, une végétation d'oliviers qui surpasse en hauteur ceux de la côte de Naples, un sol fertile, un air tempéré, et les vues les plus pittoresques ; mais les ruines du palais de Tibère semblent y tenir lieu de volcan éteint, et ces restes de la demeure d'un homme rappellent des calamités et des fureurs qui ne le cèdent point aux plus terribles fléaux de la nature.

Le palais de Tibère est là si populaire, qu'on pourrait croire qu'il l'habite encore. Ce palais qui n'était pas situé dans la plus belle partie de l'île, et près de son unique fontaine, a fourni les degrés de marbre du chœur de la paroisse, et les cinq colonnes de marbre qui soutiennent la chapelle dédiée à saint Constantin ; protecteur de Caprée, ainsi que les pierres brillantes qui ornent la mitre de son buste d'argent, conservé à la sacristie.

Indépendamment de ces ruines informes, on remarque les aqueducs, les bains d'Auguste, qui, dans sa vieillesse, habita quatre ans Caprée, la villa *del sole*, un des douze palais consacrés par Tibère aux douze grands dieux, une partie du forum, des thermes, deux temples, de longues grottes, les arcades qui réunissaient les vallées, et la belle Chartreuse fondée par la reine Jeanne, aujourd'hui caserne. Une vaste grotte d'azur au-dessus de la mer, et dans laquelle on peut aller en barque, a été découverte récemment, et rappelle, dit-on, les merveilles des *Mille et une nuits*. Un télégraphe est au-dessus de l'île ; s'il eût existé du temps de Tibère, quel rapide instrument de tyrannie n'eût-il pas été pour un tel homme ?

L'aspect riant de Caprée en fait un délicieux séjour, et l'on comprend très-bien la résolution de cet Anglais qui s'y retira et y vécut trente ans. L'hôte de Caprée était le notaire de l'endroit, d'une race antique de notaires, qui a dans son étude des actes remontant à plusieurs siècles, et dans son jardin un beau palmier en pleine terre. Ce notaire, fort brave homme, a de l'aisance, une bibliothèque où la théologie domine; et son hôtellerie, où l'on donne, il est vrai, ce que l'on veut, lui rapporte plus probablement que son étude.

Malgré le bon naturel et la pauvreté des habitans de l'île, une vive et ancienne inimitié subsiste entre ces deux villages : le premier, Caprée, capitale de plus dix-huit cents âmes; le second, Anacapri, de dix-sept cents. On ne conçoit point que la vanité aille se nicher là. Nous avons gravi l'étroit et rude escalier de plus de cinq cents marches, taillé dans le roc, qui conduit à ce dernier village et au mont Solaro, visité depuis avec raison par tous les paysagistes.

C'était avant jour : le lever du soleil, au milieu de cet immense horizon, offrit une des belles scènes de la nature dont nous ayons été témoins; notre guide de Caprée même ne paraissait point blasé sur l'éclatante apparition du soleil, et lorsque

> Tout écumant de feu il jaillit dans les airs (*),

il s'écria et répéta avec transport : *il sole! il sole!*

La prise de Caprée par les troupes italiennes, sous le commandement d'un général français, illustré par cet exploit, est un beau fait d'armes des dernières guerres; à l'aspect des lieux, surtout de la hauteur du mont Solaro, ajoute encore à l'impression de ce prodige d'audace et de courage : le souvenir de cette gloire italienne et française nous charmait et nous ne la trouvions pas alors moins brillante que l'admirable spectacle que nous avions sous les yeux.

Castellamare, jolie ville de mer, avec des eaux

(*) Fontanes.

minérales, des manufactures et de charmantes maisons de campagne, rendez-vous de la meilleure compagnie de Naples, est voisine de l'ancienne Stabie, troisième victime du Vésuve, avec Herculanum et Pompeia.

Le casin du roi, peu remarquable, et appelé *Quisisana* (ici on guérit), prouve la salubrité de l'air. A la colline de Pozzano, lieu célèbre par la statue de la miraculeuse Vierge retirée d'un puits au onzième siècle, une croix a pour piedestal un autel de Diane, seul débris du temple qu'a remplacé l'église de la Madone.

Nous nous rendîmes à AMALFI à travers les bois, les montagnes et les rochers qu séparent les deux golfes. C'était à la fin d'octobre : la variété des feuilles d'automne était encore plus frappante et plus vive sous cette belle lumière. Une des montagnes de la presqu'île, le mont Saint-Angelo, la plus élevée des environs de Naples, est l'ancien *Lactarius*, véritable montagne suisse de l'antiquité, qui a conservé ses aromatiques herbages : aussi, indépendamment de la bonté de leur lait, les vaches de cette côte se mangent-elles, et *la vitella di sorrento* est fort tendre.

A la vue de ces côtes d'AMALFI, on ne peut se défendre d'un vif sentiment d'admiration pour l'Italie : c'était sur ces rochers qu'avaient été retrouvés les pandectes, que la boussole avait été inventée, et qu'était né Masaniello ; ainsi nous apparaissaient au-dessus de ce village les causes les plus puissantes de la civilisation et des révolutions modernes, les lois, la navigation, la souveraineté du peuple ; quelle cité dans l'univers rassemble de tels souvenirs ?

Amalfi, l'Athènes du moyen âge, jadis république

puissante par ses armes et son commerce, dont les lois maritimes furent pendant quatre siècles celles de toute l'Europe, n'est aujourd'hui qu'un très-pittoresque village, fameux par son maccaronni, le meilleur du royaume, et par ses papeteries.

La côte escarpée d'Amalfi, avec ses bois d'oliviers et de myrthes, ses grottes, ses ruines, ses précipices et ses blanches maisons, autour desquelles serpentent les branches dorées de l'oranger, mérite encore l'éloge qu'en faisait Boccace lorsqu'il la regardait comme la plus délicieuse de toute l'Italie. Il faut que la mer ait empiété là considérablement sur ses bords ; la montagne, le village, touchent presque aux flots : la grève étroite n'offre que quelques barques de pêcheurs, et l'espace manque aujourd'hui pour l'arsenal, le port et autres établissemens d'un peuple navigateur et guerrier. Le seul édifice de l'ancienne Amalfi est la cathédrale, refaite à la vérité, mais qui conserve de belles colonnes de granit, un vase antique de porphyre servant de baptistère, et deux sarcophages antiques.

En nous promenant sur les bords de la mer nous fûmes témoins d'un de ces spectacles qui caractérisent mieux que toutes les analyses possibles les mœurs d'une nation. — Une foule de jeunes gens et de jeunes filles étaient rassemblés sur un petit promontoire, couvert d'une verte pelouse, et faisaient cercle autour d'un jeune homme et d'une fille qui dansaient. Le jeune homme s'accompagnait en dansant avec des castagnettes, la jeune fille frappait l'air d'un tambour de basque : tous ses mouvemens avaient une souplesse, une grâce, un mélange de pudeur et de volupté qui pouvait donner l'idée de la puissance que les bayadères exercent sur l'imagination des Indiens, quand elles sont pour ainsi dire poètes avec leur danse, quand elles expriment tant de sentimens divers par leurs pas caractérisés et les tableaux enchanteurs qu'elles offrent aux regards. Tantôt, par un léger et gracieux mouvement de ses bras, elle plaçait son tambour de basque au-dessus de sa tête, tantôt en avant avec une de ses mains, tandis que l'autre parcourait les grelots avec une incroyable dextérité; elle rappelait les danseuses d'Herculanum, et faisait naître successivement une foule d'idées nouvelles pour le dessin et la peinture.

Ce n'était point la danse française, si remarquable par l'élégance et la difficulté des pas; c'était un talent qui tenait de beaucoup plus près à l'imagination et au sentiment. Le caractère de la musique était exprimé tour à tour par la précision et la molesse des mouvemens. Cette jeune fille en dansant avec tant de grâce, faisait éprouver aux spectateurs une joie indéfinissable : les musiciens, en la regardant, s'animaient à mieux faire sentir le génie de leur art, et je ne sais quelle sensibilité d'imagination électrisait à la fois tous les témoins de cette danse magique, et les transportait dans une existence idéale, où l'on rêve un bonheur qui n'est pas de ce monde.

Voilà bien l'image particulière de la nation italienne, me dit Bion, avec une espèce d'amertume : ces gens-là ne pensent qu'au plaisir, à la volupté, à la satisfaction des sens; ils excellent dans cette sorte d'amusement; et jamais peut-être, dans ces imaginations qui paraissent si sensibles et si inflammables, il n'a germé une seule pensée patriotique, un seul désir d'indépendance.

— Tu te trompes, mon ami, répondis-je : tu dis sur les Italiens ce qu'en disent généralement tous les étrangers qui n'ont observé cette nation que superficiellement; mais il faut pénétrer plus avant pour juger ce pays qui a été si grand à diverses époques.

D'où vient donc que cette nation a été sous les Romains la plus militaire de toutes, la plus jalouse de sa liberté dans les républiques du moyen âge, et, dans le seizième siècle, la plus illustre par les lettres, les sciences et les arts? N'a-t-elle pas poursuivi la gloire sous toutes les formes? et si maintenant elle n'en a plus autant, pourquoi n'en accuserait-on pas sa situation politique, puisque, dans d'autres circonstances, elle s'est montrée différente de ce qu'elle est maintenant?

Les étrangers de tout temps ont conquis, déchiré ce beau pays, l'objet de leur ambition perpétuelle : et les étrangers reprochent avec amertume à cette nation les torts des nations vaincues et déchirées ! L'Europe a reçu des Italiens les arts et les sciences ; et maintenant qu'elle a tourné contre eux leur propres présens, elle leur conteste souvent encore la dernière gloire qui soit permise aux nations sans force militaire et sans liberté politique, la gloire des sciences et des arts.

Il est vrai que les gouvernemens font le caractère des nations ; que, dans cette même Italie, on voit des différences de mœurs remarquables entre les divers états qui la composent. Les Piémontais, qui forment un petit corps de nation, ont l'esprit plus militaire que le reste de l'Italie; les Florentins, qui ont possédé ou la liberté ou des princes d'un caractère libéral, sont éclairés et doux; les Venitiens et les Génois se montrent capables d'idées politiques, parce qu'il existait chez eux une aristocratie républicaine; les Milanais sont plus sincères, parce que les nations du Nord y ont apporté depuis long-temps ce caractère ; les Napolitains pourraient aisément devenir belliqueux, parce qu'ils ont été réunis depuis plusieurs siècles sous un gouvernement très-imparfait, il est vrai, mais enfin sous un gouvernement à eux : la noblesse romaine, n'ayant rien à faire, ni militairement, ni politiquement, est indolente et oisive ; mais l'esprit des ecclésiastiques, qui ont une carrière et une occupation, est beaucoup plus développé que celui des nobles ; et comme le gouvernement papal n'admet aucune distinction de naissance, et qu'il est au contraire purement électif dans l'ordre du clergé, il en résulte une sorte de libéralité, non dans les idées mais dans les habitudes, qui fait de Rome le séjour le plus agréable pour tous ceux qui n'ont plus ni l'ambition, ni la possibilité de jouer un rôle dans le monde.

Les peuples du Midi sont plus aisément modifiés par leurs institutions que les peuples du Nord ; ils ont une indolence qui devient bientôt de la résignation ; et la nature leur offre tant de jouissances, qu'ils se consolent facilement des avantages que la société leur refuse. Il y a sûrement beaucoup de corruption en Italie ; et cependant la civilisation y est beaucoup moins raffinée que dans d'autres pays. On pourrait presque trouver quelque chose de sauvage à ce peuple, malgré la finesse de son esprit : cette finesse ressemble à celle du chasseur dans l'art de surprendre sa proie. Les peuples indolens sont facilement rusés ; ils ont une habitude de douceur qui leur sert à dissimuler quand il le faut, même leur colère ; c'est toujours avec ses manières accoutumées qu'on parvient à cacher une situation accidentelle.

Les Italiens ont de la sincérité, de la fidélité dans

les relations privées. L'intérêt et l'ambition exercent un grand empire sur eux, mais non l'orgueil ou la vanité : les distinctions de rang y font très-peu d'impression ; il n'y a point de société, point de salon, point de petits moyens journaliers de faire de l'effet en détail. Ces sources habituelles de dissimulation et d'envie n'existent point chez eux ; quand ils trompent leurs ennemis et leurs concurrents, c'est parce qu'ils se considèrent avec eux comme en état de guerre ; mais en paix, ils ont du naturel et de la vérité.

J'ai dit pourquoi les hommes montrent peu d'esprit militaire ; et cependant ils exposent leur vie pour l'amour et pour la haine avec une grande facilité ; et les coups de poignards donnés et reçus pour cette cause n'étonnent et n'intimident personne : ils ne craignent point la mort quand les passions naturelles commandent de la braver ; mais souvent, faut l'avouer, ils aiment mieux la vie que des intérêts politiques qui ne les touchent guère, parce-qu'ils n'ont point de patrie. Souvent aussi l'honneur chevaleresque a peu d'empire au milieu d'une nation où l'opinion et la société qui la forme n'existe pas ; il est assez simple que dans une telle désorganisation de tous les pouvoirs publics, les femmes prennent beaucoup d'ascendant sur les hommes ; et peut-être en ont-elles trop pour les respecter et les admirer. Néanmoins leur conduite envers elles est pleine de délicatesse et de dévouement.

Les idées de considération et de dignité sont beaucoup moins puissantes en Italie, j'en conviens, que dans d'autres pays. L'absence de société et de l'opinion publique en est la cause ; mais, malgré tout ce qu'on a dit de la perfidie des Italiens, je soutiens que c'est un des pays du monde où il y a le plus de bonhomie. Cette bonhomie est telle dans tout ce qui tient à la vanité, que, bien que ce pays soit celui dont les étrangers aient dit le plus de mal, il n'en est point où ils rencontrent un accueil plus bienveillant. On reproche aux Italiens trop de penchant à la flatterie ; mais il faut aussi convenir que la plupart du temps ce n'est point calcul, mais seulement par désir de plaire, qu'ils prodiguent leurs douces expressions, inspirées par une obligeance véritable : ces expressions ne sont point démenties par la conduite habituelle de la vie. Toutefois seraient-ils fidèles à l'amitié dans des circonstances extraordinaires, s'il fallait braver pour elles les périls et l'adversité ! Le petit nombre, j'en conviens, en serait capable ; mais ce n'est pas à l'Italie seulement que cette observation peut s'appliquer.

Les Italiens ont une paresse orientale dans l'habitude de la vie ; mais il n'y a point d'hommes plus persévérans et plus actifs quand une fois leurs passions sont excitées. Il y a des mystères dans le caractère et l'imagination des Italiens ; et on y rencontrera tour-à-tour des traits inattendus de générosité et d'amitié, ou des preuves sombres et redoutables de haine et de vengeance. Il n'y a ici d'émulation pour rien : la vie n'est qu'un sommeil rêveur, sous un beau ciel : mais donnez à ces hommes un but, et vous les verrez en six mois tout apprendre et tout concevoir. Tout dort ici : mais dans un pays où les grands intérêts sont assoupis, le repos et l'insouciance sont plus nobles qu'une vaine agitation pour les petites choses.

Les lettres elles-mêmes languissent là où les pensées ne se renouvellent point par l'action forte et variée de la vie. Mais dans quel pays cependant a-t-on jamais témoigné plus qu'en Italie de l'admiration pour la littérature et les beaux-arts? L'histoire nous apprend que les papes, les princes et les peuples, ont rendu dans tous les temps aux peintres, aux poètes, aux écrivains distingués, les hommages les plus éclatans. On n'y trouve point l'imagination blasée, l'esprit décourageant, ni la médiocrité despotique, qui savent si bien ailleurs tourmenter ou étouffer le génie naturel. Une idée, un sentiment, une expression heureuse, prennent feu, pour ainsi dire, parmi les auditeurs, le talent, par cela même qu'il tient ici le premier rang, excite beaucoup d'envie. Pergolèse a été assassiné pour son *Stabat*; Giorgione s'armait d'une cuirasse quand il était obligé de peindre dans un lieu public : mais la jalousie violente qu'inspire ici le talent est celle que fait naître ailleurs la puissance : cette jalousie ne dégrade point son objet, cette jalousie peut haïr, proscrire, tuer; et néanmoins, toujours mêlée au fanatisme de l'admiration, elle excite encore le génie tout en le persécutant. Enfin, quand on voit tant de vie dans un cercle si resserré, au milieu de tant d'obstacles et d'asservissemens de tout genre, on ne peut s'empêcher, ce me semble, de prendre un vif intérêt à ce peuple, qui respire avec avidité le peu d'air que l'imagination ne fait pénétrer à travers les bornes qui le renferment.

— Mais au moins tu conviendras avec moi que les Italiens avec toute leur imagination ne sont point observateurs puisqu'ils n'ont point de théâtre comique.

— La comédie qui tient à l'observation des mœurs, ne peut exister que dans un pays où l'on vit habituellement au centre d'une société nombreuse et brillante : il n'y a en Italie que des passions violentes, ou des jouissances paresseuses ; et les passions violentes produisent des crimes ou des vices d'une couleur si forte, qu'elles font disparaître toutes les nuances des caractères. Mais la comédie idéale, pour ainsi dire, celle qui tient à l'imagination, et peut convenir à tous les temps comme à tous les pays, c'est en Italie qu'elle a été inventée. Les personnages d'Arlequin, de Brighella, de Pantalon, etc., se trouvent dans toutes les pièces avec le même caractère. Ils ont, sous tous les rapports, des masques et non des visages ; c'est-à-dire que leur physionomie est celle de tel genre de personnes et non pas celle de tel individu. Sans doute les auteurs modernes des arlequinades, trouvant tous les rôles donnés d'avance, comme les pièces d'un jeu d'échecs, n'ont pas le mérite de les avoir inventés ; mais cette première invention est due à l'Italie ; et ces personnages fantasques, qui d'un bout de l'Europe à l'autre amusent tous les enfans, et les hommes que l'imagination rend enfans, doivent être considérés comme une création des Italiens, qui leur donne des droits à l'art de la comédie.

L'observation du cœur humain est une source inépuisable pour la littérature ; mais les nations qui sont plus propres à la poésie qu'à la réflexion, se livrent plutôt à l'enivrement de la joie qu'à l'ironie philosophique. Il y a quelque chose de triste au fond de la plaisanterie fondée sur la connaissance des hommes ; la gaieté vraiment inoffensive est celle qui appartient seulement à l'imagination. Ce n'est pas que les Italiens n'étudient habilement les hommes avec lesquels ils ont à faire, et ne découvrent plus finement que personne les pensées les plus secrètes ; mais c'est comme esprit de conduite qu'ils ont ce talent, et ils n'ont point l'habitude d'en faire un usage littéraire. Peut-être même aimeront-ils à généraliser leurs découvertes, à publier leurs aperçus. Ils ont dans le caractère quelque chose de prudent, qui leur conseille peut-être de ne pas mettre au-dehors, par les comédies, ce qui leur sert à se guider dans les relations particulières, et de ne pas révéler, par les fictions de l'esprit, ce qui peut être utile dans les circonstances de la vie réelle.

Machiavel cependant, bien loin de rien cacher, a fait connaître tous les secrets d'une politique criminelle; et l'on peut voir par lui de quelle terrible connaissance du cœur humain les Italiens sont capables; mais une telle profondeur n'est pas du ressort de la comédie, et les loisirs de la société proprement dite peuvent seuls apprendre à peindre les hommes sur la scène comique. Goldoni, qui vivait à Venise, la ville d'Italie où il y avait alors le plus de société, met déjà dans ses pièces beaucoup plus de finesse d'observation qu'il ne s'en trouve communément dans les autres auteurs. Néanmoins ses comédies sont monotones; on y voit revenir les mêmes situations parce qu'il y a peu de variété dans les caractères. Ses nombreuses pièces semblent faites sur le modèle des pièces de théâtre en général et non d'après la vie. Le vrai caractère de la gaieté italienne, ce n'est pas la moquerie, c'est l'imagination; ce n'est pas la peinture des mœurs, mais les exagérations poétiques. C'est l'Arioste et non pas Molière, qui peut amuser l'Italie.

Gozzi, le rival de Goldoni, a bien plus d'originalité dans ses compositions; elles ressemblent bien moins à des comédies régulières. Il a pris son part de se livrer franchement au génie italien, de repré senter des contes de fées, de mêler des bouffonneries, les arlequinades, au merveilleux des poèmes; de n'imiter en rien la nature, mais de se laisser aller aux fantaisies de la gaieté, comme aux chimères de la féerie, et d'entraîner de toutes les manières l'esprit au-delà des bornes de ce qui se passe dans le monde. Il eut un succès prodigieux dans son temps, et peut-être est-il l'auteur comique dont le genre convient le mieux à l'imagination italienne.

Alfiéri, par un hasard singulier, était, pour ainsi dire, transplanté de l'antiquité dans les temps modernes; il était né pour agir et il n'a pu qu'écrire : son style et ses tragédies se ressentent de cette contrainte. Il a voulu marcher par la littérature à un but politique : ce but était le plus noble de tous sans doute; mais n'importe, rien ne dénature les ouvrages d'imagination comme d'en avoir un. Alfiéri, impatienté de vivre au milieu d'une nation où l'on rencontrait des savans très-érudits et quelques hommes très-éclairés, mais dont les littérateurs et les lecteurs ne s'intéressaient pour la plupart à rien de sérieux, Alfiéri, dis-je, a voulu donner à ses tragédies le caractère le plus austère. Il en a retranché les confidents, les coups de théâtre, tout, hors l'intérêt du dialogue. Il semblait qu'il voulût ainsi faire faire pénitence aux Italiens de leur vivacité et de leur imagination naturelle : il est pourtant très-admiré, parce qu'il est vraiment grand par son caractère et par son âme, et parce que les Italiens applaudissent aux louanges donnés aux actions et aux sentimens des anciens Romains; parce que en les voyant représenter, ils sentent que le même sang coule encore dans leurs veines. Le seul reproche fondé que l'on pourrait faire à Alfiéri, serait de n'avoir pas caractérisé les mœurs des pays et des siècles qu'il a peints. Sa conjuration de Pazzi, Virginie, Philippe II, sont admirables par l'élévation et la force des idées; mais on y voit toujours l'empreinte d'Alfiéri, et non celle des nations et des temps qu'il met en scène.

L'imagination, le caractère, les habitudes d'une nation, doivent former son théâtre.

La *Mérope* de Maffei, le *Saül* d'Alfiéri, l'*Aristodème* de Monti, et surtout le poème du Dante, bien que cet auteur n'ait point composé de tragédies, me semblent faits pour donner l'idée de ce que pourrait être l'art dramatique en Italie.

Il y a dans la *Mérope* de Maffei une grande simplicité d'action, mais une poésie brillante, revêtue des images les plus heureuses; et pourquoi s'interdirait-on cette poésie dans les ouvrages dramatiques?

La langue des vers est si magnifique en Italie, que l'on y aurait plus tort que partout ailleurs en renonçant à ses beautés. Alfiéri, qui excellait, quand il le voulait, dans tous les genres, a fait dans son *Saül* un superbe usage de la poésie lyrique; et l'on pourrait y introduire heureusement la musique elle-même; non pas pour mêler le chant aux paroles, mais pour calmer les transports de *Saül* par la harpe de David. Les Italiens possèdent une musique si délicieuse, que ce plaisir peut rendre indolent sur les jouissances de l'esprit. Loin donc de vouloir les séparer, il faudrait chercher à les réunir. Le goût vif des Italiens pour la musique et pour les balets à grand spectacle, est un indice de la puissance de leur imagination, et de la nécessité de l'intéresser toujours, même en traitant les objets sérieux, au lieu de les rendre encore plus sévères qu'ils ne sont comme l'a fait Alfiéri.

L'*Aristodème* de Monti a quelque chose du terrible pathétique du Dante; et sûrement cette tragédie est, à juste titre, une des plus admirées. Le Dante, ce grand maître en tant de genres, possédait le génie tragique qui aurait produit le plus d'effet en Italie, si, de quelque manière, on pouvait l'adapter à la scène : car ce poète sait peindre aux yeux ce qui se passe au fond de l'âme; et son imagination fait sentir et voir la douleur. Si le Dante avait écrit des tragédies, elles auraient frappé les enfans comme les hommes, la foule comme les esprits distingués. La littérature dramatique doit être populaire : elle est comme un événement public, toute la nation doit en juger.

Par exemple, pour avoir une idée un peu exacte des mœurs, de la vivacité, du désir de s'amuser qu'éprouvent les Italiens, il faut assister au carnaval romain : c'est comme une fièvre de joie, comme une fureur d'amusement, dont on ne trouve point d'exemple ailleurs. Toute la ville se déguise : à peine reste-t-il aux fenêtres des spectateurs sans masque pour regarder ceux qui en ont; et cette gaieté commence tel jour, à point nommé, sans que les événemens publics ou particuliers de l'année empêchent presque jamais personne de se divertir à cette époque.

C'est là qu'on peut juger de toute l'imagination des gens du peuple. L'italien est plein de charmes même dans leur bouche. Alfiéri disait qu'il allait à Florence, sur le marché public, pour apprendre le bon italien. Rome a le même avantage; et ces deux villes sont peut-être les seules du monde où le peuple parle si bien, que l'amusement de l'esprit peut se rencontrer à tous les coins des rues.

Le genre de gaieté qui brille dans les auteurs des arlequinades et de l'opéra bouffe, se trouve très-communément même parmi les hommes sans éducation. Dans ces jours de carnaval, où l'exagération et la caricature sont admises, il se passe entre les masques les scènes les plus comiques.

Souvent une gravité grotesque contraste avec la vivacité des Italiens : et l'on dirait que leurs vêtemens bizarres leur inspirent une réserve qui ne leur est pas naturelle. D'autres fois ils font voir une connaissance si singulière de la mythologie, dans les déguisemens qu'ils arrangent, qu'on croirait les anciennes fables encore populaires à Rome. Plus souvent ils se moquent des divers états de la société avec une plaisanterie pleine de force et d'originalité. La langue italienne se prête à toutes les nuances de la gaieté avec une facilité qui ne demande qu'une légère inflexion de voix, une terminaison un peu différente, pour accroître ou diminuer, ennoblir ou travestir le sens des paroles. Elle a surtout de la grâce dans la bouche des enfans. L'innocence de cet âge et la malice de la langue font un contraste très-piquant. Enfin on pourrait dire que c'est une langue qui va d'elle-même, qui exprime sans qu'on s'en mêle, et paraît presque toujours avoir plus d'esprit que celui qui la parle.

On fait en tout genre des découvertes subites dans le caractère des Italiens, et c'est ce qui contribue à leur donner la réputation d'hommes rusés. Il y a sans doute une grande habitude de feindre dans ce pays, qui a supporté tant de jougs différens ; mais ce n'est pas à la dissimulation qu'il faut toujours attribuer le passage rapide d'une manière d'être à l'autre. Une imagination inflammable en est souvent la cause. Les peuples qui ne sont que raisonnables ou spirituels peuvent aisément s'expliquer et se prévoir ; mais tout ce qui tient à l'imagination est inattendu. Elle saute les intermédiaires : un rien peut la blesser, et quelquefois elle est indifférente à ce qui devrait le plus l'émouvoir. Enfin c'est en elle-même que tout se passe : et l'on ne peut calculer ses impressions d'après ce qui les cause.

On trouve à Rome un genre de masques qui n'existe point ailleurs. Ce sont les masques pris d'après les figures des statues antiques et qui de loin imitent une parfaite beauté. Mais cependant cette mobile imitation de la vie, ces visages de cire ambulants, quelques jolis qu'ils soient font une sorte de peur. Les grands seigneurs montrent un assez grand luxe de voitures les derniers jours du carnaval ; mais le plaisir de cette fête, c'est la foule et la confusion ; c'est comme un souvenir des saturnales ; toutes les classes de Rome sont mêlées ensemble : les plus graves magistrats se promènent assidument, et presque officiellement, dans leur carosse au milieu des masques ; toutes les fenêtres sont décorées ; toute la ville est dans les rues : c'est véritablement une fête populaire. Le plaisir du peuple ne consiste ni dans les spectacles, ni dans les festins qu'on lui donne, ni dans la magnificence dont il est témoin. Il ne fait aucun excès de vin ni de nourriture, il s'amuse seulement d'être mis en liberté, et de se trouver au milieu des grands seigneurs, qui se divertissent à leur tour de se trouver au milieu du peuple.

C'est surtout le raffinement et la délicatesse des plaisirs qui mettent une barrière entre les différentes classes ; c'est aussi la recherche du goût et la perfection de l'éducation. Mais en Italie, les rangs en ce genre ne sont pas marqués d'une manière très-sensible : et le pays est plus distingué par le talent naturel et l'imagination de tous, que par la culture d'esprit des premières classes.

Il y a donc, pendant ce carnaval, un mélange complet de rangs, de manières et d'esprits; et la foule et les cris, et les bons mots et les dragées dont on inonde indistinctement les voitures qui passent, confondent tous les êtres mortels ensemble, remettent la nation pêle-mêle, comme s'il n'y avait plus d'ordre social.

Ainsi, je crois t'avoir démontré qu'en Italie tous les plaisirs partent de l'imagination, et que dans la gaieté de la musique seule on trouve le langage du cœur; parce qu'au fond de la joie qu'elle donne il y a des sensations poétiques, une rêverie agréable que les plaisanteries parlées ne sauraient jamais inspirer.

La musique est un plaisir si passager, on le sent tellement s'échapper à mesure qu'on l'éprouve, qu'une impression mélancolique se mêle à la gaieté qu'elle cause; mais aussi, quand elle exprime la douleur, elle fait encore naître un sentiment doux. Le cœur bat plus vite en l'écoutant : La satisfaction que cause la régularité de la mesure, en rappelant la brièveté du temps, donne le besoin d'en jouir.

La musique double l'idée que nous avons des facultés de notre âme; quand on l'entend on se sent capable des plus nobles efforts. C'est par elle qu'on marche à la mort avec enthousiasme : elle a cette heureuse puissance de n'exprimer aucun sentiment bas, aucun artifice, aucun mensonge. Le malheur même, dans le langage de la musique, est sans amertume, sans déchirement, sans irritation.

La musique soulève doucement le poids qu'on a presque toujours sur le cœur quand on est capable d'affections sérieuses et profondes; ce poids qui se confond quelquefois avec le sentiment même de l'existence, tant la douleur qu'il cause est habituelle : il semble qu'en écoutant des sons purs et délicieux on est prêt à saisir le secret du Créateur, à pénétrer le mystère de sa vie. Aucune parole ne peut exprimer cette impression; car les paroles se traînent après les impressions primitives, comme les traducteurs en prose sur les pas des poètes. Il n'y a que le regard qui puisse en donner quelque idée.

La justesse admirable de deux voix parfaitement d'accord produit dans les duo des grands maîtres d'Italie un attendrissement délicieux, mais qui ne pourrait se prolonger sans une sorte de douleur : c'est un bien-être trop grand pour la nature humaine; et l'âme vibre alors comme un instrument à l'unisson que briserait une harmonie trop parfaite. Le vague de la musique italienne se prête à tous les mouvemens de l'âme; et chacun croit retrouver dans cette mélodie, comme dans l'astre pur et tranquille de la nuit, l'image de ce qu'il souhaite sur la terre.

Les voix, en Italie, ont cette molesse et cette douceur qui rappelle et le parfum des fleurs et la pureté du ciel. La Nature a destiné cette musique à ce climat; l'une est comme un reflet de l'autre. Le monde est l'œuvre d'une seule pensée qui s'exprime sous mille formes différentes. Les Italiens, depuis des siècles, aiment la musique avec transport. Le Dante, dans le poëme du Purgatoire, rencontre un des meilleurs chanteurs de son temps; il lui demande un de ses airs délicieux; et les âmes ravies s'oublient en l'écoutant jusqu'à ce que le gardien les rappelle. Les chrétiens comme les païens ont étendu l'empire de la musique après la mort.

De tous les beaux arts, c'est celui qui agit le plus

immédiatement sur l'âme. Les autres la dirigent vers telle ou telle idée ; celui-là seul s'adresse à la source intime de l'existence, et change en entier la disposition intérieure.

Je me rappellerai pendant toute ma vie de l'émotion profonde que j'éprouvai à Rome le Vendredi-Saint en entendant chanter le fameux *Miserere* dans la chapelle Sixtine. Il est vrai de dire que peut-être jamais aussi je n'avais vu un spectacle aussi imposant.

On apercevait sur la voûte de la chapelle les prophètes et les sibylles appelés en témoignage par les chrétiens (*); une foule d'anges les entourent, et toute cette voûte, ainsi peinte, semblait rapprocher le ciel de nous : mais ce ciel était sombre et redoutable, le jour perçait à peine à travers les vitraux, qui jettent sur les tableaux plutôt des ombres que des lumières; l'obscurité agrandit encore les figures que Michel-Anges a tracées : l'encens, dont le parfum a quelque chose de funéraire, remplissait l'air dans cette enceinte, et toutes les sensations préparaient à la plus profonde de toutes, celle que la musique doit produire.

Les voies parfaitement exercées à ce chant antique et pur, partent d'une tribune à l'origine de la voûte: on ne voit point ceux qui chantent : la musique semble planer dans les airs ; à chaque instant la chute du jour rend la chapelle plus sombre : c'était une musique toute religieuse, qui conseillait le renoncement à la terre. Il semble que c'est dans un tel moment qu'on aimerait à mourir, si la séparation de l'âme d'avec le corps ne s'accomplissait point par la

---

(*) *Teste David cum sibylla.*

douleur; si tout-à-coup un ange venait enlever sur ses ailes le sentiment et la pensée, étincelles divines qui retournent vers leur source : la mort ne serait, pour ainsi dire, alors qu'un acte spontané du cœur, qu'une prière plus ardente et mieux exaucée.

Le *Miserere*, c'est-à-dire, *ayez pitié de nous*, est un psaume composé de versets qui se chantent alternativement d'une manière très-différente. Tour-à-tour une musique céleste se fait entendre, et le verset suivant, dit en récitatif, est murmuré d'un ton sourd et presque rauque : on dirait que c'était la réponse des caractères durs aux cœurs sensibles, que c'est le réel de la vie qui vient flétrir et repousser les vœux des âmes généreuses; et quand ce chœur si doux reprend, on renaît à l'espérance : mais lorsque le verset récité recommence, une sensation de froid saisit de nouveau; ce n'est pas la terreur qui la cause, mais le découragement de l'enthousiasme. Enfin le dernier morceau, plus noble et plus touchant encore que tous les autres, laisse au fond de l'âme une impression douce et pure : Dieu nous accorde cette même impression avant de mourir.

On éteint les flambeaux, la nuit s'avance; les figures des prophètes et des sibyles apparaissent comme des fantômes enveloppés du crépuscule. Le silence est profond, et quand le dernier son s'éteint, chacun s'en va lentement et sans bruit : chacun semble craindre de rentrer dans les intérêts vulgaires de ce monde.

En devisant ainsi, nous étions de retour à Naples. Depuis long-temps nous avions formé le projet de visiter l'Orient dès que nous aurions terminé notre pélerinage en Italie. Il y avait alors dans le port de

Naples un paquebot à vapeur, anglais, qui allait faire voile pour Athènes. Nous y prîmes passage et bientôt nos regards se dirigèrent avec amour vers cette autre terre sainte et sacrée qui allait nous rappeler aussi de si grands et de si nobles souvenirs.

FIN.

TABLE DES MATIÈRES.

CHAPITRE I. — Passage du Simplon. — Les îles Borromées. — Arona. — Sesto-Calende. — Arrivée à Milan. *page* 5
CHAPITRE II. — Milan. — Monza. — Pavie. 18
CHAPITRE III. — Turin. — Asti. — Alexandrie. — Gênes. 44
CHAPITRE IV. — Pise. — Livourne. — Sienne. — Florence. 64
CHAPITRE V. — Modène. — Reggio. — Ferrare. — Mantoue. — Peschiera. — Vérone. 111
CHAPITRE VI. — Suite de Vérone. 137
CHAPITRE VII. — Venise. 164
CHAPITRE VIII. — Ancone. — Laurette. — Rome. 190
CHAPITRE IX. — Voyage de Rome à Naples. — Naples. 217
CHAPITRE X. — Environs de Naples. 221

FIN DE LA TABLE.

LIMOGES. — IMPRIMERIE DE BARBOU.

www.ingramcontent.com/pod-product-compliance
Lightning Source LLC
Chambersburg PA
CBHW060128190426
43200CB00038B/1165